한국학 총서
한국의 교육과
사회이동

한국에서
대학교육의 노동시장 가치는
하락했는가?

3

교육 프리미엄

김창환·변수용

박영story

이 저서는 2015년 대한민국교육부와
한국학중앙연구원(한국학진흥사업단)의
한국학총서사업의 지원을 받아 수행된 연구임
(AKS－2015－KSS－1230004).

한국의 교육과 사회이동

최근 들어서 한국사회에서의 사회이동에 대한 논란이 확산되고 있다. 많은 사람들은 개인의 노력과 능력에 따라서 직업을 선택할 수 있고 부모 세대와 다른 직업과 지위를 획득할 수 있다고 믿어 왔다. "개천에서 용이 난다"는 말에서 알 수 있듯이, 가난한 집안의 자녀들도 열심히 노력하면 부모세대보다 더 좋은 직업과 높은 사회적 지위를 얻을 수 있다는 믿음이 한국 사회의 오래된 가치관이었다. 그러나 이러한 가치관에 대하여 비판적인 인식도 많다. 자녀의 직업과 지위는 개인적 노력보다는 부모의 학력이나 직업, 재산 등 다양한 가정배경 요인에 더 많은 영향을 받기 때문에, 사회이동 가능성은 더욱 줄어들며 불평등구조는 더욱 고착화된다고 믿는 사람들이 늘어나고 있다. "사회이동의 계층사다리가 사라졌다" 혹은 "사회적 지위향상의 엘리베이터가 고장났다"는 주장은 이러한 의견을 반영한다.

또한 사회이동에 대한 논란이 제기될 때 자주 등장하는 문제는 교육의 사회이동 효과이다. 소수의 집단만이 교육을 받는 전통사회와 달리, 현대 한국사회는 최소한 초·중등학교에서 교육받을 기회를 전 국민에게 동등하게 제공해 왔으며 대학교에 진학할 수 있는 기회도 누구에게

나 열려 있다. 많은 사람들은 이러한 교육기회를 활용하여 좋은 일자리를 선택하고 더 높은 사회적 지위를 얻고자 노력하기 때문에, 교육은 현대적 사회계층 이동의 주요 수단으로 인식되어 왔다. 한국사회에서 교육열이 높고 명문대학 진학 욕구가 강한 것은 이러한 사회이동의 순기능적 효과 때문이다. 그러나 다른 한편으로 교육불평등이 심화되면서 교육을 통한 사회이동 가능성이 줄어든다는 주장이 확산되고 있다. 가정배경이나 거주지역에 따라서 더 좋은 교육을 받을 기회가 달라지며, 부모의 학력이나 직업, 재산 정도 등이 자녀의 명문 학교 진학률, 안정적이고 전문적인 직업 선택에 많은 영향을 미친다. 특히 고학력층 청년세대의 실업률이 증가하고 비정규직 고용이 확대됨에 따라서 고등교육이 사회적 지위형성에 미치는 긍정적 효과 혹은 교육을 통한 세대 간 사회이동 가능성에 대한 회의적 시각이 확대되고 있다.

교육과 사회이동은 교육기회 확대와 사회구조 변화를 경험한 많은 국가에서도 주요 관심사항이다. 학자들은 부모·자녀 세대 간 직업지위의 연관성 혹은 교육기회 확대에 따른 사회이동 결과 등을 분석하고 국가·시기별 사회이동의 개방성 혹은 폐쇄성에 대해서 다양한 결론을 제시하였다. 또한 전 세계적으로 사회적 불평등이 심화되면서 이 주제에 대한 관심은 더욱 높아졌으나, 이들의 연구에서도 단일한 결론이 제시되는 것은 아니다.

교육과 사회이동에 대한 학계의 논의를 고려할 때, 한국사회의 사례를 연구하는 작업은 매우 중요한 의미를 갖는다. 주지하다시피 한국의 교육팽창 경험은 다른 나라와 비교해도 예외적인 사례이다. 근대적 교육제도를 도입한 미국이나 유럽의 국가뿐만 아니라 동아시아 신흥공업국도 대부분 교육기회를 확대해 왔으나, 한국은 이러한 국가보다 더 빠른 속도의 교육팽창을 경험한 바 있으며 현재 전 세계에서 고등교육 이수자가 가장 많고 여성의 고학력화 경향이 매우 높은 나라 가운데 하나로 알려져 있다. 또한 이러한 교육팽창은 '고도성장' 혹은 '압축성장'으로 지칭되는 역동적인 사회변동에서 나타난 현상이다. 해방 후 산업화가 낮은 수준에 머물렀던 시기, 중화학공업을 중심으로 하는 고도성장기, 'IMF위기'로 상징되는 경제위기 시기, 세계화와 정보화의 흐름이 본격화된 시기에 이르기까지, 한국은 시기별로 다른 특징을 나타내는 사회경제적 변화를 경험하였으며 교육팽창도 이러한 거시적 변화의 흐름에서 나타났다. 각 시대별로 인구구조, 직업구조, 교육제도, 노동시장 작동방식 등이 복합적으로 변화하면서, 부모세대와 자녀세대의 교육성취 정도가 변화하였고 사회이동의 형태와 가능성도 시기별로 상이하게 나타났다. 따라서 한국의 경험을 구체적으로 설명한다면 사회이동 문제를 종합적으로 이해하고 이 주제에 대한 이론을 정립하는 데 많은 도움이 될 것이다.

한국사회의 전반적인 사회이동 가능성과 교육의 사회이동 효과 등에 대해서는 많은 의문이 제기된다. 한국의 사회이동이 역사적으로 어떻게 변화하였으며, 최근 들어서 사회이동 가능성이 축소되었는가? 교육기회가 팽창되는 상황에서, 고등교육 제도의 확대는 교육불평등을 완화시켰는가 아니면 강화시켰는가? 부모의 사회경제적 배경이 고등교육에 미치는 영향력은 어느 정도인가? 교육이 직업이나 임금 등 노동시장 성과에 미치는 영향은 고학력화 되는 한국사회에서 어떻게 달라져 왔는가? 교육기회 확대는 남성과 여성에서 어떻게 상이하게 나타나는가? 여성의 고학력화는 여성의 노동시장 지위와 사회진출, 결혼 등에 어떤 영향을 미치는가?

이 연구총서는 국내외에서 활동하는 사회학자와 교육학자 5인이 교육과 사회이동을 주제로 3년간 공동 연구한 결과이다. 연구진들은 한국과 미국에서 사회이동, 교육불평등, 사회계급, 노동시장 등을 오랫동안 연구하고, 다양한 학술모임에서 교류하면서 최근 한국사회의 경험에 대하여 논의해 왔다. '한국의 교육과 사회이동'에 관한 체계적인 연구가 필요하다는 공감대를 형성하고 한국학중앙연구원으로부터 3년간

(2015년 12월부터 2018년 11월까지) 연구비를 지원 받아 세부 주제별 실증분석을 실시하였다.

본 연구팀은 '부모 계급, 자녀 학력, 자녀계급'의 삼각형 연구모형을 활용하여 한국 사회이동의 세 가지 경로를 분석하였다. 이른바 OED로 지칭되는 이 연구모형은 학계 전문가들이 세대 간 사회이동을 연구하는데 일반적으로 활용하는 분석틀로서, 부모계급(Origin)과 자녀계급(Destination)의 연관성, 부모계급(Origin)이 자녀교육(Education)에 미치는 효과, 자녀 교육(Education)이 자녀계급(Destination)에 미치는 효과를 구체적으로 설명하는 데 유용하다. 또한 연구팀은 교육과 사회이동이 성별로 상이하다고 가정하고, 여성의 고학력화 경향과 사회이동을 별도로 분석하였다.

《한국학총서》 4권은 이러한 삼각형 모형에 따른 연구결과이다. 1권은 "세대 간 사회이동 변화", 2권은 "부모의 사회경제적 지위와 자녀의 교육 결과", 3권은 "교육 프리미엄", 4권은 "교육, 젠더와 사회이동"을 주제로 한다. 독자들이 4권 주제의 연관성을 고려하여 읽는다면, 한국의 교육과 사회이동에 대한 전체적인 논지를 파악하는 데 도움이 될 것이다. 각 권의 내용을 간략히 소개하면 다음과 같다.

1권("세대 간 사회이동 변화")은 부모의 계급이 자녀의 계급 성취에 미치는 영향을 시기별로 분석하고, '한국 사회가 사회이동의 관점에서 얼마나 개방적으로 변화하였는가?'를 설명하였다. 사회이동과 관련하여 절대적 이동(absolute mobility)과 상대적(relative mobility) 이동을 개념적으로 구분하고, 사회조사자료를 기초로 한국사회의 세대 간 사회이동 추이를 실증적으로 분석하였으며, 국내외 세대 간 사회이동 현실을 비교하였다.

2권("부모의 사회경제적 지위와 자녀의 교육 결과")은 지난 반세기 한국 사회에서 부모의 사회 경제적 지위가 자녀의 교육 결과에 미치는 영향이 어떻게 변화되어 왔는지 실증적으로 분석하였다. 계층 이동에 있어 교육의 역할에 대한 사회학적 이론을 검토하고, 한국 사회의 교육기회 확대 과정과 교육제도 변화를 고찰하였다. 교육과 사회계층이동 조사, 인구총조사, 국제학생학업성취도평가 등 다양한 자료를 활용하여 양적 측면과 질적 측면에서의 교육 불평등 변화 양상을 분석하였다.

3권("교육 프리미엄")은 개인의 교육성취가 임금과 직업 등 노동시장 성과에 미치는 영향을 규명하였다. 교육과 노동시장에 대한 국내외 이론을 검토하고 한국사회의 교육과 임금·직업 등 노동시장 성취에 대한 실증적 연구를 수행하였다. 다양한 사회조사 원자료를 활용하여, 한국사회에서 학력과 노동시장의 연관성, 특히 고학력층의 노동시장 성과를 분석하고 연령집단 혹은 성별로 비교하였다.

4권("교육, 젠더와 사회이동")은 한국사회에서 교육과 계층화 과정의 성별 차이를 설명하였다. 교육제도 변화가 교육성취, 임금 및 사회이동에 미친 효과를 성별로 구분하여 연구할 필요성을 설명하고, 가부장제 사회에서 성별에 따른 교육과 사회이동의 연관성을 이론적으로 정리하였다. 특히 여성의 경우, 교육을 통한 사회이동은 직업을 통한 사회이동과 결혼(남편)을 매개로 한 사회경제적 지위획득 두 가지로 나타난다는 점을 설명하였다.

현재의 연구결과를 사회이동의 삼각형 모형으로 종합 정리하면, 한국의 사회이동이 시기·연령별로 크게 다른 경향을 보인다고 주장하기 어렵다. 사회이동의 첫 번째 경로인 부모세대(Origin)와 자녀세대(Destination)의 계급 연관성은 약화되었다. 절대적 이동은 산업 및 직업구조 변화의 지체로 인하여 더 이상 크게 늘지 않지만(상승이동은 줄어들고 하강이동은 늘어남), 상대적 이동은 오히려 더 활발해졌다. 다시 말해 한국 사회의 개방성이 더 늘어난 것이다. 또한 '학력'을 기준으로 할 때, 가정배경(Origin)이 자녀의 교육(Education)에 미치는 효과가 예전보다 더욱 강화되었거나 이러한 학력의 노동시장 효과가 변화되었다고 단정하기도 어렵다. 대학이라는 고학력이 임금수준과 직업획득에 미치는 효과도 일시적인 변화가 있음에도 불구하고 전반적으로 지속되고 있다. 그리고 대학졸업자 등 고학력층의 노동시장 성과도 크게 변화하였다는 실증적 증거를 찾기 어렵다.

그러나 이러한 사회이동 경향이 앞으로도 지속될 것이라고 단정하기 어렵다. 거시적인 관점에서 볼 때, 한국의 사회이동이 일정한 패턴을 유지해왔던 것은 교육과 노동시장이 긴밀하게 연계되었기 때문이다. 교육제도 변화에 따라서 대학졸업자 등 고학력층은 양적으로 빠르게 늘어났으며, 동시에 전문·관리·사무직 등이 확대되면서 노동시장에서의 상층이동 기회도 증가하였다. 교육팽창과 노동시장 확대가 비교적 긴밀하게 연계되면서, 학교졸업자들의 노동시장 이전(transition from school to work)은 안정적으로 지속되었다. 그러나 1997년의 경제위기 이후 교육과 노동시장의 연계성은 약화되고 있다. 고학력화 경향은 더욱 강화되지만, 노동시장은 안정적 일자리와 불안정한 일자리로 분화되고 있다. 고학력층은 학교졸업 후 선배세대와 마찬가지로 고학력에 맞는 일자리를 찾고 있으나, 노동시장은 과거와 같이 충분한 기회를 제공하지 못한다.

이러한 변화는 이 연구에서도 부분적으로 나타난다. 한국사회에서 상대적 사회이동은 증가하였으나, 최근에는 경제여건 변화에 따라서 사회계층구조의 상층부에 해당하는 일자리가 줄어들어 절대적 사회이동이 감소하는 경향을 보인다. 최근 들어서 많은 사람들이 사회이동이 줄어들고 더 나아가 불평등이 심화되었다고 인식하는 것은 이러한 절대적 사회이동감소 현상을 반영한 것이다.

또한 교육성과를 학력이 아니라 '학업성취' 개념으로 해석하면, 가정배경의 효과는 최근에 좀 더 명확히 나타났다. 노동시장에서의 고학력층 일자리구조가 분절화되면서 단순히 대학졸업생이라는 '학력'이 아니라 명문대학 입학 혹은 전문직 진출이 용이한 전공 졸업자가 더욱 중요해지고, 이를 위해서는 초·중고등학교 단계의 '학업성취'를 위한 경쟁이 더욱 치열해졌다. 따라서 가정배경 요인이 자녀의 학력보다는 사

교육 및 학업성취도에 미치는 영향이 최근 들어서 명확히 나타나고 있으며, 이러한 점이 한국사회의 교육불평등 현실로서 자주 언급되고 있다.

그러나 불행하게도 최근 교육불평등의 사회이동 효과에 대해서는 실증적인 분석이 쉽지 않다. 가정배경의 학업성취도 효과가 명확한 집단은 수월성교육을 강조하던 1990년대 중반기 이후에 태어나거나 중·고등학교를 다닌 젊은 연령층이다. 이 연령층 가운데 많은 사람들은 아직 노동시장에 본격적으로 진입하지 않았다. 일부는 아직 대학을 졸업할 만한 연령이 아니며, 20대 중반의 연령층도 졸업을 미루고 스펙쌓기에 집중하거나 공무원시험을 준비하고 있다. 따라서 가정배경별로 학업성취도가 달라지는 20대 연령층이 노동시장에서 차지하는 계급지위(Destination)를 실증적으로 확인하는 작업은 현재로서는 불가능하다. 이러한 연구는 앞으로 학업성취도 혹은 대학 등 고등교육기관의 종류 등을 정확히 파악할 수 있는 장기 시계열적 자료를 확보할 때 본격적으로 시작할 수 있다.

이 과제의 일부 연구성과는 국내외 학술대회자료집과 학술지에 게재된 바 있다. 4권의 연구주제를 3년간 연구하면서 연도별로 세부 주제를 분석하였고, 일부 연구 결과를 『한국사회학』 혹은 『교육학연구』에 논문으로 게재하였다. 또한 국제사회학회(International Sociological Association)의 학술대회 혹은 사회불평등 국제심포지엄에서 연구결과를 발표하면서, 한국의 경험을 국내외 전문가들과 토론한 바 있다. 이 연구총서는 이러한 연구과정 및 성과 등을 토대로 작성된 결과물이다. 이러한 연구를 재정적으로 지원해 준 한국학중앙연구원, 그리고 3년의 연구기간에 훌륭한 연구조교 활동을 수행했던 공주박사와 연구결과에 대하여 귀중한 조언을 해 주었던 모든 분들에게 감사드린다.

이 연구총서가 교육과 사회이동에 대한 학문적 연구와 사회적 인식 형성에 활용되기를 희망한다. 교육문제에 대한 관심이 높은 한국사회에서, 국내외 학자들이 이 연구결과를 비판적으로 검토하고 학문적으로 발전시키는 계기가 되기를 기대한다. 또한 한국의 교육과 사회이동 경험을 객관적으로 이해하고 교육과 노동시장에서의 불평등 문제에 대한 생산적인 담론을 형성하는 데 도움이 되기를 바란다.

2020년 11월 25일

저자 일동

서 문

이 책을 작성하고 <한국학중앙연구원>으로부터 최종본을 심사받는 와중에 코로나바이러스 대유행이 시작되었다. 한국에서 코로나 1차 대유행이 있었던 2020년 4월 고용동향을 보면 대졸 이상의 전년 동기 대비 실업률은 0.7%포인트 줄었는데, 고졸은 0.1%포인트 늘고, 중졸 이하는 1.3%포인트 늘었다. 대졸 실업률이 감소한 것은 고용이 늘었기 때문이 아니라 팬데믹이 벌어지면서 경제활동인구가 줄어들었기 때문인데, 비슷한 현상이 저학력자에게서는 나타나지 않았다. 한국에서 팬데믹의 타격은 저학력층에서 더 컸다. 비단 한국만이 아니다. 필자가 거주하고 있는 미국에서도 4월 실업률이 고졸 이하는 19.2%로 치솟았는데, 대졸 이상의 실업률은 8.5%에 머물렀다. 1월에는 학력간 실업률 격차가 3.5%포인트에 불과했는데, 4월에는 10.7%포인트로 벌어졌다. 팬데믹이 학력에 따라 상이한 영향을 끼치는 것은 한국과 미국에 국한되지 않는다. 전 세계적으로 팬데믹으로 저학력층이 가장 큰 타격을 입었다. 1990−2017년까지 76개 국가에서 발생한 사스, H1N1, 메르스, 에볼라, 지카의 효과를 검토한 최근 연구[1)]에 따르면, 팬데믹이 고학력자에게 끼친 영향은 거의 없는데, 저학력자는 고용률이 낮아졌다.

지난 수십 년간 대졸 이상의 고학력층과 고졸 이하의 저학력층의 격차가 증가한 것은 세계적 현상이다. 전 세계적으로 더 많은 인구가 대학 교육을 받아서 노동시장에 대졸 학력자의 더 많은 공급이 이루어졌지만 학력 간 노동시장 성취 격차가 줄어들기는커녕 더 늘었다. 이 현상에 대한 수많은 연구가 사회학, 경제학, 정책학에서 쏟아져 나왔다. 그런데 한국은 교육의 가치가 상승하기보다는 대학 교육의 가치가 떨어졌다는 담론이 지배적이었다. 한편으로는 대다수의 인구가 더 많은 교육을 받기 위해 수많은 자원과 노력을 쏟아부으면서, 다른 한편으로는 교육의 가치가 떨어진다고 불평하는 모순적 태도가 만연했다. 노동시장에서 교육의 가치가 떨어지고 있다면 시간과 재정 양자의 측면에서 교육 투자를 줄이는 게 합리적 선택이다. 전 세계에서 더 많은 사람들이 더 많은 교육을 받는 교육 팽창이 이루어지고 있다. 이 현상을 가장 앞서서 주도하는 국가가 한국이다. 한국은 가치가 하락하는 분야에 더 많은 자원을 투자하는 비합리적 선택을 하고 있는가?

미국 교육의 목표를 나타내는 슬로건 중 하나는 "모두에게 대학 교육을(College for all)"이다. 한때 80% 이상의 고교 졸업생이 대학에 진학했던 한국이 미국의 모범 사례다. 오바마 전 대통령이 왕왕 한국의 교육을 미국이 따라야 할 대상으로 언급하는 게 우연이 아니다. 미국의 일부 정치인들만 그러는 것도 아니다. 국가 비교 연구를 하는 많은 미국 학자들도 한국을 모범 사례로 꼽는다. 교육이 급속도로 팽창하면서, 계층 간 교육 수준 격차가 벌어지기는커녕 오히려 줄어들었고, 교육의 노동시장 성취도 좋아서, 경제발전이 계속 이루어지는 모범 사례가 한국이다. 왜 외국의 학자들은 한국을 반면교사로 삼지 않고 모범 사례로 삼을까?[2] 도대체 어떤 태도가 더 사실과 부합하는가? 한국에서 교육의 가치는 하락하였는가, 아니면 다른 나라처럼 상승하였는가?

이 책은 이러한 의문에 답하기 위해서 교육의 노동시장 가치 변화를 장기 추적한다. 가용한 가장 긴 기간의 자료를 이용하여 교육 수준에 따른 직업성취와 소득 수준의 절대적 상대적 가치를 추적한다. 과거에는 대학 교육을 받으면 장밋빛 미래가 보장되었는데, 최근에는 대학 교육의 가치가 현저히 낮아졌는지, 과거에 대학 교육을 받는 사람들의 직업 지위와 소득 수준이 최근 대학 교육을 받은 사람들의 지위나 수준보다 더 높았는지 장기 변화를 검토한다. 결론은 한국에서 교육의 가치는 여전히 높고, 최근 그 가치가 떨어졌다는 증거는 없다. 직업 지위의 측면에서도 소득 수준의 측면에서도 대학 교육의 가치는 낮아지지 않았다. 대학 교육의 상대적 가치가 낮아진 특정 시기가 있지만, 이 시기는 교육의 가치에 대해 의문을 품기 시작한 최근이 아니라, 1980년대이다. 극소수의 인구만이 대학교육을 받았던 1970년대 이전 고도성장기에 대학 교육을 받은 소수가 그들의 기여분보다 더 많은 과실을 누렸다. 전반적 불평등이 줄어들고 대학 교육이 팽창하기 시작한 1980년대에 대학 교육의 초과 이득이 줄어들었다. 학력 간 격차 감소와 전반적 소득 불평등 감소가 이 시기에 동시에 이루어졌다. 하지만 학력 간 유의미한 격차가 사라진 것은 아니다. 여전히 고등 교육 이수자의 직업, 소득 성취가 미이수자보다 월등히 높다. 한국 사회 전반에 격변을 가져온 1997년의 경제 위기 이후 대학 교육의 폭발적 팽창이 이루어졌지만, 교육의 상대적 가치가 낮아지기보다는 오히려 높아졌다. 청년 세대도 이전 세대와 유사한 수준의 교육 프리미엄을 경험하고 있다.

이 책의 1장에서는 이 책의 주제인 교육과 노동시장의 관계가 왜 중요한지를 논의한다. 교육의 노동시장 성취는 너무나 명확해서 둘 간의 관계가 왜 중요한지를 논의하는 게 무슨 의미가 있나 의문을 가질 수 있다. 하지만 사회학의 이론적 맥락에서 그리고 한국 사회의 논의 지형과 변화의 현실적 맥락에서 교육과 노동시장의 관계 논의가 어떤 의미가 있는지 짚는 것은 이 문제를 새로운 시작으로 바라볼 기회를 제공한다. 2장에서는 교육과 노동시장에 관련된 기존 이론을 검토한다. 이론은 현실적 변화의 추상이라고도, 현실적 변화의 가능태라고도 할 수 있다. 현대의 사회학 이론은 형이상학적 논리가 아니다. 일도양단으로 현실에 대한 깨달음을 주고 거대한 사회적 변화를 예견하는 도구도 아니다. 사회학에서 거대 이론은 자취를 감추었다고 해도 과언이 아니다. 주어진 사회적 제약 내에서 사회적 변수 간의 예상되는 관계와 미래의 변화를 예측하는 "중범위 이론(middle range theory)"이 지배적이다. 여기서는 교육과 노동시장의 관계에 대한 중범위 이론들을 소개한다. 3장부터 5장까지는 한국의 교육과 노동시장 성취의 관계에 대한 경험적 분석이다. 3장에서는 직업을 중심으로, 4장은 소득을 중심으로, 5장에서는 청년층에 국한해서 교육의 성취를 검토한다. 직업을 중심으로 한 검토는 다른 어떤 노동시장 변수보다 장기적 변화를 추적할 수 있는 장점이 있다. 인구주택총조사(=센서스) 자료를 이용하여 1960년 이후부터 2015년까지의 교육 수준에 따른 직업 성취도 차이를 연구한다. 4장에서는 가계동향조사 자료를 주로 이용하여 1990년 이후 2019년까지 학력별 소득 격차 변화를 추적한다. 가계동향조사 자료는 여러 한계에도 불구하고 30년간의 소득 변화와 불평등 변화를 연구할 수 있는 가장 신뢰할 만한 데이터이다. 가계동향조사 자료의 미비점은 통계적 기법으로, 그리고 임금구조기본통계조사, 한국노동패널조사를 이용하여 보완하였다. 5장은 청년 세대의 교육수준별 노동시장 성취가 이전 세대와 최근 세대에 큰 차이가 있는지 검토한다. 일반적 예상과 달리 청년 세대의 노동시장 성취는 이전 세대와 크게 다르지 않았다. 6장에서는 한국, 미국, 일본의 교육수준별 노동시장 성취를 국제성인역량조사(Program for the International Assessment of Adult competencies, PIAAC)를 이용하여 비교하였다. 이를 통해 세 국가 간의 유사점과 이질성을 드러낸다. 변수용 교수가 6장의 집필을, 나머지 장들은 김창환 교수가 담당하였다. 책을 진행하면서 중앙대에서 사회학 박사학위를 받고 현재 서울시 여성가족재단 연구위원으로 재직 중인 공주 박사와 캔사스 대학 박사과정의 김태호 선생으로부터 많은 도움을 받았다.

이 책은 "한국의 교육과 사회이동"을 주제로 한국 사회의 장기 변화를 추적하는 프로젝트의 일부이다. 김창환, 박현준, 변수용, 신광영, 이성균(가나다순) 교수가 팀을 이루어, 2015년부터 한국의 사회이동, 교육성취, 교육과 노동시장, 성별 격차에 관한 연구를 진행한 최종 결과물이다. 한국과 미국을 오가며 수많은 논의와 세미나를 거친 미약하지만 부끄럽지만은 않은 결과물이다. 이 책에서 밝힌 중요 결과는 공동기획한 다른 책의 결과와도 일치한다. 한국에서 세대 간 사회이동이 줄어들지 않았고, 교육불평등이 많이 증가하지 않았으며, 교육의 노동시장 가치가 줄어들지도 않았다. 성별 격차는 여전하지만, 통시적으로 그 차이는 줄어들고 있다. 한국 사회는 다른 어떤 사회보다 더 빠른 교육팽창과 더불어 더 빠른 경제 성장을 이루어냈다. 과거 개발도상국 시절 고도성장기에 한정된 변화가 아니다. 21세기 들어 경제협력개발기구(Organization for Economic Co-operation and Development, OECD) 국가 중 한국의 1인당 GDP 성장률이 두 번째로 높다. 1위는 터키로 아직 개발도상 단계의 국가이다. 문제의 정확한 인식은 더 나은 미래를 위한 기획의 토대가 된다. 문제가 아닌데 자꾸 바꾸다 보면 긁어 부스럼이 된다. 어느 사회나 그렇듯 한국 사회도 많은 문제점과 개선할 점들이 있다. 하지만 한국의 교육열, 교육팽창은 고쳐야 할 단점이 아니라 질적으로 발전시켜야 할 장점이다.

교육의 효과는 노동시장에 국한되지 않는다. 교육은 육체적, 정신적 건강과 밀접한 관련이 있고, 더 친밀한 가족, 교우 관계와도 관련되어 있다. 사회적 참여와 봉사도 교육을 더 많이 받은 사람들이 많이 한다. 교육을 더 많이 받은 사람이 인생이 행복하다고 답하는 비율도 그렇지 않은 사람보다 높다.

이 책의 주장은 하나이다: 교육은 다다익선.

코로나 대유행의 와중에 교육을 생각하며,

김창환, 변수용

목 차

CHAPTER

01

서론:
교육과 노동시장의 관계는 왜 중요한가?

CHAPTER 01

서론: 교육과 노동시장의 관계는 왜 중요한가?

CHAPTER 01

서론: 교육과 노동시장의 관계는 왜 중요한가?

모든 사회에서 개인의 사회경제적 지위는 두 가지 변수에 의해 결정된다. 하나는 생득적(ascribed) 지위로 자신의 선택이나 노력과 관계없이 태어날 때 타고난 지위이고, 다른 하나는 취득(achieved) 지위로 개인의 선택과 노력으로 획득한 지위다. 각각의 지위 특성을 생득형질, 취득형질이라고 부른다.

성차별적 사회에서 남성이 누리는 기득권은 생득형질인 남성이 사회적 지위를 결정하는 경우다. 근대 이전에는 어떤 집안에서 태어났는가에 따라서 양반과 노비로 계급이 나뉘던 사회가 전형적으로 생득형질이 사회경제적 지위를 전적으로 결정하는 사례였다. 근대 이후 사회경제적 지위 결정에서 생득형질의 중요성은 낮아지고 취득형질의 중요성이 크게 증대하였다. 그렇다고 생득형질의 중요성이 사라진 것은 아니다. 입헌군주제를 유지하고 있는 영국이나 일본, 백두혈통을 강조하는 북한은 모두 생득형질이 사회경제적 지위를 결정하는 사례다. 이러한 사례들은 예외적인 경우라고 생각할 수 있다. 하지만 부모의 경제적 사정에 따라 기회가 달라지는 것도 넓은 의미에서 생득형질의 영향 중 하나로 볼 수 있다.

1. 〈가족 배경 - 교육 - 사회경제적 지위 성취〉 경로 모형

사회학자인 블라우와 던컨(Blau and Duncan)[1]은 근대 이후 사회의 사회경제적 지위 획득 모델(status attainment model)을 [그림 1.1]과 같이 도식화하였다. 부모의 사회경제적 지위(origin)가 다음 세대의 교육 성취(education)에 영향을 끼치고, 교육적 성취는 직업 소득 등 다음 세대의 궁극적인 사회경제적 지위(destination)에 영향을 끼친다. 각 세 핵심 요인의 영어, 'origin, education, destination'의 첫자를 따서 이 모델을 OED모델이라고 부른다. 이 다이어그램에서 부모의 사회경제적 지위가 다음 세대의 사회경제적 지위에 영향을 끼치는 경로는 O→D의 직접적 경로일 수도 있고, 교육을 통해 우회하는 O→E→D의 간접적 경로일 수도 있다.

그림 1.1 OED 다이어그램

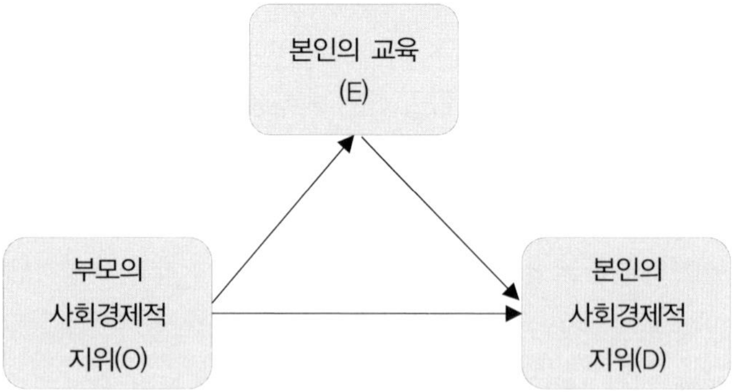

OED 다이어그램에서 화살표로 표시된 세 경로는 이후 수많은 사회학적 연구의 기초가 되었다. 한국 사회 계급담론의 키워드인 수저계급

론이나 개천용 논의는 O→E와 O→D에 대한 논의이다. 부모의 사회경제적 지위에 따라 대학 진학률, 엘리트 대학 진학률 등에서 차이가 나는지에 대한 연구는 O→E 경로에 관한 연구다. 2019년에 3월에 보도된 "고학력 부모일수록 자녀가 명문대 대물림 많다"라는 한 일간지의 제목[2)]은 전형적인 O→E 경로에 대한 주장이다.[3)] 계층사다리가 무너지고 빈곤이 대물림된다는 수많은 보도와 연구는 O→D 경로에 대한 연구다. 그런데 부모의 사회경제적 배경이 자녀의 사회경제적 배경에 영향을 끼치는 경로는 O→D의 직접적 경로와 E를 통해 우회하는, O→E→D의 간접적 경로가 있다. 가족 배경의 총 효과는 O→D의 직접적 경로와 O→E→D의 간접적 경로의 합으로 이루어진다. 이 총합에 대한 연구가 사회이동에 대한 연구다.

근대 이후 사회에서 생득형질의 중요성이 감소했다는 것은 O→D의 직접적 경로의 중요성이 줄어들고, O→E→D의 간접적 경로의 중요성이 커졌다는 의미다. 이 과정에서 교육은 이전 세대의 사회경제적 지위와 현세대의 사회경제적 지위를 연결하는 매개변수이자, 그 자체로 사회경제적 지위를 나타내는 취득형질이다. 이 때문에 사회학에서 교육은 불평등을 연구하는 사회계층론의 핵심 변수이다. 흔히 얘기하는 계층사다리가 무너졌다는 한탄은, (a) O→E 경로에서 부모의 사회경제적 지위가 교육 수준을 결정하는 정도가 커졌기 때문일 수도 있고, (b) 사회경제적 지위 결정에서 교육의 중요성이 감소하여 O→D 직접 경로가 지배적이 되었기 때문일 수도 있다. 이 결정모형에서 교육의 중요성 감소는 E→D 경로가 약화되어서 교육을 통한 사회경제적 지위 획득이 어려워졌다는 것을 의미할 수도 있다. 설사 교육 기회가 평등하게 주어지더라도, 교육이 자식 세대의 지위 결정에 영향을 끼치지 않는다면, 자식 세대의 지위 결정은 부모의 지위가 자식 지위로 세습되는 O→D 경로만 남는다. 이처럼 계층사다리가 무너지는 이유는 한 가지가 아니다. 한국 사회에서 계층사다리가 실제로 무너졌는지 아닌지, 만약 무너졌다면 OED 모델의 어떤 경로에서 문제가 생긴 것인지 확인해야 대책을 세울 수 있다.

이 책은 위 OED 경로 모델에서 E→D에 초점을 맞추어 분석한다. 총 4권의 시리즈로 기획된 본 연구에서 전반적인 부모 세대와 자녀 세대의 사회이동에 대한 O→D 관계에 관한 연구는 1권 박현준의 <세대 간 사회이동의 변화>에서, 부모의 사회경제적 지위가 자녀 세대의 교육 기회와 성취에 대한 연구는 2권 변수용, 이성균의 <부모의 사회경제적 지위와 자녀의 교육결과>에서 다루었다. 이 책에서는 한국 사회에서 교육과 직업지위, 소득의 관계가 어떤 관계를 맺고 있는지 어떻게 변화했는지 분석한다. 시리즈의 마지막 책에서는 신광영, 김창환이 <교육, 젠더와 사회이동>에 대해 다룬다.

교육과 노동시장 성취의 관계에 관한 연구는 OED 경로 분석의 일부분으로써 뿐만 아니라 그 자체로도 의미가 있다. 최근 한 연구[4]에 따르면, 한국 사회에서 청년층의 계층이동이 점점 더 어려워지고 있다고 인식한다. 교육을 더 많이 받는다고 계층이동 가능성에 대해서 희망적으로 생각하지도 않는다. 대학생들이 꼽은 성공의 제1요인은 부모의 재력이고, 교육을 포함한 재능을 제1요인으로 꼽은 대학생의 비율은 부모 재력을 첫 번째 요인으로 꼽은 비율의 절반에도 미치지 못했다.[5] 재능을 제1요인으로 꼽은 미국이나 중국 등 다른 국가와 극명하게 대비된다.

이러한 인식은 한국에서 OED 다이어그램에서 교육을 통해 사회경제적 지위를 성취하는 E→D 경로가 무너졌다는 의미이다. 교육과 사회적 성취 간의 관계가 완전히 무너지지는 않았겠지만, 적어도 과거보다 E→D 경로의 중요성은 낮아졌다는 의심이 팽배하다. 이러한 인식의 확산에는 교육이 팽창하면서 대졸자가 늘어나고 더 이상 대학 학위가 엘리트의 상징이 아니게 된 현실과 관련이 있다. 모두가 대학 교육을 받았기 때문에 기회가 평등해진 것이 아니라, 모두가 대학 교육을 받았기 때문에 대학 교육이 아닌 다른 요소(즉, 부모의 재산)가 계층 이동에 더 영향을 끼친다는 의심이다. 이러한 인식은 근대 이후 대부분의 사회에서 관철된 교육의 역할과 배치된다. 하지만 그 가능성을 배제할 수는 없다. 한국 사회는 다른 어떤 사회보다 급속한 교육 팽창을 경험하였고, 대학 교육을 받은 노동자의 공급이 다른 어떤 사회보다 폭발적으로 증가하였다. 다른 국가가 경험해보지 못한 다이내믹한 상황을 한국 사회는 경험하고 있다. 이 책은 실제로 한국 사회에서 사회경제적 지위 획득에 끼치는 교육의 영향력이 줄었는지, 교육팽창과 더불어 교육의 노동시장 효과는 어떻게 변화했는지 실증적으로 분석하고, 그 함의를 파악하도록 한다.

2. 교육, 위대한 평등의 촉진자

교육, 그중에서도 대학 교육이 중시되는 이유는 OED 다이어그램에서 대학 교육을 받은 이후에는 부모와 자식 간의 직접적 계층 연결인 O→D의 관계가 사라지기 때문이다. 일단 대학에 들어오면 부모의 사회경제적 배경이 더는 자녀의 사회경제적 성취에 영향을 끼치지 않는다는 사실을 사회학자인 로버트 매어(Robert Mare)가 처음 보고하였다. 1980년에 발표한 논문[6]에서 매어는 고등학교에서 대학을 진학할 때는 가족 배경이 영향을 끼쳐서 소득상층의 자녀가 소득하층의 자녀보다 대학 진학 확률이 높지만, 일단 대학에 입학하면 대학원 진학 확률은 부모의 사회경제적 지위와 관련이 없다고 밝혔다. 대학 이후에는 가족 배경의 영향이 현저히 줄어드는 건 대학원 입학 확률만이 아니다. 직업성취나 소득 등 사회경제적 지위면에서도 대졸자의 성취는 가족 배경과 무관하다.[7] 이후 수많은 사회학 연구들이 대학 교육의 이러한 효과를 확인하였다. 이 때문에 대학 교육은 위대한 평등의 촉진자(The Great Equalizer)라고 불렸다.

이 뿐만이 아니다. 심지어 대학 교육의 효과는 대학을 갈 확률이 높은 계층보다는 오히려 대학을 갈 확률이 낮은 계층에서 크다는 연구도 있다. 2010년에 발표된 후 여러 논란과 후속 연구를 촉진한 브랜드와 시에(Jennie Brand and Yu Xie)의 논문[8]은 가족배경, 고등학교 성적, 인지능력 등을 이용하여 대학에 갈 확률을 계산하고 대학에 갈 확률이 같을 때 대학에 실제로 진학한 사람과 그렇지 않은 사람의 소득 차이를 계산하였다. 그 결과 대학에 갈 확률이 높은 사람이 대학에 진학했을 때보다 대학에 갈 확률이 낮은 사람이 대학에 진학했을 때 소득의 증가율이 더 높았다. 인지능력이 우수하고 대학에 갈 확률이 높은 사람이 대학에 진학하면 대학 교육으로부터 더 많은 것을 얻는다는 이론을 긍정적 선택론(positive selection)이라 칭하고, 인지능력이 상대적으로 낮고 대학에 갈 확률이 낮은 사람이 대학에 진학하면 대학 교육을 받음으로써 그렇지 않은 경우보다 더 많은 것을 얻어낼 수 있다는 이론을 부정적 선택론(negative selection)이라 칭한다. 긍정적 선택론은 대학은 엘리트 교육에 대학 교육의 역량을 집중해야 한다는 결론을 내리게 되지만, 부정적 선택론은 대학에 갈 확률이 적은 사람들에게 대학 교육을 제공함으로써 노동시장에서 더 큰 성과를 이룰 수 있다는 결론으로 이끈다. 전자는 엘리트 대학 교육이, 후자는 보편적 대학 교육이 낫다는 정책적 함의를 가진다.

대학 입학 이후 가족 배경이 더는 개인의 사회경제적 지위 획득에 영향을 끼치지 않는다고 부모의 소득과 경제적 부가 자녀의 사회경제적 지위에 끼치는 영향이 사라지지는 않는다. OED 다이어그램에서 대학 교육(E)이 통제된 후 부모와 자식 간의 직접적 계층 상속(즉, O → D)은 사라지지만, 교육을 통한 O → E → D는 여전히 남는다. 가족 배경과 자녀의 교육 성취(즉, O → E)의 연관이 사라지지 않는 한 사회적 지위의 대물림을 완전히 없앨 수는 없다. O → E의 연계를 없애기는 매우 어렵다.[9] 현실적으로 불가능에 가깝다. 어릴 때부터 자라나는 환경이 다르고 교육에 투자할 수 있는 자원도 집안마다 다르다. 교육 투자 자원은 과외비와 같은 금전이 다가 아니다. 문화자본도 중요하다. 부모가 책을 많이 읽으면 자녀들의 학업 성적도 좋아지는 경향이 있다. 다른 것을 다 떠나 집에 책이 많기만 해도 자녀의 학업 성적은 오른다.[10] 이 모든 것을 통제하고 동일한 기회를 학생들에게 제공하는 것은 상상 속에서만 가능하다. 하지만 대학 교육이 가족배경과 사회경제적 성취의 연관관계를 제거할 수 있다면, 기회불평등 문제를 해결하는 최선책은 모두에게 대학 교육을 제공하는 것이다. 대학 교육이 기회불평등을 제거하고 노력에 의해 보상받는 유일한 방책일 수도 있다. 대학 교육 확장이 공정사회의 지름길이리라. 20세기 중반 이후 전 세계적인 대학 교육의 팽창은 급변하는 산업 환경에 따른 노동 수요 변화와 더 나은 삶을 추구하는 개인의 요구, 정부의 정책과 사회적 투자가 모두 맞아떨어진 결과다. 비록 의도하지는 않았지만 대학 교육의 확대가 기회불평등의 해결 방법이 된다면 모두에게 대학 교육을 제공하는 "모두에게 대학 교육을(College for All)"은 불평등을 해결하는 최고의 정책이 된다.

3. 교육의 팽창과 교육 효과

잘 알려져 있듯 지난 반세기 동안 한국 교육은 눈부시게 발전하였다. 해방 이후 한국의 교육 수준은 급속히 증가하였다. 한강의 기적으로 칭해지는 급속한 경제발전의 원동력을 한국인의 유난한 교육열에서 찾는 경우가 많다. [그림 1.2]는 각 연도 인구총조사 원자료를 이용하여 25~64세 핵심노동인구의 교육 수준을 측정한 것이다.[11] 1960년에는 25~64세의 핵심노동인구 중 1.2%만이 4년제 대학 학위를 소지했지만, 2015년에는 그 비율이 31.2%로 무려 25배 증가하였다. 남성은 2.3%에서 35.1%로 15배 증가하였고, 여성은 0.3%에서 27.4%로 90배가 넘게 증가하였다. 2년제 대학까지 포함하면 2015년 기준 대학 학위를 소지한 노동인구의 비율이 거의 절반(47.2%)에 달한다. 2020년에 실시된 인구총조사에서는 대학 학위 소지자의 비율이 전체 노동인구의 과반수를 넘어갈 것이 확실하다. 25-34세의 청년층으로 한정해도 한국의 교육팽창은 놀라울 정도로 빠르다. 대학 학위자의 비율이 1960년의 2.4%에서 2015년에는 48.0%로 20배 이상 증가하였다. 2년제 대학까지 포함하면 대학 학위를 취득한 청년층의 비중은 2015년 기준 77%에 이른다.

연도별 변화 정도를 비교하면 1980년대 5공화국 시절 졸업정원제의 실시로 인한 대학 입학 정원 확대와 1993년 김영삼 정부 시절의 대학 정원 자율화 효과로 인하여 1980년대 이후 25-34세 청년층의 대졸자 비율이 급증한다. 1985-1990년 사이에 25-34세 인구의 2년제 대학 포함 대졸자 비중이 16.6%에서 24.9%로 8.3%포인트 증가하고, 이후 매 5년마다 거의 10%포인트 가까운 폭발적 증가세를 보인다. 2000년과 2005년 사이에는 43.7%에서 58.0%로 14.3%포인트 증가하여 최대 증가폭을 보였다.

이러한 급속한 교육 팽창은 교육, 더 구체적으로는 대학 학위의 상대적 가치를 떨어뜨렸는가? 일부에서는 한국의 유난한 교육열 때문에 과잉 교육이 이루어지고 대학 학위의 가치가 예전만 못하다고 불만을 터뜨리고 있다. 대학 학위를 가진 인구가 소수였던 과거에는 고졸 학위로도 관리직이나 전문직 등 괜찮은 직업을 가질 수 있었지만, 이제는 대학 학위를 가져도 관리직이나 전문직은커녕 사무직 직업을 구하기도 쉽지 않다고 한다. 대학 교육의 확대가 기회불평등을 없앤다는 다른 국가의 연구 결과와 달리 대학팽창을 다른 어느 나라보다 명확히 경험한 한국에서 기회불평등 문제는 오히려 더 심각해졌다는 인식이 팽배하다.

실제로 교육팽창은 대학 교육의 상대적 지위를 떨어뜨렸다는 연구도 있다.[12] 교육은 그 자체로 사회적 위치를 나타내는 지위재(positional goods)이기도 하다.[13] 지위재로서의 대학 교육의 가치는 낮아졌다. 학력 수준 측면에서 1960년에는 대학 교육을 받으면 상위 2.3%의 엘리트에 속했고, 1985년까지 상위 12.5%의 상층에 속했지만, 이제는 더 이상 대학 교육이 엘리트 교육의 상징이 아니다. 94%의 핵심노동인구가 고졸 미만인 1960년대에는 고등학교는 그야말로 고등(High) 교육을 의미했다. 하지만 전체 노동인구의 3분의 1 이상이 고등학교 교육을 받은 1980년대 이후 고등학교는 더 이상 고등교육을 의미하지 않게 되었다. 같은 기준을 적용하면 고등(High) 교육을 넘어 더 높은 교육을 제공한다는 의미에서 "최고등 교육(higher education)"이라고 칭해진 대학 교육은 21세기 들어 더는 엘리트 교육이 아니게 되었다. 대학 교육은 대중 교육으로 확실히 자리매김하였다.

1990년에만 해도 4년제 대학 학위를 가진 사람은 노동인구 중 상위 9% 이내에 들어 교육의 측면에서 넉넉히 상층에 속했지만, 이제는 4년제 대학 학위 소지자가 3할이 넘기 때문에 대학 학위를 가진 것만으로 자신의 상대적 지위가 높다고 느끼기는 어렵다. 현재의 4년제 대학 학위 소지자의 상대적 위치는 2000년대 초반에 2년제 대학 학위 소지자의 상대적 위치와 비슷하고, 1980년대 초반의 고등학교 졸업자의 상대적 학력 위치와 비슷하다.

하지만 지위재로서의 대학 학위의 가치 하락이 교육이 노동시장 성취에 끼치는 영향력이 줄어들었다는 의미는 아니다. 대부분의 국가에서 교육의 팽창은 경제 성장과 직업 구조의 고도화를 수반한다. 직업 구도의 고도화는 대졸자가 선호하는 직업의 확장이다. 직업 구조의 고도화가 대졸자의 증가와 같은 속도로 이루어진다면 직업 지위의 획득에서 대학 학위의 가치는 그대로 유지될 것이다. 만약 직업 구조 고도화의 상대적 속도가 대졸자의 공급 확대보다 빠르다면, 지위재로서의 대학 학위의 가치 하락에도 불구하고, 노동시장의 직업 획득에서 대학 학위의 상대적 가치는 오히려 증가한다. 반대로 직업 구조 고도화의 상대적 속도가 대졸자의 공급 확대보다 느리다면, 대학 학위의 상대적

그림 1.2 연도별 노동인구의 교육 수준 변화

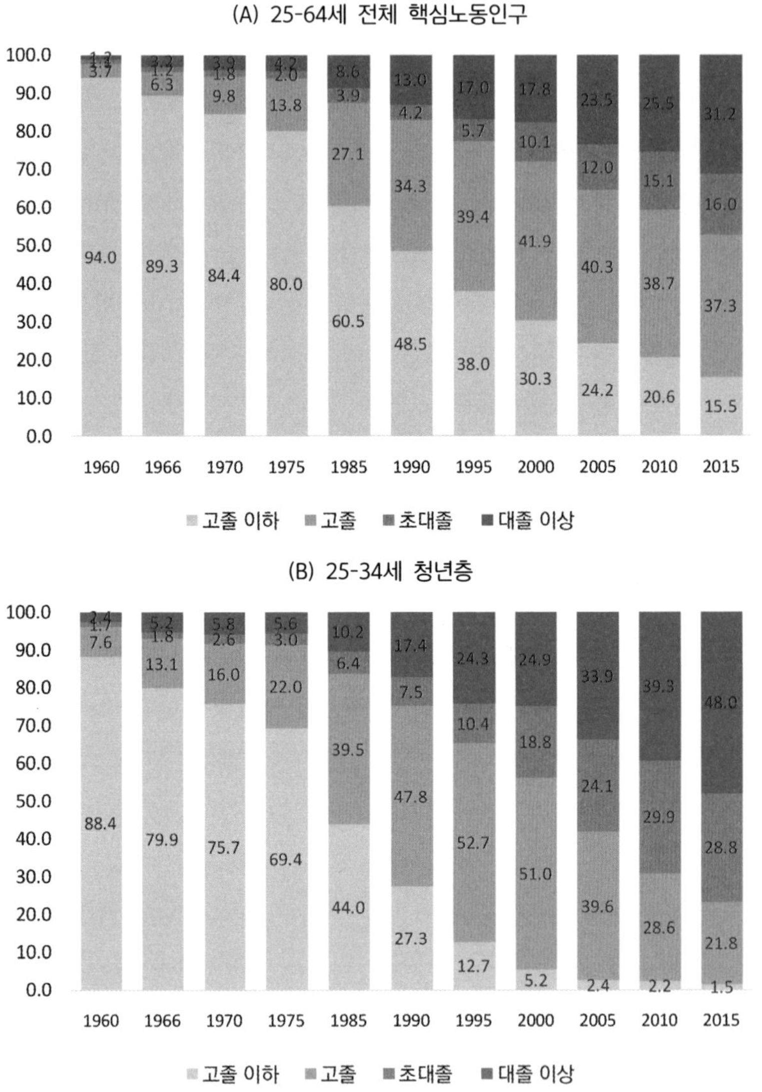

자료: 각 연도 인구총조사 마이크로 데이터.

가치는 하락하고, 대졸자가 괜찮은 직업을 가질 확률은 하락하게 된다. 대학 학위의 가치를 측정하기 위해서는 노동시장의 구조적 변화와 대학 졸업자 공급을 동시에 고려해야 한다. 또한 경제성장은 1인당 평균 GDP의 상승을 의미하고, 단위 교육 증가당 노동시장에서의 보상이 늘어나는 것이 일반적이다. 대학 학위의 지위재로서의 위치가 하락했다고 대학 교육의 가치가 그대로 하락하지는 않는다.

우리는 항상 주변사람들과 자신을 비교하고 자신의 위치를 확인하는 경향이 있다.[14] 소수만이 대학 교육을 받았을 때는 주변에 있는 대부분의 가족과 이웃들이 고졸이나 그 이하의 학력을 가지고 있기 때문에 대졸학위와 다른 학력 간의 격차를 지속적으로 확인하지만, 대다수가 대학 교육을 받은 사회에서는 자신의 비교집단이 비슷한 대학 교육을 받은 집단으로 한정된다. 비교집단에서 고등 교육이 상수가 되어버리기 때문에 실제로 교육이 노동시장 성취에 끼치는 효과가 줄어들지 않고 오히려 늘어났더라도 고등 교육의 효과를 심리적으로 디스카운트하는 경향을 가지게 된다. 그렇기 때문에 여론조사나 주변의 일화가 아니라 엄밀한 사회과학적 방법론을 통하여 교육이 사회경제적 지위 성취에 끼친 영향력의 변화에 대해서 연구하고 우리의 인식을 확립해야 할 필요가 있다. 그래야 올바른 교육과 노동시장 정책을 펼칠 수 있고, 개인도 적절한 사회적 선택을 할 수 있다. 과연 교육이 노동시장 성취에 끼치는 효과가 줄었는가? 이 책은 한국 사회에서 교육이 노동시장 성취에 끼친 영향이 역사적으로 어떻게 변화하여 왔고, 현재는 어떤지를 밝히는 한 시도이다.

이 책은 다음과 같이 구성되어 있다. 2장에서는 교육과 노동시장의 성취에 대한 기존 이론을 검토한다. 교육을 많이 받은 사람이 더 높은 소득과 더 좋은 직업을 가지는 것을 당연하게 여기지만, 학문적으로는 그렇게 되는 이유에 대해서는 여러 논의가 있다. 최근 들어 교육과 노동시장 성취의 관계가 어떻게 변화했는지도 많은 논쟁이 벌어지고 있다. 이러한 논의와 논쟁에 대해서 일별은 한국 사회에서 교육과 노동시장 성취의 관계를 연구하는 데 적절한 좌표를 제공해줄 수 있다. 3장에서는 교육과 직업지위의 성취 간의 관계가 1960년 이후 어떻게 변화했는지 인구총조사 자료를 이용하여 파악한다. 분석 결과를 보면 한국에서 대학 학위의 가치가 지속적으로 하락했다는 증거는 찾을 수 없다. 관리/전문/사무직이 대졸 노동자가 일반적으로 선호하는 직업지위라고 할 수 있는데, 관리/전문직 취득 확률면에서 남성의 경우 4년제 대학 학위의 가치가 전혀 하락하지 않았다. 2년제 대학의 학위는 절대적 확률면에서 하락했지만, 고졸과 비교한 상대적 확률면에서는 가치가 유지되거나 오히려 상당히 상승하였다. 2년제 학위의 가치가 낮아진 시점도 교육의 가치가 하락했다고 의심하는 최근이 아니다. 1960－70년대에 비해 1980－90년대에 가치가 하락하였다. 여성의 경우도 대학 교육의 상대적 가치는 하락하지 않고 오히려 상승하였다. 다만 여성의 경우 4년제 대학 졸업자의 관리/전문직 취득 확률이 같은 학력 수준의 남성과 달리 하락하였다. 4년제 대학 학위를 소지한 여성의 관리/전문직 취득 확률 감소는 대학 교육의 가치 하락이라기보다는 더 많은 여성이 노동시장에 참여함으로써 일부 여성만이 노동시장에 참여했던 1960－75년의 선택편향이 줄어들고, 남성과 여성의 격차가 줄어드는 과정의 하나로 보는 것이 타당할 것이다.

4장에서는 가계동향조사, 임금구조조사, 한국노동패널 자료 등 다양한 원자료를 이용하여 교육이 소득에 끼치는 영향을 살피도록 한다. 교육 팽창이 직업 지위의 하락을 야기하지 않았다는 3장의 분석과 달리 소득에 끼치는 대학 교육의 가치는 1980년대 동안 하락하였다. 하락 시점은 2000년대 이후 대학 교육을 받은 노동자의 폭발적 공급 시점이 아니다. 1980년대와 1990년대 초반 한국에서 불평등이 전반적으로 줄어드는 시기에 고졸자 대비 대졸자의 상대적 임금이 하락하였다. 1990년대 중반 이후 전반적 소득 불평등이 늘어나는 시기에는 고졸자 대비 대졸자의 상대적 임금이 상승하였다.

5장에서는 최근 논란이 된 청년층과 기성 세대 간의 소득 격차를 검토하고, 교육이 세대 간, 세대 간 불평등에 끼친 영향에 대해서 탐색한다. 한국 사회에서 세대 간 불평등이 커지고 청년층의 기회가 사라져서 청년층의 상황이 악화될 것이라는 염려가 크다. 20대와 30대 초반의 고용률과 소득의 변화를 코호트별로 추적한 결과 한국의 20대 청년층 고용악화는 교육의 효용 극대화를 위해 노동시장을 미루었기 때문에 생긴 결과일 가능성이 크다. 신규 세대에서 교육의 효과가 이전 세대보다 낮아졌기 때문이 아니라, 교육팽창으로 인한 경쟁 격화로 20대 청년층의 고용률이 낮아지고, 노동시장 성취가 상대적으로 악화되었다. 신규 세대가 더 이상 노동시장 진입을 미룰 수 없는 30대가 되었을 때 불이익이 누적되어 이전 세대보다 고용률이 낮아지는 것이 아니라 고용률이 추세적으로 상승하였다. 이전 세대와 달리 최근 코호트가 노동시장 진입을 미룰 수 있는 또 다른 이유는 20대 청년층이 속한 가구의 소득 상승이다. 앞의 두 장과 마찬가지로 한국에서 고등 교육의 가치가 하락했다는 염려는 다른 요인을 고려하지 않아서 생긴 잘못된 인식임을 보여준다.

6장에서는 국제성인역량조사(Program for the International Assessment of Adult competencies, PIAAC)를 이용하여 교육과 직업 성취 간의 관계를 한미일 삼국 간에 비교한다. 7장에서는 이러한 연구 성과를 종합하여 교육과 노동시장 성취에 대한 한국적 특색을 정의하고 그 함의를 논의한다.

CHAPTER

02

교육과 노동시장 관련 이론

CHAPTER 02

교육과 노동시장 관련 이론

CHAPTER 02

교육과 노동시장 관련 이론

더 많은 교육을 받은 사람이 더 좋은 노동시장의 성과를 올리는 것은 상식이다. 성실하고 머리가 좋은 사람일수록 공부를 더 열심히 해서 더 높은 학력을 보유할 것이고 이러한 사람들이 좋은 직업과 직장을 가지고 높은 소득을 올릴 것이다. 이렇게 상식처럼 보이는 현상이지만 교육과 노동시장이 어떻게 관련되어 있는지 상세하게 따져 물으면 명확한 대답을 제시하기 쉽지 않다. 더 많은 교육을 받은 사람이 더 좋은 노동성과를 올리는 것은 실제로 교육을 통해 그 사람의 생산성이 높아졌기 때문인가, 아니면 원래 능력이 출중했던 사람이 교육을 더 많이 받기 때문인가? 소위 말하는 스카이(SKY) 출신자가 사회에서 대접받고 괜찮은 일자리와 높은 소득을 올리는 이유는 이들의 교육 성취 때문인가, 아니면 스카이 출신자들이 네트워크를 형성하고 기득권을 발휘하여 타대학 출신자들을 차별하기 때문인가? 지금 말한 요소들이 모두 섞여 있다면 어떤 요인이 가장 지배적인가? 모든 사회에서 교육과 노동시장은 비슷하게 연계되어 있는가, 아니면 국가와 사회, 또한 시기에 따라 교육과 노동시장의 연계가 달라지는가? 만약 달라진다면 그렇게 달라지는 조건은 무엇인가? 1장에서 살펴보았듯 한국뿐만 아니라 전 세계적으로 교육이 팽창하고 대학졸업자가 늘어났는데, 이러한 변화는 교육과 노동시장의 관계에 근본적인 변화를 초래했는가? 본격적인 자료 분석에 앞서 이 장에서는 교육과 노동시장의 관계에 관한 이론적 논의들을 살펴보자.

1. 왜 교육은 노동시장 성과로 이어지는가?

어떤 사회학/경제학/교육학 이론도 교육과 노동시장 성취 간의 긍정적 상관관계에 대해서 부정하지 않는다.[1] 더 많은 교육을 받은 개인의 소득이 높고, 권위가 높은 직업을 가지고 있다.[2] 집단적으로도 고등교육을 많이 받은 노동자들이 몰려있는 지역의 평균 소득이 높다.[3] 교육팽창은 경제 성장과도 관련되어 있어 교육수준이 높은 국가의 1인당 GDP도 높다.[4] 하지만 너무나 당연한 듯이 보이는 더 많은 교육을 받은 사람이 더 높은 노동시장 성과를 올리는 현상에 대해서도, 그 근본적 원인이 무엇인지에 대해서는 의견이 갈린다. 교육과 노동시장 성과 간에 양의 상관이 나타나는 이유에 대한 사회학, 경제학의 이론은 크게 세 가지다. 하나는 인적자본론(human capital theory)을 비롯한 기능론적 설명이고, 다른 하나는 선별 이론(screening theory), 마지막은 학벌주의(credentialism)다.[5] 이 세 가지 관점은 교육의 역할에 대한 근본적으로 다른 관점을 제시한다. 인적자본론은 교육이 교육받은 사람의 생산성을 변화시킨다고 보는 반면, 선별이론과 학력주의는 개인의 생산성 변화에 끼치는 교육의 역할은 미미하다고 본다. 대신 후자의 두 이론은 교육이 사회적으로 필요한 선발과 구분짓기 기능을 수행한다고 주장한다.

1) 기능론적 인적자본론

경제학자이자 사회학자인 개리 베커(Gary S. Becker)가 제안한 인적자본론[6]의 핵심은 교육이 개인 노동자의 생산성을 증가시킨다는 것이다. 교육과 생산성 간에 직접적인 인과관계가 성립한다는 게 인적자본론의 중심 논지다. 더 많은 교육을 받은 노동자가 더 높은 임금을 받는 이유는 교육으로 인한 생산성 향상 때문이다. 자본(capital)이란 과거의 경제활동으로 축적된 부(stock)로 차후의 생산을 위한 수단이 된다. 더 많은 자본을 투자하면 평균적으로 더 높은 생산성을 올릴 수 있다. 예를 들어, 손수레를 이용하는 것보다 트럭을 이용하면 더 많은 짐을 더 빨리 더 멀리 운송할 수 있다. 자본을 조금만 투자하여 저렴한 손수레를 구입하는 것보다 더 많은 자본 투자가 요구되는 트럭을 구입하면 운송의 생산성이 높아진다. 손수레에 누적된 자본보다 트럭에 누적된 자본이 크기 때문이다. 인적자본론은 교육은 사람에게 자본을 누적시키는 효과를 지닌다고 주장한다. 교육을 받으려면 시간과 노력, 비용을 투자해야 하는데, 이 과정을 통해 자본이 개인의 신체에 누적되고 개인의 생산성이 높아진다.

여기서 바로 반론이 제기될 것이다. 실제 직장에서 사용하는 노하우는 학교에서 배운 지식과 무관하고 모두 직무를 수행하면서 배운 것이라고. 교육을 통해 습득하는 지식과 인적자본은 구체적인 지식에 한정되지 않는다. 인적자본론은 직장에서 훈련을 통해 새로운 지식을 빨리 습득할 수 있는 학습능력 자체가 교육을 통해 취득된다고 본다. 직무에 특화된 숙련(specific skill)뿐만 아니라, 훈련적합성(trainability)을 키우는 일반적 숙련(general skill)이 교육을 통해 길러진다. 고등학교 때 머리를 쥐어짜며 미적분을 풀면서 사회에 나가서 한 번도 사용할 일이 없는 이 공부를 왜 하냐고 수없이 의문을 품었을 것이다. 그 이유는 다른 모든 업무 관련 지식을 빨리 습득할 수 있는 일반적 숙련을 길러주기 때문이다. 미적분을 풀면서 훈련적합성을 키우고, 궁극적으로 회사에서 어떤 업무를 익히든 개인의 생산성이 높아진다.

보다 구체적으로 교육이 개인의 생산성을 높이는 경로는 세 가지다. 하나는 교육이 개인의 인지능력을 향상시킨다. 교육을 받지 않은 사람은 문맹이다. 읽을 수 있고, 기본적인 셈을 할 수 있는 사람과 문맹의 차이는 크다. 해방 직후 한국의 문맹률은 78%에 달했다.[7] 글을 읽고 쓸 줄 알면 국민 전체 상위 20%에 드는 지식인이었다. 지금은 직업지위가 높다고 간주하지 않을 우편배달원이 20세기 초기의 관점에서는 상당한 숙련을 요하는 직업이었다. 배달을 하기 위해서는 글을 읽을 수 있고, 지리를 기억하고, 운송수단을 다룰 수 있어야 한다. 교육은 읽고 계산하는 기본적인 인지 능력을 갖추게 해준다. 교육이 개인의 생산성을 높이는 두 번째 경로는 일에 직접 사용되는 구체적인 훈련을 제공한다. 통계학을 배우지 않으면 회귀분석을 할 수 없고 양적 방법을 이용하여 사회현상을 검증하는 사회과학자가 될 수 없다. 용접훈련을 받지 않고 선체 용접 기술을 읽힐 방법이 없다.

마지막으로 교육은 사회적으로 다른 사람과 같이 일할 수 있는 능력을 길러준다. 1990년대에 유행했던 곡, "교실이데아"에서 서태지와 아이들은 "매일 아침 일곱시 삼십분까지 우릴 조그만 교실로 몰아넣고 전국 구백만의 아이들의 머리 속에 모두 똑같은 것만 집어 넣고 있"다고 비판한다. 현대인들은 직장에서 출퇴근 시간을 지키는 것을 너무나 당연히 생각한다. 하지만 정시 출퇴근은 인간의 자연스러운 행동이 아니다. 매일 아침 7:30까지 정시에 등교하고 수업이 파한 후에 하교하는 교육을 통해, 정해진 시간을 지키고 정시에 출퇴근하는 습관이 길러진다. 19세기와 20세기에 제국주의가 기승을 부릴 때, 제3세계를 침범한 제국주의 자본주의자들은 항상 제3세계 인민들이 시간을 지키지 않고 훈련되지 않아 게으르다고 비난하였다. 남미를 침범한 포르투갈인들이 그랬고, 일본에 도착한 미국인들이 그랬고, 한국을 식민지화한 일본인들이 그랬다. 의무 교육이 보편화되지 않은 모든 지역의 인민들이 자본가들로부터 게으르다는 비난을 받았다. 한때 경제동물로 지칭되던 일본인이나, 지금도 세계 최장시간 노동을 하는 한국인의 입장에서 실소를 금할 수 없을 것이다. 교육을 통해 시간을 지키고, 다른 사람과 같은 공간에서 행동하는 법을 배우고, 대화하고 협동하는 방법을 배운다.

교육은 이렇게 개인의 생산성을 향상시킨다. 똑같은 말을 좀 더 사회과학적으로 하자면, 교육은 개인의 생산성 상승이라는 결과를 초래하는 원인이다. 인적자본론은 교육의 효과가 자본주의 경쟁 시장과 결합할 때 교육과 노동시장 성과의 정(正)의 상관이 나타난다고 본다. 경쟁 시장에서 생산성이 높은 노동자가 선호되고 생산성은 교육과 상관관계가 있기 때문에 궁극적으로 교육과 노동시장 성과는 긍정적 상관관계가 있다. 교육이 원인이고 노동시장 성과가 결과이다.

인적자본론의 관점에 따르면 소득 불평등이 커지는 이유는 교육에 따른 노동자의 생산성 격차가 커졌기 때문이다. 해결 방법은 당연히 더 많은 교육을 통하여 생산성이 낮은 노동자의 생산성을 높이는 것이다. 인적자본론은 교육팽창이 예상치 못한 부정적 결과를 가져올 가능성이 거의 없다고 본다. 교육팽창은 한국 사회에서 생산성의 전반적 향상을 가져오므로 교육팽창은 걱정할 현상이 아니다. 교육팽창이 그만큼의 생산성 향상을 가져왔는지는 논란이 될 수 있지만, 교육팽창이 생산성 저하를 가져올리는 만무하다.

2) 선별 이론

교육과 노동시장 성취의 긍정적 상관관계를 설명하는 두 번째 이론은 선별이론(screening or signal theory)이다.[8] 인적자본론과 선별이론의 가장 큰 차이점은 교육이 개인의 생산성을 직접적으로 향상시키는지의 여부다.[9] 선별이론에 따르면 교육은 능력 있고, 새로운 것을 학습하고, 혁신을 주도할 재능이 있는 개인을 선별하여 승인하는 효과를 가진다.

교육 그 자체는 개인의 능력을 제고시키지 않는다. 노동시장에서 교육은 개인의 능력을 나타내는 지표(signal)로 기능하고, 교육은 이런 능력 있는 개인을 선별(screening)하기 위한 과정이다.

이 이론에 따르면 교육 과정에서 습득한 지식은 실제 생산 현장에서 별로 쓰이지 않는다. 일하는데 필요한 지식은 직무훈련(on the job training)과 노동시장의 경험을 통해 길러진다. 두 사람이 똑같은 학교에서 똑같은 전공을 공부하였고, 비슷한 성적을 거두었더라도, 다른 산업에 종사하면서 오랜 시간이 지나면 두 사람의 해당 산업 생산성은 확연히 다르다. 생산성이 교육을 통해 결정되지 않고, 산업 현장에서의 경험에 따라 달라진다는 증거이다. 개인의 생산성 향상을 길러주고 가르치는 사람은 학교의 선생님이 아니라 직장의 '사수'다. 그렇다면 교육은 왜 중요한가? 왜 교육과 노동시장 성취 간에 긍정적 상관이 있는가?

사회를 보다 생산적으로 조직하기 위해서는 능력 있고 생산성 높은 개인을 중요한 위치에 할당할 수 있어야 한다. 그런데 누가 능력 있고 생산성이 높은지는 알기 매우 어렵다. 누가 능력 있는 사람인지에 대한 정보는 일반적으로 생각하는 것보다 훨씬 더 값비싸다. 오랜 기간 같이 지내보면 그 사람의 능력을 파악할 수 있지만, 그러기 위해서는 많은 시간을 투자해야 한다. 고용주의 입장에서 입사지원서를 낸 그 모든 사람과 같이 장시간을 보낼 수는 없다. 교육은 고용주의 입장에서 다른 어떤 정보보다도 강력하고 신뢰할 만한 개인의 능력에 대한 정보를 제공한다. 인지 능력, 성실성, 다른 사람과의 비교 우위에 대한 많은 정보를 교육이 제공한다. 혹자는 어렵게 시간과 돈을 들여 교육을 하지 말고, IQ 검사로 인재를 선발하자고 주장할지도 모른다. IQ 검사는 인지 능력에 대한 정보를 제공하지만, 성실성은 알 수 없다. 성실성 파악은 어려운 일이다. TV 프로그램 <골목식당>에서 백종원이 홍탁집 아들의 성실성을 점검하기 위해 매일 문자를 받았는데, 백종원도 이를 힘들어했다. 고용인의 성실성을 알기 위해 고용주가 시간을 투자해 성실하게 점검해야 하는 아이러니가 발생한다. 이에 반해 교육은 인지 능력과 성실성에 대한 정보를 동시에 제공한다. 아무리 IQ가 높은 사람이라도 노력없이 명문대에 진학할 수 없다.

많은 사람들이 면접을 통해서 지원자의 성향을 파악할 수 있다고 생각한다. 우리는 사람을 잠깐 만나보고 그 사람을 판단할 수 있다고 과신하는 경향이 있다.[10] 이런 경향은 편향으로 이어지기 쉽다. 편향에 근거해서 사람을 배치하고 할당하면 개인의 생산성에 따라 효율적으로 일자리가 배치되지 않고 능력 있는 사람이 별로 중요하지 않은 자리에, 능력 없는 사람이 중요한 자리를 차지할 확률이 커진다. 기업의 생산성과 이윤은 낮아지고 사회 전체적으로 경제 발전이 저해된다. 삼성그룹에서는 면접의 편향을 줄이기 위해서 관상을 본다는 웃지 못할 증언도 있다.[11] 교육은 능력에 대한 지표를 제공함으로써 고용주에게 누가 업무 능력이 있는지 강력한 신호를 준다. 사회 전체적으로 업무 할당의 효율성을 높인다.

교육은 생산성, 노동시장 성과와 관련되어 있지만, 교육이 직접적으로 생산성과 노동시장 성과를 높이기 때문은 아니다. 교육 그 자체는 개인의 생산성을 변화시키지 않는다. 대신 교육의 지표 기능을 활용함으로써 업무 할당의 효율성을 높일 수 있다. 교육은 선발의 효율성을 올려서 간접적으로 생산성을 높인다.

선별이론에 따르면 교육이 생산성을 직접 높이지 않기 때문에 절대적인 교육 수준보다는 교육의 상대적 비교가 중요하다. 1장의 논의와 연결시킨다면, 지위재로서의 교육의 기능이 가장 중요하다. 노동시장에서 교육은 능력 있는 개인을 적재적소에 배치하는 할당 효과가 가장 크기 때문에 상대적으로 더 많은 교육을 받은 사람을 선발하면 된다.

이 관점에 따르면 교육팽창은 생산성 향상에 도움이 되지 않는다. 오히려 더 많은 사람들이 생산 현장에 투입되지 않고 교육 기관에 남아있으면 생산성 향상에 직접 도움이 안되는 지식 습득에 더 많은 시간을 보내게 되고 자원의 효율적 배분을 저해한다. 고졸자의 80% 이상이 3차 교육 기관에 진학하는 한국의 교육팽창은 경제 성장에 도움이 되기보다는 방해가 된다. 학력을 가리는 블라인드 채용은 교육의 순기능을 제거하고 사회적 효율성을 낮추는 어리석은 채용 방식이다.

선별이론은 교육을 통해 소득 불평등 문제를 해결할 수 있는 여지는 별로 없다고 본다. 교육 방식이나 선발 과정을 바꾸면 누가 고소득을 올리는지만 바뀔 뿐, 소득불평등 자체는 변하지 않는다.[12] 자리만 바뀔 뿐 구조가 바뀌지 않는 현상에 대한 직관적인 예로 자주 거론되는 비유가 "의자 앉기 게임"(game of musical chairs)이다.[13] 노래를 부르며 의자 주위를 돌다가 노래가 멈추면 의자를 차지하는데 의자의 개수는 항상 참여자보다 모자라서 누군가는 탈락한다. 어떤 노래를 부르든 의자 주위를 도는 방식을 어떻게 바꾸든 누군가는 의자에 앉지 못하고 탈락한다는 사실에 변함이 없다. 마찬가지로 대학 선발 과정을 어떻게 바꾸어도 누가 엘리트 대학에 선발되는지 할당의 방식만 바뀔 뿐 불평등이 줄어들지도 않고 파이가 커지지도 않는다.

3) 학벌주의

영어로 크리덴셜리즘(Credentialism)을 번역한 학벌주의는 혹자는 학력주의라고도 하고, 혹자는 간판주의, 혹자는 영어 발음 그대로 크리덴셜리즘이라고 부른다. 이 중 학력주의라는 번역이 가장 많이 쓰이지만, 학력주의는 인적자본이나 선별이론과 구분되는 크리덴셜리즘의 특징을 잘 표현하지 못한다. 여기서는 크리덴셜리즘을 학벌주의라고 칭하도록 하자. 학벌주의는 선별이론과 마찬가지로 교육이 개인의 생산성을 직접 증가시키지 않는다고 가정한다. 선별이론과 학벌주의의 가장 큰 차이점은 학력과 생산성이 긍정적 상관을 보이는가 여부이다. 선별이론은 학력이 직접적으로 생산성을 향상시키지는 않지만 생산성을 향상시킬 수 있는 능력을 가진 개인을 선별하기 때문에 학력과 생산성은 긍정적 상관을 가진다고 믿는다. 이에 반해 학벌주의는 학력과 생산성에 아무런 상관도 없지만 사회, 문화적으로 학력이 높은 사람이 소득이 높은 직위와 일자리를 차지하기 때문이라고 주장한다.[14] 딱히 학력과 생산성의 상관관계가 있지는 않지만, 상위계층이 학력이 높은 경향이 있고, 학력은 능력의 결과라고 받아들여지기 때문에, 상위계층은 학력을 계급재생산을 정당화하는 기제로 이용한다. 스카이 대학 출신이 능력이 더 뛰어난 것은 아니지만 이들 스카이 출신의 네트워크가 타대학 출신의 일자리 진입을 막고 기회를 독점한다는 주장과 일맥상통한다. 한국에서 학벌주의가 능력에 관계없이 학벌에 따라 노동시장 성취도가 달라지는 현상을 기술하는 데 쓰이기에 크리덴셜리즘의 번역으로 학벌주의가 그나마 적절하다고 생각된다.

학벌주의는 문화자본을 통한 계급 재생산론과 밀접히 관련되어 있다.[15] 문화자본은 특정한 지위와 정체성을 나타내는 심벌로 작동한다. 계급 간의 구별짓기는 다양한 과정을 통해서 이루어지는데 흔히 교양이라고 표현되는 문화자본은 특정 계급의 멤버십 표식이다.[16] 자본가인 고용주는 유사한 문화자본을 공유하는 지원자를 선발함으로써 같은 선호를 공유하는 계급을 재생산한다. 교육을 통해 상류층의 고급문화와 하류층의 저급문화를 구분한다. 칸영화제의 그랑프리와 아카데미의 최우수 감독상, 작품상을 수상한 봉준호 감독의 영화 <기생충>에서 계급 격차를 볼 수 없고 만질 수도 없지만 명백히 존재하는 "냄새"로 풀어내는데, 현실에서 교육이 바로 이 냄새의 역할을 담당한다.

한국에서 사회경제적 지위가 높은 부모의 자녀가 그렇지 않은 자녀보다 더 좋은 대학에 가고 더 학력수준이 높은 것은 이제 뉴스도 아니다. 금수저와 흙수저를 가르는 수저계급론 담론이 한참일 때 한 신문은 성적도 직업군도 대물림되고 시험을 통한 출세는 허상이라고 보도하였다.[17] 한국에서 부모가 자본가나 전문직이면 대학 진학률이 80% 후반대지만, 노동자의 자녀는 60%선에 그친다.[18] 더욱이 교육팽창과 더불어 그 관계가 강화되었다는 연구도 있다.[19] 심지어 공무원 시험도 출신 계급에 따라 그 성과가 달라진다.[20]

학벌주의는 학벌의 재생산이 능력보다는 계층적으로 우위에 선 집단의 문화적 재생산 기제이고, 이 학벌을 자본주의의 계급 재생산과 불평등 정당화를 위해서 활용한다고 가정한다. 학력이 높은 노동자가 더 높은 소득을 올리는 이유는 이들이 생산성이 높기 때문이 아니다. 능력주의 신화 덕분에 계급재생산이 쉽게 정당화되기 때문이다. 불평등이 커지더라도 저소득층은 자신들의 학력이 낮기 때문이라고 믿고 높은 불평등 구조 자체를 깨뜨리려고 하지 않고 불평등을 내면화한다.

학벌주의에서 교육팽창은 낮은 계층의 자녀들이 고등교육을 받는 것에 대한 상위계층의 대응이다. 하위계층 자녀들이 대학에 진학하면, 상위계층은 대학원 진학, 대학 내에서의 위계 강화로 구별짓기를 지속시킨다.[21]

세 이론 중에서 어느 이론이 맞는지 한 가지 연구로 검증하기는 어렵다. 현실은 아마도 이 세 가지 이론이 주장하는 교육의 여러 측면이 뒤섞여 있을 것이다. 교육은 개인의 생산성을 강화하고, 노동시장에서의 시그널로 작동하며, 동시에 중산층의 계급 재생산 기제로 작동한다. 인적자본론과 관련해서 의대에서 배운 내용이 의사의 직무에 그대로 연결되지 않는다고 가정하는 것은 무리다. 평균적으로 상위권 대학 출신의 노동자가 그렇지 않은 노동자보다 회사에서 직무 학습 능력이 뛰어난 것도 사실이다. 월스트리트에서 캔사스대에서 경영학, 재정학, 경제학, 통계학을 공부한 졸업생을 제쳐두고 영문학을 전공한 아이비리그 출신자를 고용하는 이유는 영문학이 월스트리트의 증권 투자에 도움이 되기 때문이 아니라 하버드대 출신은 어떤 내용이든 새로운 직무를 배울 수 있다고 생각하기 때문이다. 졸업대학을 증권 관련 업무 학습 능력의 시그널로 여긴다. 학벌주의는 실증 자료를 이용한 경험 연구에서 가장 덜 뒷받침되는 편이지만, 그래도 여전히 진실의 일부를 밝히고 있다.

이 책은 세 가지 이론의 직접적 검증을 목적으로 하지 않는다. 특히 학벌주의는 교육과 노동시장의 관계보다는 계급재생산 메커니즘에 대한 이론이기에 이 책의 분석 대상과 다소 어긋난다. 대신 각 장(chapter)의 구체적인 분석에서 세 이론을 적용하여 좀 더 구체적인 결과의 함의를 토론토록 한다.

글상자 2.1 능력주의의 등장(The Rise of the Meritocracy)

한국어로 능력주의라고 번역되는 '메리토크라시'라는 말은 영국의 사회학자인 마이클 영(Michael Young)이 그의 소설 "능력주의의 등장"에서 처음 사용했다.[22] 능력을 뜻하는 "메릿(merit)"과 지배체제를 뜻하는 "크라시(-cracy)"를 합친 말로 마이클 영의 의도는 능력이 지배하는, 보다 정확히는 능력자가 지배하는 사회체제를 나타내기 위한 조어였다. 관료가 지배하는 사회를 뷰로크라시(Bureaucracy), 민주적 질서보다는 독재자나 권위에 의해 지배되는 사회를 권위주의라고 부르는 것과 비슷한 조어이다. 영은 능력자가 지배하는 사회체제가 얼마나 끔찍하게 변하는지를 풍자하기 위해서 이 단어를 조어하고 소설을 썼지만, 현실에서 그의 의도와 달리 능력주의가 능력에 따라 사회적 성공을 보장받는 공정한 사회체제를 지칭하기 위해 쓰이고 있다. 학력과 스펙을 기준으로 사람을 차별하는 한국 사회의 모습[23]이 어쩌면 마이클 영이 생각하는 디스토피아 능력주의 사회의 모습일 것이다.

마이클 영의 소설에서 "능력"은 IQ와 노력을 뜻한다. 아이큐를 측정해서 거기에 맞춰서 교육 수준을 나눈다. 능력주의 사회는 아이큐가 높고 노력하는 학생들에게 더 나은 교육을 제공하고 그렇지 않은 학생들을 솎아내는 것을 목적으로 한다. 처음에는 아이큐 측정이 완벽하지 않기 때문에 몇 년에 한 번씩 아이큐 테스트를 받고 재배치가 이루어지지만, 테스트 방법이 발전하면서 아이큐는 일생에 한 번만 측정하게 된다. 마이클 영의 소설에서 2000년에는 9세 때, 아이큐 테스트 방법이 더 발전한 2015년에는 4세에, 2020년이 되면 3세에 아이큐를 테스트하고 이 아이큐에 따라 누구는 고등교육을 받고 누구는 그렇지 않을지 결정하고 나눈다. 엘리트 대학 출신자들은 모두 3세 때 실시한 아이큐 테스트에서 고득점을 한 사람들이다. 아이큐 테스트를 재실시하기도 하는데, 이는 저능한 아이큐를 가진 사람들의 멘탈 붕괴를 막기 위해서 실시하는 것일 뿐, 실제로 바뀌는 것은 없다. 3살 때 실시한 아이큐가 너무 정확하기 때문이다. 예전처럼 밑바닥에서부터 시작했지만 열심히 노력해서 입지전적인 인물이 되는 그런 스토리는 더 이상 없다.

경쟁이란 능력주의 사회 발전의 초기에 아이큐 테스트를 정확히 실시하기 어려웠을 때나 필요하지, 능력주의 사회가 완성되면 더 이상 경쟁은 없다. 능력주의 이전에나 '소년이여, 야망을 가지고 목표를 높게 가져라'라고 얘기했지, 능력주의 사회에서 아이큐에 걸맞지 않는 야망은 사회적 해악이다. 능력을 정확히 측정하지 못한 이전 사회에서는 사회적 환경이 성공의 걸림돌이었지만, 능력주의 사회에서는 사회적 성공은 완전히 능력에 달려있다. 모두가 자신의 능력에 맞춰서 보상을 받기 때문에 불공정한 불평등은 없다. 남는 것은 능력에 따른 지극히 공정한 불평등이다. 이 사회에서 하층계급은 자신의 능력 부족으로 하층이 되었기에 불만을 터뜨려서는 안된다. 하위계층은 사회체제 때문이 아니라 열등하기 때문에 하위계층이 된다. 자신의 열등한 아이큐와 노력부족을 인정하도록 강요받는다.

아이큐가 125가 넘는 아이들은 능력자로 분류된다. 능력주의 사회는 상위 5%의 능력자가 지배한다. 아이큐는 유전이기 때문에 능력자 계급은 유전된다. 더 이상의 사회이동은 없다. 2034년이 되면 아이큐 테스트는 3세가 아닌 자궁속의 태아로까지 발전한다. "기회평등"은 구시대의 단어이고 유전이 모든 것을 결정한다. 능력주의 사회는 가장 세대간 사회이동이 없고 대대손손 계급이 영속적으로 유지되는 사회이다.

이런 능력주의 사회에서 2034년에 폭동이 일어난다. 이 소설에서 화자는 영국에서 능력주의 사회의 등장에 대한 역사를 기술하던 사회학자다. 이 사회학자는 하층민들의 시위가 사회를 바꿀 가망은 없다고 확신한다. 하지만 불행히도 이 사회학자는 그 하층민들에게 살해당하고 만다.

2. 교육 팽창과 노동시장에서 교육의 역할, 교육(대학) 프리미엄의 변화

교육받은 개인이 노동시장에서 더 좋은 직업을 가지고, 더 높은 소득을 올리는 것을 교육 프리미엄(education premium) 내지는 대학 프리미엄(college premium)이라고 한다. 많은 경우 교육 프리미엄을 고졸자와 대졸자의 소득 격차(%)로 측정하거나, 교육 연수 1년 증가에 따른 기대 소득의 변화로 측정한다. 국가 간 비교를 위한 지표로 교육 수준별로 중위 소득 이상의 연소득을 올리는 노동자의 비율을 사용하는 경우도 있다.

대학 프리미엄의 변화는 1980년대 중반 이후 학계, 특히 미국 학계의 지대한 관심을 끌었다. 두 가지 이유가 있다. 하나는 대학 프리미엄이 크게 변화했기 때문이다. 미국에서 학력 간 소득 격차는 1980년대 이후 현재까지 꾸준히 증가하였다.[24] 인플레이션 효과를 조정하면 남성 고졸이나 고졸 이하 노동자의 소득은 1960대 이후 별로 증가하지 않았다. 1970년대와 비교하면 21세기 현재의 소득이 오히려 낮다. 이에 반해 대졸자의 소득은 계속 높아졌다. 1960년대는 모든 학력의 실질 소득이 증가하며 교육 격차가 줄었지만, 1980년대 이후 고졸 이하 학력의 소득은 정체되고 대졸 이상 학력의 소득은 상승하여 학력 간 소득 격차가 커졌다. 대졸자의 소득은 21세기 들어 특히 많이 증가하였다. 대학원 졸업자의 소득은 더 크게 증가하였다. 여성도 남성과 마찬가지로 학력 간 소득 격차가 1980년대 이후 크게 벌어졌다. 왜 대학 프리미엄이 증가하는지 그 원인이 무엇인지 열띤 논쟁이 진행되었다.

대학 프리미엄에 대한 학계의 관심이 늘어난 또 다른 이유는 소득 불평등 증가와 대학 프리미엄의 증가가 밀접한 연관이 있다고 보기 때문이다. 미국에서 소득 불평등이 증가하기 시작한 정확한 시기는 소득을 어떻게 측정하는가에 따라 조금씩 달라진다. 하지만, 1980년대 이후 소득의 측정 방법과 무관하게 시장소득 불평등이 증가했다는 데 이견이 없다. 소득불평등 증가의 가장 큰 이유가 대학 프리미엄과 관련되어 있다는 이론이 숙련편향 기술변화론(skill biased technological change, SBTC)이다.

1) 숙련편향 기술변화론

숙련편향 기술변화론은 1980년대 이후 정보기술, 컴퓨터 기술, 통신기술 등의 기술발전이 숙련편향적으로 이루어져서 숙련노동자의 생산성은 급격히 상승한 데 반해, 비숙련노동자의 생산성은 증가하지 않아 불평등이 증가했다는 가설이다. 여기서 숙련노동자란 숙련공처럼 기계나 도구를 익숙하게 잘 다루는 생산직 노동자에 한정되는 의미가 아니다. 능력, 태도, 기술, 특별한 재주 등을 아우르는 영어 단어인 스킬(skill)은 우리말로 기술이나 숙련으로도 번역된다. 인지능력, 일하는 태도, 경험에서 쌓인 노하우 등 여러 가지 능력의 총체적 의미를 숙련으로 표현한 것이다. 바로 인간에게 체화된 능력이다. 반면 기술변화의 기술(technology)은 인간에게 속하지 않은 과학발전의 객관적 상태이다. 인간에게 체화된 능력이 아니라 외부에서 주어진 조건이다. 편향은 편향의 대상에 반하는 바이어스드 어게인스트(biased against)가 아니라 편향의 대상으로 치우친 바이어스드 투워드(biased toward)의 의미다. 미운털 박힌 편향이 아니라 편애의 편향이다. 숙련편향 기술변화란 객관적 기술변화가 여러 능력을 가진 사람에게 유리하다는 의미다.

기술발전은 모든 사람에게 골고루 혜택을 가져온다고 생각하기 쉽다. 기술이 발전하고 생산성이 향상되면 일하는 모든 사람들의 생산성이 높아지고 따라서 소득이 높아진다는 가정이다. 하지만 숙련편향 기술변화론은 기술발전이 능력이 낮은 비숙련노동자의 생산성은 높이지 않(거나 거의 변화시키지 않)고 능력이 높은 숙련노동자의 생산성은 비약적으로 높인다고 본다. 예를 들어, 필자처럼 통계를 이용하여 양적분석을 하는 연구자는 과거에는 데이터를 취득하기 어려웠고, 통계분석에 오랜 시간이 걸렸지만, 지금은 인터넷에서 쉽게 데이터를 다운로드 받을 수 있고, 컴퓨터의 발전으로 복잡한 모형도 단시간에 결과를 얻을 수 있다. 통계프로그램의 코드만 익히면 통계 계산 결과를 워드프로세스 프로그램의 표로 손쉽게 전환할 수 있다. 1980년대에 사회학 최고 수준 학회지에 실린 통계분석의 수준은 요즘 학회지에 실리는 논문에 비해서 현격하게 낮다. 또한 과거에는 논문을 보기 위해서는 학회지를 구독하거나 도서관에 가야했지만, 요즘은 인터넷으로 PDF 파일을 다운로드 받아서 노트북 컴퓨터나 태블릿으로 줄을 치면서 읽을 수 있다. 논문을 구하기 위해 여의도 국회도서관을 드나들던 일도 "라떼는"의 일부가 되었다. 대학 도서관 예산의 가장 큰 비중을 차지하는 항목이 세이지(Sage)나 엘스비어(Elsevier) 출판사의 인터넷 논문 접근권 구입이 된 지 오래다. 미국 연구중심대학 도서관은 한국 학술콘텐츠 플랫폼인 DBpia 접근권을 구입하기 때문에 해외거주 연구자도 한국 논문에 쉽게 접근한다. 이 때문에 연구자의 생산성이 비약적으로 증가하였다. 이에 반해 컴퓨터의 발전이 육체 노동자의 생산성을 비약적으로 발전시키지는 않았다.

그럼 숙련은 어떻게 측정하는가? 숙련은 여러 가지 능력의 총합이다. 학력만 능력이 아니다. 직무 경험에서 숙련이 쌓이기도 한다. 성실성 등 태도의 차이도 숙련의 일부이다. 그런데 숙련편향 기술변화론에서 가장 중시하는 숙련은 인지능력이고 인지능력을 측정하는 가장 손쉬운 대리 지표가 학력이다. 숙련편향 기술변화론에서는 학력 간 생산성 격차가 늘어나고 소득 격차가 늘어나는 것을 숙련편향 기술변화의 증거로 본다. 대학 프리미엄의 증가가 곧 숙련편향 기술변화의 증거인 셈이다. 불평등의 증가는 생산성 격차의 반영이기 때문에 학력 간 소득격차 확대가 불평등 증가의 상당 부분을 설명할 것이라고 숙련편향 기술변화론은 예측한다.

그런데 기술변화는 어느 한 국가만 겪는 일이 아니다. 세계화가 진행된 지금, 일국의 발명과 기술변화는 다른 국가로 실시간으로 전파된다. 그러므로 숙련편향 기술변화론에서 예측하는 대학 프리미엄의 증가는 미국에 한정되지 않는다. 자본주의 기술발전을 수용하는 모든 국가에서 비슷한 시기에 목격되어야 한다. 한국은 인터넷이 가장 발전된 세계적인 스마트폰 생산 국가이고, R&D 투자가 GDP에서 차지하는 비중이 전 세계에서 1~2위를 다투는 기술 선진국이다. 잘 알려져 있지 않지만 제조업 분야에서 노동자 1만명당 로봇의 수에서도 한국이 세계 1위다.[25] 숙련편향 기술변화론의 가설이 맞다면 한국에서도 학력 간 생산성 격차가 벌어지고 소득 격차도 벌어졌을 것으로 예측할 수 있다. 한국에서 1980년대 졸업정원제, 1990년대 대학입학 정원의 확대로 대졸자의 공급이 폭발적으로 증가했지만 기술변화가 숙련편향적이기에 노동시장에서의 교육 보상, 대학 프리미엄은 더 증가했을 것이다.

앞서 밝혔듯 숙련편향 기술변화론의 숙련은 학력에 한정되지 않는다. 직무경험으로 쌓이는 숙련도 기술변화의 영향을 받는 숙련의 하나이고, 서베이 자료에서는 관찰되지 않는 태도의 차이도 기술변화의 영향을 받는 숙련의 하나다. 새로운 것을 익히고 적용하는 평생 학습 태도도 숙련의 하나이기 때문이다. 숙련편향 기술변화론은 학력 간 소득 격차로 불평등 증가를 측정하고도 여전히 설명되지 않은 불평등 증가의 상당 부분이 학력이 아닌 뭔가 다른 숙련의 격차가 벌어졌기 때문으로 본다. 이 이론은 학력별 소득 격차가 확대될 뿐만 아니라, 연령 간 소득 격차도 확대될 것으로 예측한다. 새로운 기술을 익히기 힘든 고연령층은 노동시장에서 퇴출되거나 소득이 더 낮아질 것인 데 반해, 새로운 기술을 익히고 직무경험이 쌓이는 30대 후반과 40대 초반의 소득은 높아져, 노동시장 경력 초기에 있는 20대와의 격차가 벌어진다. 기술발전은 경험에 의해 쌓이는 숙련에도 편향적이기 때문이다.

숙련편향 기술변화론은 종속변수로 소득에 주목했지만 노동시장 성취를 소득이 아닌 직업이나 고용으로 대체해도 이 이론의 함의는 변하지 않는다. 고용 안정성이나 직업지위 획득면에서 교육 프리미엄이 증가하고, 노동시장 경력 정점에 있는 노동자와 경력 초기 내지는 은퇴를 앞둔 노동자 간의 격차는 벌어졌을 것이다.

정리하자면, 숙련편향 기술변화론은 최근의 기술 변화는 과거의 기술 변화와 달리 숙련편향적이라는 강한 주장을 담고 있다. 이 이론은 그 주장의 강도만큼이나 많은 비판의 대상이 되었다. 비판은 두 가지 관점에서 이루어졌다. 하나는 기술변화가 아니라 고학력 노동의 상대적 수요와 공급의 대학 프리미엄으로 대학 프리미엄의 증가를 설명할 수 있다는 전통적인 경제학의 수요공급론 입장이고, 다른 하나는 경제학보다는 사회학에서 주로 제기하는 자본과 노동자의 역관계 변화로 대학 프리미엄의 증가를 설명할 수 있다는 입장이다.

2) 수요공급론

수요공급론으로 숙련편향 기술변화론을 비판하고 고학력 노동자의 상대적 수요 대비 상대적 공급 미비가 대학 프리미엄의 증가를 가져왔다는 주장을 골딘과 카츠(Claudia Goldin and Lawrence F. Katz)가 그들의 유명한 책, 『교육과 기술 사이의 경쟁(The Race between Education and Technology)』[26]에서 제기하였다. 비판의 출발점은 기술변화가 항상 숙련 노동자의 수요를 늘리는 것은 아니지만 20세기 전반의 기술발전은 숙련편향적이어서 숙련노동자의 상대적 수요를 증가시켰다는 가정이다.[27] 숙련편향적 기술발전이 1980년대 이후 새로 등장한 현상이 아니라는 주장이다.

기술변화가 숙련의 수요를 항상 늘리는 것은 아니라는 점은 러다이트 운동을 생각하면 쉽게 이해할 수 있다. 19세기 초반 영국에서 기계의 발전으로 당시의 숙련공이었던 직조공들이 일자리를 잃고 비숙련공이 일자리를 대체하였다. 숙련공들의 생존권 투쟁의 하나로 기계파괴

운동이 일어난 것이 러다이트 운동이다. 기술발전 덕분에 과거에 숙련공이 만들었던 것과 비슷한 품질의 제품을 비숙련공들도 생산할 수 있게 되어 숙련공의 수요를 감소시켰다. 요즘은 공장에서 동일한 품질의 가구를 찍어내듯 생산하지만, 과거에 가구 생산은 장인의 작품이었다. 장인(artisan)의 한땀한땀 생산에서 미숙련 공장노동자의 대량생산으로 바뀌었다. 장인의 수요를 감소시킨 19세기의 반숙련편향적 기술발전과 달리 20세기 전반의 기술발전은 숙련 노동자의 상대적 수요를 증가시켰다.

골딘과 카츠는 설사 기술발전이 숙련편향적이어서, 숙련 노동자의 수요가 증가할지라도 기술발전이 항상 숙련과 비숙련의 소득 격차를 늘리고 전반적인 소득불평등을 늘리지는 않는다고 주장한다. 기술변화가 소득불평등으로 이어지기 위해서는 한 가지 추가 연결고리가 필요한 데 그것은 숙련노동자의 공급이다. 미국에서 20세기 초부터 1980년까지 더 많은 교육을 받은 노동자의 공급이 꾸준히 증가했다. 중요한 것은 공급의 절대적 크기가 아니라 상대적 크기이다. 1980년대 이후 숙련노동자의 수요가 급증하는 데 반해, 숙련노동자의 상대적 공급의 증가는 느렸고, 그 때문에 소득불평등이 증가했다는 것이 골딘과 카츠의 주장이다.

실제로 미국은 다른 어느 나라보다 20세기에 걸쳐 교육에 많은 투자를 한 국가이다. 미국의 의무 교육은 19세기 중엽 매사추세츠주에서 처음 시작하여, 1918년 미시시피주를 마지막으로 모든 주에서 의무교육이 실시되었다.[28] 20세기 초에는 의무교육이 완성되었다.[29] 미국의 제2차 세계대전 참전은 고등 교육을 받은 노동자의 공급을 늘리는 계기가 되었다. 제2차 세계대전 종전 직전인 1944년에 제정된 지아이빌(G.I.Bill)이라는 <제대군인의 사회적응지원 법안>은 제대군인이 주택자금을 쉽게 대출하고, 대학교육 등록금 등을 지원하는 내용을 담고 있다. 당시만 해도 미국은 의무복무제를 시행하고 있어 많은 남성들이

<제대군인의 사회적응지원 법안>의 혜택으로 대학 교육을 받았다. 그 결과 대학 교육을 받은 숙련노동자의 공급은 늘어났다. 1960년대 후반부터 1970년대 후반까지 대졸자의 상대적 공급은 확대되고 대졸 프리미엄은 하락하였다[30]. 유럽에서도 20세기에 걸쳐 대졸자가 증가했지만 미국이 확실히 유럽을 앞섰다. 교육 지원 법안을 만든 영국의 경우 기껏해야 공립 고등학교까지의 교육을 지원할 뿐이었다.

숙련노동자 공급에서 미국의 우위는 1980년대 이후 쇠퇴하기 시작한다. 미국 성인의 평균 교육 연수가 매 10년마다 1년씩 꾸준히 증가했지만, 1980년부터 1995년 사이에는 거의 변화가 없다. 1970년대 중반 이후 대학 졸업장이 없어도 안정되고 괜찮은 일자리를 구할 수 있게 되자, 더 이상 추가 교육을 받으려고 하지 않고, 상당수의 남성들이 고교 졸업 후 노동시장에 뛰어들었다. 이 시기부터 여성의 교육이 남성을 추월하기 시작한다. 숙련노동자의 공급 증가는 느려졌지만, 1980년대 이후 정보통신기술의 발전으로 숙련노동자의 수요는 더 빠르게 증가하였다. 이 공급과 수요의 불일치 때문에 미국에서 1980년대 이후 대학 프리미엄이 증가하였다. 미국에서 대졸자와 고졸자의 연간 소득 격차는 인플레이션을 감안한 현재 가치로 1979년 당시 1000만 원 정도였다. 대졸자가 고졸자보다 약 30% 소득이 많았다. 이 격차는 2013년 기준 63%로 2배 넘게 증가해 1900만 원에 이른다.

골딘과 카츠의 수요공급론은 숙련편향 기술변화론을 부정하지는 않지만 국가별 대학 프리미엄의 변화 방향과 관련하여 중요한 차이점이 있다. 숙련편향 기술변화론이 전 세계적으로 보편적 변화를 예측하는 반면, 골딘과 카츠의 수요공급론은 숙련노동자의 상대적 수요와 공급에 따라 국가별로 대학 프리미엄의 증가가 달라질 수 있다고 가정한다. 숙련편향 기술변화론에 따르면 한국에서도 1980년대 이후 대학 프리미엄이 꾸준히 증가했어야 하지만, 수요공급론에 따르면 다른 어떤 나라보다도 대졸자 공급이 크게 증가한 한국은 교육 프리미엄이 오히려 감소할 가능성이 높다는 것이 골딘과 카츠의 이론적 함의이다.

3) 지위재로써의 교육

경제학의 수요공급론과 정확히 일치하지 않지만, 교육을 받은 숙련 노동자의 증가로 교육 프리미엄이 감소할 수 있다는 사회적적 이론이 있다. 교육을 지위재(positional goods)로 인식하는 입장이다. 이 이론은 앞서 논의한 교육 노동시장 보상에서 선별이론과 밀접히 관련되어 있다. 교육은 교육받은 사람의 절대적 가치를 높이는 것(=인적자본론)에 그치지 않고, 교육받은 사람의 상대적 가치(=지위)를 변화시키기 때문에, 교육팽창과 더불어 지위재로서의 교육의 가치는 하락한다는 주장이다.[31] 선별이론을 제안했던 써로우(Thurow)는 노동시장은 두 개의 대기줄(queue)로 이루어졌다고 가정한다.[32] 하나는 고용주의 줄이고, 다른 하나는 피고용인의 줄이다. 고용주는 피고용인의 줄에서 가장 앞에 있는 사람을 고용하려고 하고, 피고용인은 고용주의 줄에서 가장 앞에 있는 회사에 취직하려고 한다. 이 이론에서 생산성은 교육받은 노동자에게 내재되어 있는 것이 아니라 고용주가 제공하는 일자리에 있다. 예를 들어, 삼성전자의 임금이 높은 이유는 삼성전자에 취업한 노동자들의 생산성이 높아서가 아니라, 해당 일자리가 생산성이 높기 때문이다. 고용주 입장에서 개별 노동자가 마음에 들지 않으면 언제든지 다른 노동자로 대체할 수 있다. 그래도 생산성의 하락은 없다. 왜냐하면 생산성은 노동자의 것이 아니라 기업의 것이기 때문이다.

교육이 팽창하면 고용주는 더 엄격하게 선발하고 더 많은 신호를 요구한다. 교육은 생산성을 높이는 가치재가 아니라 노동자의 대기줄에서 어디에 위치해 있는지를 알려주는 지위재이다. 그렇기 때문에, 대학교육의 팽창은 필연적으로 고등교육을 받은 노동자 중에서 교육 수준에 걸맞지 않은 직업으로 밀려나는 사람을 발생시킨다. 교육을 지위재로 보는 입장은 교육 팽창과 더불어 교육의 중요성이 커지지만 이는 기술발전에 따라 생산성을 높이기 위해서 더 많은 숙련노동자를 사회가 필요로 하기 때문이 아니다. 교육팽창을 목도한 고용주가 점점 더 많은 교육을 대기줄에서 기다리는 노동자에게 요구하고 노동자는 그에 맞춰 교육에 더 많은 투자를 하기 때문이다. 결국 악순환이다.

이 입장에 따르면 한국에서 교육팽창은 대학 졸업자의 직업지위 하락을 유발했을 가능성이 높다. 엘리트 대학을 나온 대학 졸업자는 과거와 다름없는 지위재로써의 교육의 효과를 경험하지만, 비엘리트 대학을 나온 졸업자는 일자리 대기줄의 뒷자리에 위치해 예전의 대학 졸업자보다 직업지위 하락과 소득 하락을 경험하게 된다.

28개 국가에서 교육 투자에 대한 노동시장 보상을 비교한 사회학자 티지 볼(Thijs Bol)[33]의 연구에 따르면 교육의 투자 연도에 대한 절대적 보상에서는 통시적으로 변화가 없으나, 교육의 상대적 위치의 중요성은 더 커졌다. 이 결과를 한국에 적용한다면, 대학 졸업자의 소득이 하락하지는 않았지만, 엘리트 대학을 나오느냐 아니냐의 중요성은 더 커졌을 것이다.[34]

4) 사회적 관계론: 노동자의 개별화된 협상력

교육 프리미엄의 통시적 변화를 설명하는 또 다른 입장은 임금과 소득이 생산성의 순수한 반영이 아니라 사회적 역학관계에서 결정된다고 보는 사회학적 입장이다.[35] 이 이론은 학력별 노동자의 생산성 변화가 아니라 노동자와 고용주, 노동자 내부에서의 사회적 역학의 변화로 교육 프리미엄이 변화했다고 주장한다. 소득의 관계결정론이라 할 만하다. 노조 협상력의 약화[36], 내부 노동시장의 실종 등 과거보다 소득결정에서 구조적 힘의 역할이 작아지고, 개별 노동자의 소득 결정 관여 정도가 높아졌다. 이로 인해 노동시장에서 파워가 있고 협상력이 높은 노동자의 소득은 올라가고, 협상력이 낮은 노동자의 소득은 낮아진다. 이 이론은 기술변화를 부정하지 않지만, 기술변화가 생산성 격차로 곧

바로 이어지는 것이 아니라, 노동시장 역학의 변화를 초래하고, 이 역학의 변화가 교육 프리미엄의 변화를 야기한다고 주장한다.

평균적으로 교육을 더 많이 받은 노동자가 생산성이 더 높을 것으로 추측하고 측정하는 것은 상대적으로 어렵지 않다. 하지만 어떤 개별노동자의 생산성을 정확히 측정하는 것은 불가능에 가깝다. 현대의 어떤 경제적 활동도 순수하게 개인의 성과로 돌리기 어렵다. 조선 산업의 매출이 늘어나면, 그 이유는 본사 영업팀의 성과인가, 거제도 생산팀의 성과인가, 아니면 설계팀이 훌륭해서인가? 모두가 제각각 기여를 했다면 그 기여 정도는 어떻게 계산하는가? 같은 팀 내에서도 팀장과 팀원의 기여 정도를 정확히 알 방법이 있는가? 초대박 히트를 친 "필 더 리듬 오브 코리아(Feel the rhythem of Korea)"를 기획한 한국관광공사 브랜드마케팅팀에서 팀장과 팀원 개개인의 기여도는 정확히 얼마인가? 이 기획 성공의 보너스를 준다면, 관광공사, 광고제작회사인 HS애드, 이날치 밴드, 앰비규어스 댄스컴퍼니에 각각 얼마씩을 배분해야 하는가? 임금이 생산성의 반영이라는데, 개인의 생산성을 모르는데 어떻게 개별 노동자의 연봉협상을 할 수 있는가? 심지어 개인 성적이 명확히 나오는 스포츠에서도 개인의 생산성을 계산하기는 무척 어렵다. 2019년 6월 기준 메이저리그에서 다승 1위, 방어률 1위를 기록 중인 류현진 투수의 팀기여도는 금액으로 환산하여 정확히 얼마의 가치가 있는가? 정규 시즌 성적보다 가을야구의 성적이 더 높은 투수의 기여도는 어떻게 조정해야 하는가? 임금 결정 과정을 상세히 따지고 들어가면 생산성의 정확한 반영으로써의 임금은 환상에 가깝다. 현실은 사회적으로 인식되는 그 일과 사람의 가치에 따라 관행적으로 임금을 결정한다.

지나친 임금 인상은 기업과 산업을 망친다고 생각한다. 하지만 한국의 자동차 산업과 조선업은 전 세계에서 가장 높은 임금을 지급하고도 크게 성장하였다. 두 산업 생산직 노동자의 생산성이 가장 높아서 임금이 오른 것이 아니다. 1980년대 후반과 90년대에 노사관계에서 강력한 정규직 노조를 가진 두 산업에서 적극적으로 임금 인상을 요구하고 기업 측에서 이를 받아주고 다른 구조조정을 실시했기 때문에 임금이 오른 것이다.

임금결정의 사회적 관계론 입장에서 교육 프리미엄의 변화, 대학 프리미엄의 증가는 1980년대 이후 전 세계적으로 진행된 신자유주의적 노선의 확대와 노조의 몰락(노조조직율의 저하와 노조의 힘의 약화 모두 포함)[37], 내부노동시장의 실종[38]과 외부 경쟁의 격화 등 저숙련 노동자에게 보호막을 제공하던 제도적 장치가 없어지고, 시장경쟁의 논리가 확산된 결과이다. 과거에는 평생 직장의 컨셉이 지배적이라 임금이 연공서열적으로 결정되었다. 개별 협상을 통하여 연봉을 결정하지 않았다. 하지만 20세기 후반 이후 내부 승진으로 노동자 간의 경쟁을 유도하고 생산력을 높이던 내부노동시장이 사라지고 기업 내부와 기업 외부의 경쟁의 구분이 없어지면서 개별 노동자의 협상력이 임금 결정의 가장 중요한 요소가 되었다. 이러한 일련의 변화는 숙련노동자의 협상력을 높인 반면, 비숙련노동자의 협상력은 낮추었다. 그 결과 교육 프리미엄이 증가하였다.

임금의 사회적 역학관계 결정론을 한국에 적용한다면, 교육 프리미엄의 변화는 교육팽창보다는 1980년대 후반과 1990년대 초반의 노동쟁의와 그에 대한 자본의 대응, 비정규직과 파견노동에 관한 법률의 변화, 1997년 경제 위기로 인한 사회의 재구조화 등의 구조적 변화와 역학관계 변화의 복합적 산물이다. 이 이론은 노동자의 힘이 강했던 1990년대 초반까지는 교육 프리미엄의 하락을, 1997년 경제 위기로 사회적 분위기가 바뀐 이후는 교육 프리미엄의 상승을 예측한다.

3. 소결론

교육과 노동시장 성취가 정의 상관을 보이는 이유에 대한 이론을 살펴보고, 교육 프리미엄의 변화에 대한 이론을 검토하였다. 모든 이론은 현실의 구체적 반영이 아니라 추상적 반영이다. 거의 모든 사회 이론이 완벽히 옳거나 완벽히 틀린 경우는 없다. 현실의 추상적 반영으로써의 이론은 항상 세부 디테일의 상당 부분을 생략해야만 한다. 많은 경우 현실은 경쟁하는 이론을 동시에 지지하고 또한 동시에 기각한다. 그래서 이론이 쓸모없다는 주장을 하는 게 아니다. 사회 현상의 어떤 측면은 어떤 이론이 더 잘 설명하고, 다른 경우는 다른 이론이 더 잘 설명한다. 이론은 현실을 진단하고 그 원인을 탐구하는 체계적인 틀을 제공해준다. 한국에서 교육 프리미엄은 인적자본론과 숙련편향 기술발전론에서 예측하듯 근대화, 산업발전과 더불어 더 크게 증가했는가? 아니면 수요공급론, 선발이론, 지위재로서의 교육 이론에서 예측하듯 교육의 팽창과 더불어 대학 프리미엄이 하락했는가? 교육 프리미엄의 상승과 하락 시기는 각 이론이 예측하는 것과 일치하는가? 다음 3장부터는 구체적으로 한국에서 교육, 특히 대학 교육의 가치가 어떻게 변화했는지, 직업, 소득 두 가지 노동시장 성과면에서 살펴보도록 하자.

CHAPTER

03

교육과 직업:
대학 졸업장의 직업 가치는 줄었는가?

CHAPTER 03

교육과 직업: 대학 졸업장의 직업 가치는 줄었는가?

CHAPTER 03

교육과 직업: 대학 졸업장의 직업 가치는 줄었는가?

사회경제적 지위를 측정하기 위하여 사용되는 대표적인 세 가지 변수가 교육, 직업, 소득이다. 3장에서는 한국에서 교육과 직업의 관계가 지난 반세기 동안 어떻게 변화했는지 살펴보도록 하자. 교육과 직업 지위 획득의 상관관계는 사회학 사회계층론의 핵심 내용 중 하나이다. 1장에서 간단히 논의한 블라우와 던컨(Blau and Duncan)의 지위획득 경로모형(Status Attainment Path Model)은 1967년에 출간[1])된 후 수많은 사회학과 인접 학문에 영향을 끼쳤고, 아직도 지속적으로 인용되고 있다. 기억을 되살리기 위해 이 지위획득 모형을 간단히 다시 설명하면 다음과 같다. 사회적 지위의 세대 간 재생산 모형은 부모 세대의 사회경제적 지위가 자녀 세대의 교육 성취에 영향을 끼치고, 자녀 세대의 교육 성취가 그들의 사회경제적 지위를 결정한다. 부모 세대의 사회경제적 지위를 Origin, 자녀 세대의 교육 성취를 Education, 자녀 세대의 사회경제적 지위를 Destination으로 칭하고, 각 단어를 첫 글자를 취해서 OED 모형이라고도 한다(참고로 OED 경로 모형은 제1장에서 소개된 것처럼 단순하지는 않다. 블라우와 던컨의 초기 모형 이후 여러 번 변형되고 발전된 모형이 제시되었다. OED 경로 모형의 변화에 대해서는 [글상자 3.1]을 참조). 시리즈로 기획된 본 연구의 시작도 OED 모형이 한국사회에 어떻게 적용되고 변화해 왔는지 탐색하고자 하는 의도였다.

1장에서 살펴보았듯 한국은 해방 이후 급속한 교육 팽창을 경험하였고, 지위재로서의 대학 학위의 가치는 하락하였다. 하지만 지위재로써의 대학 학위의 가치 하락이 교육이 노동시장 성취에 끼치는 영향력 하락을 의미하지는 않는다. 대부분의 국가에서 교육의 팽창은 경제 성장과 직업 구조의 고도화를 수반한다. 직업 구도의 고도화는 대졸자가 선호하는 직업의 확장을 의미한다. 직업 구조의 고도화가 대졸자의 증가와 같은 속도로 이루어진다면 직업 지위의 획득 측면에서 대학 학위의 가치는 그대로 유지될 것이다. 만약 직업 구조 고도화의 상대적 속도가 대졸자의 공급 확대보다 빠르다면, 지위재로써의 대학 학위의 가치 하락에도 불구하고, 노동시장의 직업 획득 측면에서 대학 학위의 상대적 가치는 오히려 증가한다. 반대로 직업 구조 고도화의 상대적 속도가 대졸자의 공급 확대보다 느리게 진행된다면, 대학 학위의 상대적 가치는 하락하고, 대졸자가 괜찮은 직업을 가질 확률은 하락하게 된다. 대학 학위의 가치를 측정하기 위해서는 노동시장의 구조적 변화와 대학 졸업자 공급을 반드시 동시에 고려해야 한다.

글상자 3.1 **OED 경로 모형의 확대**

제1장에서 블라우와 던컨의 <배경-교육-사회경제적 성취>의 OED 경로 모형을 간단히 소개했는데, 이 경로 모형은 1장에서 소개한 것보다 더 많은 변수를 포함하고 있고, 이후 다른 연구를 통하여 더 확장되었다.

블라우와 던컨의 원모델에서 아버지 직업, 자식의 교육수준, 자식의 현 직업 외에 아버지의 교육 수준, 자식의 첫 번째 직업이 포함되어 있다. 자녀 세대의 교육 성취는 부모의 직업이나 소득 등 경제적 지위에 영향을 받지만, 이와 독립적으로 부모의 교육 수준에도 영향을 받는다. 부모의 경제적 지위가 낮아도 고학력 부모의 자녀들은 비슷한 경제적 지위를 가진 다른 부모의 자녀에 비해 더 학력 수준이 높은 경향이 있다. 경제적 지위와 교육 수준이 각각 독립적인 영향을 끼친다. 자녀 세대의 현재 직업에 더하여 첫 번째 직업을 포함한 것도 흥미로운 지점이다. 개인의 현재 직업은 물론 첫 번째 직업과 관련되어 있다. 하지만 첫 직장의 지위가 현재 직장의 지위로 100% 연결되지는 않는다. 부모-자녀 간의 세대 간 사회이동뿐만 아니라, 노동경력을 통한 세대 내 사회이동이 일어난다. 자녀 세대의 현재 직업에 첫 번째 직업뿐만 아니라, 자녀 세대의 교육, 부모 세대의 사회경제적 지위가 각각 독립적인 영향을 끼친다.

일군의 사회학자들이 교육과 직업에 대한 심리학적 요인을 포함하여 블라우와 던컨의 모델을 발전시킨 지위획득모형을 제안하고 연구하였다.[2] 이 모형의 경험적 연구에 사용한 데이터가 위스콘신(Wisconsin) 주 고등학교 졸업생들의 서베이에 의존했기에 이 모형을 위스콘신 모형이라고 부른다. 위스콘신 모형에서는 부모의 직업과 교육 수준뿐만 아니라, 응답자의 직업 포부(aspiration)와 교육 포부, 부모뿐만 아니라 교사와 동료집단 등 유의미한 타자(significant others)의 영향력, 학업 성취도, 지적 능력이 사회경제적 지위 성취에 끼치는 영향력도 측정했다. 블라우와 던컨의 모형에 비해서 생득형질이 아니라 교육 열망 등 사회적 처치가 가능한 변수들이 개인의 사회경제적 성취에 크게 영향을 끼친다는 것을 밝혔다.

위스콘신 모형에 기반해 한국 사회를 분석한 연구도 많다. 위스콘신 모형이 위스콘신이라는 미국의 일개 주를 넘어서 일반화가 가능한지에 대한 비판도 있었지만, 한국에서도 직업포부와 교육포부는 학생들의 교육 성취에 유의한 영향을 끼친다.[3] 예를 들어, 김두환은[4] 위스콘신 지위획득모형의 유의미한 타자가 학생의 교육 성취에 영향을 끼칠 뿐만 아니라 유의미한 타자들 사이의 관계도 학업 성취에 영향을 끼친다고 보여준다.

1. 평생 소득의 대리변수로써의 직업

한국에서 직업 구조의 변화를 탐색하기에 앞서 직업 변수의 의미에 대한 사회학적 논의를 살펴볼 필요가 있다. 최근 세금 데이터를 이용하여 소득과 소득불평등 변화의 장기 추세를 연구하는 경향이 있다.[5)] 하지만 연구자가 이러한 소득 데이터에 접근할 수 있게 된 것은 비교적 최근의 일이다. 한국에서는 아직도 연구자가 세금 마이크로 데이터에 접근할 수 없다.[6)] 이렇게 소득 변수가 없을 때, 계층적 지위를 파악할 수 있는 가장 좋은 변수는 직업이다. 일반적으로 사회학에서 직업 변수가 소득 변수보다 선호되는 경향이 있다.[7)] 그 이유는 현재의 직업이 한 개인의 생애 전체에 걸친 평생소득을 현 시점의 소득보다 더 잘 나타낸다고 믿어왔기 때문이다. 경제학에서는 이와 관련하여 영구소득(permanent income)에 대한 논의가 있다. 소득은 경기순환과 실업에 따라 등락이 있다. 청년일 때는 소득이 낮더라도, 나이가 들어 장년이 되면 소득은 높아진다. 젊을 때는 전문직 종사자와 단순노무직 종사자의 소득 격차가 상대적으로 크지 않지만, 나이가 들고 경력이 늘어나면서 이 격차는 커진다. 따라서 소득 격차로 계층적 지위를 파악하는 것보다는 직업 지위로 계층적 지위를 파악하는 것이 평생에 걸친 계층적 지위(베버의 계급 정의에 따르면 시장에서의 개인의 상황[market situation]과 생애 기회[life chance])를 더 잘 파악할 수 있다.

생애기회나 영구소득에 대한 논의는 삶의 질과 연관되어 있다. 최근 작지만 확실한 행복을 뜻하는 "소확행"이라는 표현을 많이 들을 수 있다. 그런데 소확행을 보장하는 행위는 대부분 큰 돈이 들지는 않지만 심리적 보상은 확실한 작은 소비들이다. 사회학과 경제학의 생애 기회와 영구소득에 대한 논의는 삶이 질과 행복은 소득 자체보다는 소득을 통한 소비를 통해 얻어진다는 논리에 근거한다. 소비는 경기순환과 외부 쇼크에 취약한 단기적 소득에 기반해 이루어지지 않고, 단기 소득의 등락을 제거한 영구소득에 의해 계획되고 집행되는 경향이 있다. 어떤 해에는 소득이 많더라도 모든 소득을 소비하지 않고 미래를 위해 저축하고, 어떤 해에는 소득이 적더라도 소비를 급격히 축소하지 않고 과거에 저축해둔 돈을 쓴다. 소비는 단기적 소득이 아니라 여러 해에 걸친 평균소득으로 측정하는 영구소득에 의해 이루어진다. 평생소득은 영구소득과 노동기간의 곱으로 추정할 수 있다. 한 노동자가 25세부터 64세까지 40년을 일한다면, 평생소득은 '연간 영구소득×40'이 된다. 그런데 영구소득이 평생 변하지 않는 영구불변의 소득을 의미하지는 않는다. 모순되게 느껴질 수도 있지만 영구소득도 변화한다. 사람은 이렇게 변화하는 영구소득에 따라 자신의 소비 수준을 조정한다.

좀 더 깊게 들어가면 평생소득의 가치는 평생소득을 측정하는 시점에 따라 먼 미래의 소득을 어느 정도나 디스카운트 하는지에 따라 달라진다. 조삼모사의 우화에 따르면 원숭이에게 먹이를 아침에 3개 저녁에 4개 준다고 해서 원숭이들이 화를 냈는데, 반대로 아침에 4개 저녁에 3개를 준다고 하니 흡족해했다고 한다. 이 우화는 장기적으로 같은 가치를 몰라보고 눈앞에 닥친 현실에 집착하는 어리석음을 지적한다. 하지만 미래 소득은 항상 불확실성을 가진다. 설사 인플레이션을 조정하더라도 불확실한 미래 소득의 가치는 확실한 현재 소득의 가치보다 낮다. 이 관점에서 보면 조삼모사의 원숭이들은 어리석지 않다. 현재소득보다 디스카운트되는 미래소득의 가치를 고려하여 조삼모사보다는 조사모삼을 선호하는 게 합리적이다. 평생소득을 계산할 때는 미래 소득의 낮은 가치를 조정한다. 미래 소득의 가치가 어느 정도 조정되어야 하는지 정해진 기준은 없다. 미래 소득의 낮은 가치는 심리적이기 때문이다.

이렇게 측정하기 복잡한 평생소득의 전반적 가치를 직업을 이용하면 상대적으로 쉽게 알 수 있다.[8] 상당한 친분이 있는 관계라도 월급이나 연봉이 얼마인지 묻기 어렵다. 누군가 나의 소득이 얼마인지 물어보면 정확히 밝히기 꺼려진다. 예외가 아니다. 한국만 그런 것도 아니다. 대부분의 국가에서 소득을 묻고 밝히는 데 심리적 저항감이 있다. 이에 반해 현재 일하는 직업은 훨씬 더 쉽게 묻고 답한다. 한국 통계청에서 인구총조사에 소득을 묻는 것을 여러 번 고려했지만 응답의 신뢰성을 확보하기 어렵고, 응답자들의 심리적 저항감 때문에 응답률이 떨어질 것을 염려하여 결국 물어보지 못했다. 소득은 묻지 못했지만 인구총조사에서 직업은 항상 물어왔다. 한국에서 1980년대 이전 개인 소득에 대한 자료는 극히 드물지만, 직업에 대한 자료는 소득에 비해 풍부했다.

그런데 직업이 단기 소득보다 평생소득을 반드시 더 잘 대리하는 것은 아니다. 직업변수가 단기 소득보다 영구소득과 평생소득을 더 잘 대변한다고 믿어 왔지만, 이에 대한 경험적 연구는 소수에 불과하다. 이 연구가 드물 수밖에 없는 이유는 평생소득에 대한 데이터가 없기 때문이다. 그러니 당연히 평생소득의 대리변수가 평생소득을 실제로 얼마나 잘 대변하는지에 대한 연구도 드물다. 직업이 평생소득의 좋은 대리변수라는 것은 논리적 추론이지 경험적 결과가 아니다.

최근에 발표된 김창환, 크리스 탐보리니, 아서 사카모토(ChangHwan Kim, Christopher R. Tamborini, and Arthur Sakamoto)의 공동 연구[9]에 따르면 평생소득의 대리변수(proxy variable)로 현재의 직업보다는 현재의 소득이 설명력이 높다. 미국 국세청 세금 자료와 SIPP 서베이 조사(Survey of Income Participation and Program)를 연결시켜 진행한 이 연구는 교육, 직업, 연간 소득 등의 변수가 20년 누적 소득을 얼마나 잘 측정하는지 여러 가지 통계 기법을 적용하여 연구하였다.[10] 그 결과 500여 개에 이르는 세부 직업 변수들을 사용했을 때 보다 한 시점의 연간 소득을 사용했을 때, 20년 장기 누적 소득을 더 잘 측정하였다. 남성 노동자의 경우 세부 직업 변수가 장기 소득의 분산을 30% 정도 설명하는데, 한 시점의 연간 소득은 장기 소득의 분산을 38% 정도 설명하였다. 여성 노동자의 경우는 직업의 장기 소득 설명력이 남성보다 떨어졌다. 세부 직업이 장기 소득의 분산을 22%만을 설명했다. 이에 반해 연소득의 설명력은 남성과 큰 차이가 없었다(32%). 세부 직업 변수를 사용하지 않고 10개 미만의 대분류 직업 변수를 사용했을 때는 직업의 장기 소득 설명력이 절반 이하로 떨어졌다. 평생 소득이 주관심사일 경우에는 직업을 대리변수로 사용하기보다는 현재 소득을 대리변수로 사용하는 것이 합리적이다.

직업 변수의 장점은 연간 소득보다 평생소득을 더 잘 측정하는 것이 아니라, 소득이 나타내지 못하는 사회경제적 지위의 다른 측면을 드러내는 데 있다. 직업으로 사회경제적 지위를 측정하는 모델은 시카고 대학의 전국여론조사센터(the National Opinion Research Center, NORC)에서 직업의 명성을 측정하면서 시작되었다. 연구자와 방법론에 따라 직업 위세(내지는 명성, 영어의 표현은 prestige), 사회경제적 지위 인덱스(socioeconomic status, SES, 또는 socioeconimic index, SEI), 직업지위지수, 또는 직업위계지수라고 칭해진다. 가장 유명하고 널리 쓰이는 사회경제적 지위 인덱스가 사회학자 던컨의 SEI이다. 던컨 SEI는 직업의 지위를 해당 직업의 평균 소득과 대학 학위자 비율의 함수로 측정한다. 이 지수가 가진 함의 중 하나는 직업이 단순히 평생소득의 대리변수가 아니라 소득과는 다른 사회경제적 지위를 측정한다는 것이다. 직업의 명성은 평균 소득 한 가지 변수로 환원될 수 없고 교육이라는 다른 차원을 포괄한다. 평균적으로 같은 소득을 올리는 직업이라도 그 직업에 종사하는 사람들의 교육 수준이 높으면 그 직업은 사회적으로 더 선망되고 위세가 높다. 예를 들어, 미국에서 대학교수의 평균 소득은 2015년 기준 $72,470(한화로 약 8천만원)인데, 철도기관사의 평균 연소득(=$71,000)과 크게 다르지 않다. 하지만 대학교수의 직업적 위세가 철도기관사보다 높다고 일반적으로 간주된다.

2. 트라이만 상수

직업의 명성과, 위세, 지위는 사람들의 주관적 의견이다. 문화와 가치가 달라지면 직업에 대한 태도도 달라진다고 상상하기 쉽지만, 실상은 그렇지 않다. 직업위세와 사회경제적 지위에 대한 의견은 어느 사회나 비슷하다. 같은 국가에서 경제 발전의 수준에 따라 직업 구조가 변화한다. 그런 변화에도 불구하고 직업위세에 대한 사람들의 의견은 거의 바뀌지 않는다. 직업위세와 사회경제적 지위에 대한 사람들의 태도는 시공간을 초월하여 일관된다. 심지어 사회주의 사회 인민들의 직업에 대한 태도도 자본주의 사회 시민들의 태도와 유사하다. 중국이 경제적으로 발전하고 개방되기 이전인 1983년 도시거주민을 대상으로 실시한 서베이 조사에 따르면 직업위세와 순위에 대한 중국인들의 태도는 다른 국가 인민들과 놀라울 정도로 비슷했다.[11]

지금은 은퇴했지만 명예교수로 여전히 학회에 열심히 참가하고 있는 도날드 트라이만(Donald Treiman)은 그의 동료인 해리 갠지붐(Harry Ganzeboom)과 함께 50여 개 국가에서 500여 개 서베이 조사를 이용하여 직업위세에 대한 태도가 시간과 장소에 따라 다르지 않다고 밝혔다.[12] 근대 이후 모든 사회와 모든 시기에 대중은 직업의 명성과 지위에 대해 매우 비슷한 의견을 가지고 있다. 서로 다른 국가 간 직업 명성 지수의 상관관계는 평균 0.91에 달한다. 상관관계는 두 변수가 아무런 상관이 없이 무작위일 때 0이고 서로 완전히 일치할 때는 1이다. 상관관계 지수가 .91이면 사회과학에서 발견할 수 있는 가장 높은 수준이다. 마이크 하우트(Mike Hout)와 톰 디프리티(Tom DiPrete)는 이 현상을 "트라이만 상수(Treiman Constant)"라고 칭하며, 사회학자들이 발견한 유일한 보편 법칙이라고 평가하였다.[13] 중력의 법칙이 보편 법칙이듯, 직업위세에 대한 사람들의 태도 역시 시공간을 초월한 보편 법칙이라는 의미다. 직업위세에 대한 의견은 한 사회 내에서도 안정적이다.

사회계층 지위나, 교육 정도, 연령, 성별, 거주 지역 등에 따라서 직업 지위에 대한 평가가 다르지 않다. 직업위세가 이렇게 일관성을 보이는 이유를 트라이만은 "구조적 위세 결정 이론"으로 설명한다. 많은 초기 사회학자들이 주장했듯 농경사회에서 산업사회로 이동하면서 사회적 분업이 나타난다. 그런데 이 분업은 권력의 차이를 초래한다. 권력을 가진 집단은 이를 이용하여 그들만의 특권을 낳는다. 트라이만은 직업 위세(내지는 명성)의 원천을 이러한 직업에 따른 권력과 특권의 차이에서 찾는다. 사회주의든 자본주의든 모든 산업사회의 사회적 분업 구조가 비슷하기 때문에 모든 산업사회의 직업위계가 일관성을 가진다.

트라이만 상수라 칭해지는 직업위세와 사회경제적 지위의 보편성 덕분에 우리는 직업을 이용하여 노동시장에서 교육의 상대적 가치를 통시적으로 연구할 수 있다. 고학력자가 선호하는 직업이 시기에 따라 계속 바뀐다면 교육이 특정 직업군의 취득 확률에 끼치는 영향을 통시적으로 비교하는 연구는 큰 의미를 가지지 못한다. 선망의 대상이 되는 직업군이 시공간에 따라 변하지 않는 상수이기 때문에 이러한 직업을 가지는데 교육이 얼마나 중요한 역할을 하는지 통시적으로 비교할 수 있다.

한국의 직업지위지수에 대한 최근 연구로는 유홍준, 김월화가 『한국사회학』에 발표한 2006년 논문이 있다.[14] 한국도 트라이만 상수의 예외가 아니다. 이전 연구의 직업 명성과 유홍준·김월화의 계산 간의 상관 관계가 0.87에 달했다. 1975년과 2000년의 직업지위를 비교해도 상관관계가 매우 높았다. 예나 지금이나 관리직과 전문직은 직업 지위가 높고, 기능직이나 단순노무직은 직업 지위가 낮다. 한 가지 유홍준·김월화의 연구에서 흥미로운 점은 1975년과 비교해서 2000년에 교육과 수입이 직업의 명성을 설명하는 정도가 낮아졌다는 것이다. 통계 회귀분석에서 R-제곱 값(R-squared)으로 독립변수가 종속변수(정확하게는 종속변수의 분산의 정도)를 얼마나 설명하는지 계산한다. 1975년에는 교육과 소득이 직업별 명성의 차이를 90% 정도 설명했는데, 2000년에는 그 비율이 76%로 낮아졌다. 이는 직업 명성에서 교육과 수입만으로 설명되지 않는 다른 차원이 증가했다는 의미이다. 이러한 변화는 교육이 노동시장에 끼치는 영향을 종합적으로 파악하기 위해서는, 소득만이 아니라 직업에 끼치는 영향력도 별도로 연구해야 할 필요성을 강화시킨다.

트라이만 상수에 대한 내용을 읽고 일부 독자는 "거봐라, 직업에는 귀천이 있다"고 생각할지도 모르겠다. 시공간과 남녀노소를 불문하고 모두가 공통적으로 느끼는 직업위세가 있다는 사실은 직업에 귀천이 있다는 간접적이지만 강력한 증거가 아닌가? 혹자는 평소 불평등과 사회정의에 많은 관심을 보이던 사회학이 실상은 직업에 귀천이 있다는 증거를 제공해줬다고 배신감을 느낄지도 모르겠다. 하지만 사회학적 입장에서 보는 "직업에 귀천이 없다"는 격언은 직업위세에 차이가 없다는 의미가 아니다. 기왕 말이 나온 김에 "직업에 귀천이 없다"는 격언에 대한 사회학적 해석을 조금 곁들이고자 한다.

직업의 귀천에 대한 사회학적 논의는 사회계층론 수업 초반에 들을 수 있는 "기능론"과 "갈등론"에서부터 시작되었다. 데이비스·무어(Davies and Moore) 테제라고 불리는 기능론적 관점은 사회 불평등은 사회의 유지 발전을 위한 기능론적 필요에 의해 불가피하다고 본다.[15] 직업에 따라 사회의 유지 발전을 위한 기능론적 중요성이 다르고(수요 측면), 중요한 기능을 수행할 수 있는 능력이 있는 인재가 드물기 때문에(공급 측면) 불평등이 생긴다. 사회의 유지 발전을 위한 필요성은 해당 직업의 기능에 다른 사회적 요소들이 얼마나 의존하냐에 따라 결정된다. 여기에 대한 사회학적 반론 중 하나가 튜민(Tumin)이 예로 든 청소부다. 더러운 도시를 청소하는 기능이 없는 도시 사회는 제대로 유지 발전할 수 없다.[16] 코로나바이러스 대유행으로 일부 국가에서는 도시를 봉쇄했는데, 많은 필수직업군(essential workers)은 집에 머무르지 않고 계속해서 활동하도록 요구되었다. 직업 지위가 낮은 청소부, 배달원, 슈퍼마켓 종사원이었다. 팬데믹으로 사회 존속의 위험이 닥쳤을 때 필요한 기능은 높은 위세의 직업이 아니었다.

이처럼 기능적 중요성으로 직업의 귀천을 정하기 어렵다. 사회적 분업에 따른 직업별 권력의 불균형 배분과 기능적 중요성은 차원이 다른 문제다.

혹자는 공급 측면을 거론할 것이다. 훈련에 시간이 오래 걸리고 재능을 갖춘 인재가 드문 직업이 그렇지 않은 직업보다 귀하다고 주장한다. 하지만 선거 때마다 수많은 후보가 출마하여 많은 공급이 있지만 입후보자가 늘어난다고 선출직의 가치가 하락하지 않는다. 입후보자가 많을수록 선출직의 가치는 오히려 더 높아진다. 봉급 의사의 소득이 높은 이유는 의사가 되겠다는 지원자가 적어서가 아니라 전체 의사 공급 숫자가 법률에 의해서 제한되기 때문이다.

한국 사회에서 신규일자리 창출 숫자가 5천명 이하로 떨어지고 실업률이 높아졌던 2018년 중반에도 3D 업종은 구인난에 허덕였다. 그렇다고 이들 업종에 종사하는 직업의 가치가 올라가지는 않았다. 한국 노동자들에게 외면받는 3D 업종의 일자리는 평균 소득 수준이 낮은 국가로부터 온 외국인 노동자들에게 괜찮은 일자리다.

사농공상(士農工商)의 신분제도는 과거 동아시아 직업위세의 법칙이었다. 하지만 산업사회로 이행한 지금 어느 동아시아 국가도 과거의 사농공상과 같은 직업위세의 패턴을 보이지 않는다. 결국 직업의 귀천은 사회적 분업에 따른 권력 배분의 격차를 반영하는 우리의 인식이다. 이런 면에서 트라이만 상수는 산업사회의 직업에 따른 분업의 권력 차이와 그에 따른 인식의 반복된 패턴을 찾은 것이다. 이러한 반복된 패턴이 곧 윤리도덕적, 가치판단 명제로 곧바로 귀결되지 않는다. 우리가 일상생활에서 인식하는 직업의 귀천은 그 직업에 내재된 가치의 반영이 아니라 산업사회의 사회적 분업의 일관성, 그 분업으로 인한 권력 배분의 일관성의 반영이다. 이 점이 트라이만 상수로 알 수 있는 직업 귀천의 사회학적 의미다.

3. 한국의 직업구조 변화: 1960-2015

앞서 얘기했듯 한국에서 소득에 대한 신뢰할 만한 자료는 드물다. 장기 추세를 파악하는 데 한계가 있을 수밖에 없다. 한국에서 교육 성취가 노동시장에 끼치는 영향의 장기 효과는 직업을 분석하는 방법이 가장 적절하다. 전 국민을 대상으로 조사하여 표본의 대표성이 있고, 가장 역사가 오래되어 장기 추이를 파악하기에 적당한 유일한 자료가 인구총조사다. 직업구조의 통시적 변화를 고려한 상태에서 교육의 노동시장 효과를 측정하기 위해서는 통계청 웹사이트에서 제공하는 2차 가공 자료로는 부족하다. 인구총조사 원자료가 필요하다. 다행히도 통계청에서는 마이크로데이터 통합서비스(Microdata Integrated Service, MDIS)[17]를 구축하여 원자료를 제공하고 있다.

그런데 통계청에서 제공하는 일반적으로 사용 가능한 인구총조사 자료는 상세 직업 변수가 누락되어 있다. 상세 직업의 변화를 추적할 수는 없다. 10개 미만의 직업군을 알려주는 직업대분류도 연도별로 반드시 일치하지는 않는다. 직업구조의 시대적 변화를 반영하기 위해 연도별로 직업 코드를 바꾸었기 때문이다. 시대별로 선호하는 직업이 바뀔 뿐만 아니라 과거에 없던 새로운 직업이 생기고 예전에 인기 있던 직업이 사라지기도 한다. 예를 들어, 컴퓨터 프로그래머는 예전부터 있던 직업이지만, 데이터 과학자는 새로 생겨난 직업이다. 전화교환원은 20세기 들어서 새로 생긴 직업이고 한때는 자격증을 요구하기도 했지만, 지금은 거의 사라졌다(2018년 한국고용직업분류[고용노동부 고시 제2017-72호]에는 아직 남아있다). 영국에서 자본주의의 발전과 함께 노동자들이 정시에 회사에 출근해야 하지만, 시계가 대량생산되고 보급되기 전이라 대부분의 노동자가 시간을 지키기 어려웠다. 이 때문에 아침에 집집마다 돌아다니며 노동자를 깨우는 "인간알람시계"라는 직업도 있었다. 1920년대 초반까지 존재했던 이 직업은 문 두드리는 사람이라는 의미로 영어로 노커업(knocker-up)이라고 불렸다.

직업 구성이 끊임없이 변화하지만 대학 학위 소지자들이 일반적으로 선호하는 직종은 여전히 관리직, 전문직, 사무직이다. 세부 직종은 변화했지만 직업 대분류에서 고학력자의 선호 직종은 변화하지 않았다. 트라이만 상수로 확인되는 바다. 여기서는 관리직, 전문직, 사무직 3개 직종의 비중 변화를 중심으로 살펴보도록 한다. 이 3개 직종에 포함되지 않은 직업은 기술직, 노무직, 판매서비스직 등이다.

[그림 3.1]은 연도별 25-64세 핵심노동인구의 직업 구성 변화를 보여준다. 대학 교육의 팽창처럼 드라마틱하지는 않지만 직업 구성도 1960년 이후 큰 변화를 겪었다. 1960년대에는 관리전문직이 4.3%에 불과했지만, 지금은 22%를 넘는다. 1990년대만 해도 관리전문직의 비중은 10% 미만이었다. 전체 노동인구에서 차지하는 관리전문직 비중이 지난 55년간 5배 증가하였다. 직업구조의 변화는 지금도 계속되고 있다. 21세기에 들어와서도 관리전문직 비중은 15%에서 22%로, 절대비중이 7%포인트 증가하였고, 상대적으로는 50% 가까이 증가하였다. 현재 노동인구 5명 중 1명은 관리전문직에 종사하고 있다. 1960년대는 관리전문직이 엘리트층의 직업이었다면, 이제는 중산층의 직업으로 변모하였다.

사무직까지 포함해도 변화의 정도는 비슷하다. 1960년에는 관리/전문/사무직의 비중이 7.5%였는데, 1990년에는 그 비율이 23.3%로 오르고, 2015년에는 39.2%로 증가한다. 아시아 경제 위기를 겪기 이전 고도 성장 시기인 1975년에서 1995년까지 20년 동안 관리/전문/사무직 비중이 11.3%에서 20.5%로 절대값으로 9.2%포인트, 비율의 측면에서 81% 증가했는데, 그 후 20년 동안 20.5%에서 39.2%로 절대값으로 18.7%포인트 증가하였다. 그 전 20년의 증가보다 2배 이상 많고, 비율

그림 3.1 연도별 노동인구의 직업 구성 변화

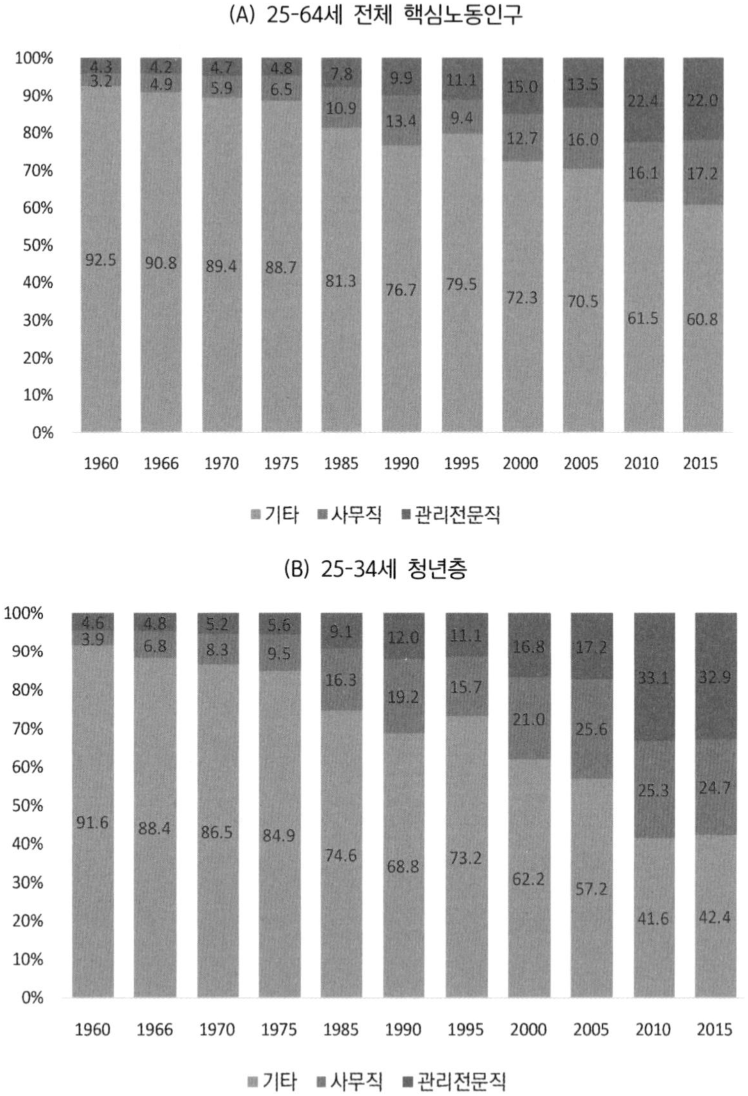

자료: 각 연도 인구총조사 마이크로 데이터.

의 측면에서는 91% 증가하였다. 일부의 걱정과는 달리 대졸자들이 선호하는 직업의 증가 추세가 둔화되는 경향은 보이지 않는다.

이러한 변화 경향은 그 대상을 25－34세의 청년층으로 한정해도 달리지지 않는다. [그림 3.1]에서 (B)는 25－34세 청년층의 직업 구성 변화를 보여준다. 고도성장과 3저 호황을 누리던 1975－1995년 사이 20년 동안 관리/전문/사무직이 15.1%에서 26.8%로 절대값으로 11.7%포인트 상대적으로 77% 증가했는데, 1995－2015년 사이 20년 동안 26.8%에서 57.6%로 절대값으로 30.8%포인트 상대적으로 115% 증가하였다. 전체 노동인구 대비 청년층의 관리/전문/사무직 증가율이 더 높다. 관리/전문/사무직이 1960년에는 상위 10%의 엘리트 직업이었지만, 1985년 이후 청년 노동자의 4명 중 1명이 관리/전문/사무직에 종사하고, 지금은 10명 중 6명이 관리/전문/사무직에 종사한다. 청년층에서 관리/전문/사무직이 가장 보편적인 직업이다. 이러한 변화는 청년층의 대졸 비율 증가와 밀접한 관련이 있다.

4. 대졸자의 관리, 전문, 사무직 취득 확률 변화

위에서 살펴보았듯 지난 55년간 대학 교육 팽창과 더불어 직업 구조도 고도화되었다. 대학 졸업장의 가치는 이러한 직업 구조의 변화를 고려한 후 상대적 가치를 측정해야 한다. 직업 구조뿐만 아니라 노동인구의 인구학적 변화도 통제해야 한다. 연도별 출생 코호트, 여성의 노동 참여율, 혼인율이 매년 달라졌다. 인구가 증가하고 경제가 발전하는데 고등 교육을 받은 장년층의 비중이 작다면 대학 교육을 받은 청년층이 괜찮은 일자리를 얻을 확률이 높아진다. 이에 반해 대학 교육을 받은 여성의 노동참여율 증가는 고등 교육을 받은 노동자들의 상대적 공급을 높여 괜찮은 일자리를 둘러싼 경쟁을 격화시킨다.

이 모든 요인을 같이 고려하여 대학 교육이 관리/전문/사무직 취득 확률에 끼치는 영향의 변화를 측정하기 위하여 <선형 확률 모형(Linear Probability Model, LPM)> 분석을 실시하였다.[18] <선형 확률 모형>은 성별과 같은 요인을 통제한 상태에서 대학 졸업에 따른 관리/

전문/사무직 취득 확률을 계산하는 통계적 기법이다. 사회통계학을 수강한 사람이라면 일반적으로 알고 있는 "회귀분석"에서 종속변수를 연속변수가 아니라 이항변수를 사용하는 방법이다. 이 기법에 대한 여러 논쟁이 있지만 이 기법으로 계산한 대학 학력의 평균 가치가 대체로 신뢰할 수 있다고 여긴다.[19] 통계적 지식이 없는 독자들에게 다소 어렵게 느껴질 수 있겠지만, 이 기법으로 대학 학력 이외의 다른 조건은 동일하게 통제하는 효과가 있다는 점만 기억하면 된다. 시간이 지나면서 인구 구성이 바뀌고, 노동인구의 성별 구성이 바뀌면서 발생하는 복합적 효과를 통제하고 순수한 교육 효과를 측정할 수 있다.

이 분석에서 두 가지 경우를 살펴보았는데, 하나는 관리/전문직 취득 확률이고, 다른 하나는 관리/전문직에 사무직을 포함한 전체 화이트칼라 직업의 취득 확률이다.[20] 가장 큰 관심사는 관리/전문/사무직 취득 확률이 통시적으로 줄었는지 늘었는지 여부다. 통계 모형에서 교육을 통제하지 않고 25－54세 핵심노동인구의 관리/전문직의 취득 확률을 계산하면 매년 0.4%씩 증가한다. 지난 55년간 관리/전문/사무직의 비중이 늘었으니 당연한 결과다. 그런데 이 모형에 교육변수를 추가로 통제하고 측정하니 놀랍게도 관리/전문직 취득 확률이 매년 .05%씩 줄어드는 것으로 바뀐다. 분석대상을 관리/전문직으로 한정하지 않고 관리/전문/사무직으로 확장해서 분석해도 취득 확률이 줄어들기는 마찬가지다.[21] 2015년 기준 1995년 대비 조건이 같을 때 관리/전문직 취득 확률이 1%포인트 낮아졌다. 1960년과 비교하면 2.8%포인트 낮아졌다. 이러한 결과는 대학 교육의 팽창 대비 직업 구조의 고도화 속도가 상대적으로 더디다는 의미다. 대학 교육은 팽창했지만 관리/전문/사무직의 비중은 그에 맞춰 늘지 않았다. 이 결과는 한국은행의 2019년 분석[22]과 일치한다. 한국은행 조사국 오삼일, 강달현의 연구에 따르면 10명 중 3명은 학력과잉의 영향으로 하향취업하고 있다.

하지만 이 결과가 곧바로 대학 학력의 상대적 가치가 하락했다는 증거가 되지는 않는다. 관리/전문/사무직의 비중이 대학 팽창보다 느리게 증가했지만, 그 피해를 대졸자보다는 고졸자가 봤을 수 있다. 고졸자의 관리/전문/사무직 취득 확률이 크게 떨어지고, 대졸자의 관리/전문/사무직 취득 확률은 오히려 증가했을 수 있다. 이 경우 대학졸업장의 상대적 가치는 오히려 증가한 것이다. 전체 노동인구의 괜찮은 직업 취득 확률을 분석해서는 대학 교육의 상대적 가치가 증가했는지 감소했는지 알 수 없다. 각 학력 수준별로 관리/전문/사무직 취득 확률이 어떻게 변화했는지 분석해야 한다(학력 수준별 관리/전문/사무직 취득 확률 추정을 위해서 상호작용효과가 포함된 선형 확률 모형을 이용해야 한다. 상호작용효과가 포함한 <선형 확률 모형>은 해석에 다소 까다로운 점이 있다. 통계 모형에 관심이 있는 분들을 위하여 이 분석에 사용된 방정식과 의미에 대해서 <부록 2>에 자세히 설명해 두었다. "상호작용효과가 포함된 <선형 확률 모형>" 부록을 보시기 바란다. 이 모형의 통계 결과는 <부록 3>이다.).

이 책에서 계수추정치를 논의할 때 사용한 "효과"라는 단어가 인과관계를 의미하지는 않는다. 사회과학에서 원인과 효과(cause and effect)를 인과관계를 의미하는 것으로 엄밀하게 사용하는 경향이 있으나 일상생활에서 효과는 상관관계를 서술할 때도 많이 쓰인다. 이 책에서 상관관계를 서술할 때도 효과라는 단어를 사용했으며, 인과관계를 뜻할 때는 "인과효과"라고 특정하였다.

직업 지위 취득의 대학 교육 가치 변화 분석에서 중요한 것은 관리/전문직 취득 확률의 통시적 변화이다. 통시적 변화를 보여주는 계수값(구체적으로는 <부록 3>의 t의 값)이 양의 값이면, 관리/전문직 취득 확률이 증가한다는 의미이고, 음의 값이면 감소한다는 의미다. 분석결과 준거집단(=고졸이하)의 값은 -0.0012이다. 이는 고졸, 남성의 관리/전문직 취득 확률이 매년 0.12%씩 감소했다는 뜻이다. 이에 반해 4년제 대학 졸업자의 통시적 변화는 0.0020로 양의 수이며 통계적으로도 유의하다. 고졸 남성에 비해서 4년제 대졸 남성의 관리/전문직 취득 확률이 매년 0.20%씩 더 커졌다. 고졸자 대비 상대적 변화가 아닌 대졸자의 절대적 변화를 계산하면 연간 0.08%(=−.0012+.0020)로 대졸 남성의 관리/전문직 취득 확률이 증가하였다. 매우 작은 차이처럼 보이지만, 이 효과는 장기적으로 누적된다. 1960년대 고졸자가 관리/전문직에 종사할 확률은 6.3%고 대졸자는 25.0%로, 격차는 18.7%포인트였다. 그런데 그 격차가 55년이 지난 2015년에는 23.1%포인트로 커졌다. 남성의 경우 직업 취득면에서 4년제 대학 교육의 상대적 가치가 상승하였다.

여성의 경우는 남성과 다르다. 직업 취득의 측면에서 대학 교육의 가치 변화를 좀 더 명확하게 보여주기 위하여 [표 3.1]에서 성, 학력별로 관리/전문직 취득 확률의 10년치 변화를 계산하였다.23) 여성은 4년제 대졸 학위 소유자의 관리/전문직 취득 확률이 10년 평균 2.8%포인트씩 감소하였다. 고졸 여성의 10년 평균 취득 확률 감소폭이 0.1%에 불과한 것과 비교하여 상당히 큰 폭의 감소이다. 이렇게 감소 폭이 큰 이유는 노동시장에 참여하는 고학력 여성의 선택편향 효과가 변화했기 때문으로 추정된다. 과거에는 직업 위계가 높은 직업에 종사하는 여성만이 노동시장에 참여했다면, 지금은 더 많은 고학력 여성이 노동시장에 참여하기 때문에, 여성의 노동시장 선택편향이 완화되었다. 달리 말해, 대학의 프리미엄이 낮아진 듯 보이는 이유는, 소수 엘리트만 노동시장에 참여하다가 다수 대졸자가 노동시장에 참여했기 때문이다. 과거 노동시장에 참여하는 대졸 여성의 고졸 대비 상대적 우위가 지나치게 압도적이었던 것이 시간이 지나면서 줄어들었다.

4년제 대학의 관리/전문직 취득 확률의 변화는 성별로 다르지만, 2년제 대학의 경우 남녀 모두 취득 확률이 통시적으로 감소하였다. 감소폭이 고졸보다 커서 2년제 대학 졸업자와 고졸학력자의 관리/전문직 취득 확률 격차가 줄어들었다. 2년제 대학에 한정해서 말한다면, 관리/전문직 직업 취득 면에서 대학 학력의 상대적 가치는 감소했다. 이러

표 3.1 관리/전문직 취득 확률의 10년간 평균 변화 추정치(<부록 1>에 근거하여 계산)

	남성	여성
고졸 미만	−0.8%	−0.8%
고졸	−1.2%	−0.1%
초대졸	−1.4%	−2.1%
대졸	+0.8%	−2.8%

한 결과는 2년제 대학의 확장을 통해 하위계층의 세대 간 사회이동을 촉진하는 기획[24)]이 한계가 있음을 함의한다.

남성의 경우는 관리/전문직으로 한정하나 사무직을 포함하나 대학 졸업장 가치의 변화 방향이 다르지 않다. 4년제 대학의 상대적 가치는 상승했고, 2년제 대학의 상대적 가치는 다소 하락했다. 여성의 경우는 관리/전문직으로 한정하면 대학의 상대적 가치가 하락한 듯 보이지만, 사무직을 포함하면 대학 졸업장의 가치 하락이 보이지 않는다. 관리/전문/사무직 취득 확률에서 남성과 마찬가지로 4년제 대학의 상대적 가치는 상승했고, 2년제 대학의 상대적 가치는 다소 하락했다.

이상의 결과를 종합하면 관리/전문/사무직 취득 확률에서 4년제 대학 학위의 상대적 가치는 남성의 경우 확실히 증가하였고, 여성의 경우는 관리/전문직은 감소했지만 사무직까지 포함하면 대학 학위의 가치는 증가하였다. 4년제 대학과 달리 2년제 대학은 고졸학력과의 격차가 감소하였다. 통시적으로 2년제 대학과 4년제 대학의 가치 변화 방향이 다르다. 대학 팽창에도 불구하고 4년제 대학의 가치는 더 높아졌는데, 2년제 대학의 가치는 상대적으로 하락하였다.

5. 대학 팽창이 시작된 1980년대 이후 대졸자의 관리, 전문, 사무직 취득 확률이 감소했는가?

지금까지의 분석은 학력별 관리/전문/사무직 취득 확률의 변화가 선형적이라는 가정하에 장기적 평균적 변화를 분석한 것이다. 선형적 변화라는 가정은 각 연도별로 다소 간의 차이가 있을 수 있지만, 취득 확률이 연도별도 조금씩 일관되게 변화했다는 의미이다. 하지만 고등교육 팽창은 1980년대와 1990년대에 집중적으로 이루어졌다. 학력별 관리/전문/사무직 취득 확률 변화가 선형이 아니라 특정 시기에 집중된 비선형적 변화일 가능성을 배제할 수 없다. 교육이 관리/전문직 취득 확률에 끼친 영향의 비선형적 변화를 살펴보기 위해서 [표 3.2]에서 관리/전문/사무직 취득 확률을 1960−1975년, 1985−2000년, 그리고 2005−2015년으로 나누어서 분석하였다. [표 3.2]에서 왼쪽 패널은 관리/전문직 취득 확률이고 오른쪽 패널은 사무직을 포함한 취득 확률이다.

우선 관리/전문직 취득 확률을 중심으로 살펴보자. 앞의 분석과 마찬가지로 4년제 대학 졸업 남성을 제외한 모든 그룹에서 관리/전문직 취득 확률이 낮아졌다. 1960−1975년과 비교해서 2005−2015년에 2년제 대학 졸업자의 관리/전문직 취득 확률이 남성은 30.8%에서 18.2%로 낮아졌고, 여성은 61.2%에서 33.5%로 급감하였다. 남녀 모두 40% 이상 폭락하였다. 고졸자의 경우는 남성은 11.6%에서 5.2%로 절반 넘게 떨어졌고, 여성은 22.6%에서 7.0%로 70% 폭락하였다. 4년제 대학을 졸업한 남성만이 예외적으로 관리/전문직 취득 확률이 미약하나마 높아졌다.

성별로 학력별 관리/전문직 취득 확률의 변화가 다르지만, 대학 학위의 절대적 가치가 아니라 상대적 가치를 따져보면 변화의 방향과 정도에서 성별 격차가 없다. 1960−1975년에 4년제 대학 졸업 남성은 고

표 3.2 연도별 관리/전문직/사무직 취득 확률 추정치, 25-64세 노동자

	I. 관리/전문직			II. 관리/전문/사무직		
	1960–1975	1985–2000	2005–2015	1960–1975	1985–2000	2005–2015
남성						
– 고졸 미만	1.5%	0.0%	0.3%	6.8%	5.2%	7.9%
– 고졸	11.6%	5.9%	5.2%	34.0%	22.5%	18.0%
– 초대졸	30.8%	18.4%	18.2%	58.7%	44.1%	38.4%
– 대졸	39.0%	38.5%	40.8%	72.0%	67.7%	66.6%
여성						
– 고졸 미만	0.1%	0.0%	0.0%	2.8%	3.2%	7.1%
– 고졸	22.6%	4.3%	7.0%	39.7%	25.5%	25.7%
– 초대졸	61.2%	35.6%	33.5%	73.1%	59.3%	62.5%
– 대졸	67.6%	57.6%	52.8%	83.2%	74.3%	78.4%

자료: 1960, 1966, 1970, 1975, 1985, 1990, 1995, 2000, 2005, 2010, 2015 인구총조사 마이크로 데이터. 각 연도 직업 소유자로 분석 대상 한정. 연령, 연령−자승, 혼인 효과를 통제한 후 성별 관리/전문직 취득 확률을 선형확률모형으로 추정.

졸자보다 3.4배 더 관리/전문직에 종사했는데, 2005−2015년에는 그 비율이 7.8배로 늘었다. 여성은 1960−1975년에 4년제 대졸자가 고졸자보다 3.0배 더 관리/전문직에 종사했는데, 2005−2015년에는 그 비율이 7.5배로 늘었다. 비록 여성 대졸자의 관리/전문직 절대적 취득 확률은 낮아졌지만, 4년제 대학 졸업의 고졸 대비 상대적 가치는 남성과 비슷하게 상승하였다. 정리하자면, 4년제 대학 교육의 상대적 가치는 남녀 모두 높아졌고, 절대적 가치는 남성만 높아졌다. 여성의 절대적 가치는 과거보다 낮아졌지만 여전히 남성보다 관리/전문직 취득 확률이 높다. 4년제 대학 교육의 가치가 떨어졌다고 할 수 없다. 이에 반해 2년제 대학의 절대적 가치는 남녀 모두 크게 낮아졌다.

그런데 2년제 대학 가치의 큰 변화는 최근에 생긴 것이 아니라 1960−1975년에서 1980년대로 넘어오면서 발생했다. 2년제 대학 졸업 남성

의 관리/전문직 취득 확률이 1960－1975년의 30.8%에서 1985－2000년의 18.4%로 떨어진 후, 그 이후의 변동 폭은 작다. 1980년대로 이행하면서 동일 학력 내 관리/전문직 취득 확률이 대폭 감소하지만 그 이후에는 큰 변화가 없다. 여성의 경우, 학력 수준을 불문하고 1960－1975년과 1985－2000년 사이에 큰 변화가 있지만 그 이후의 변화는 미미하다. 4년제 대학 졸업 남성을 제외하고, 동일 학력 내 관리/전문직 취득 확률이 감소한 것은 맞지만, 그 시기가 최근이 아니며, 1990년 이후의 교육 팽창이 대학 학위 취득자의 관리/전문직 취득 확률을 낮췄다는 증거는 없다.

사무직까지 포함해서 직업 취득 확률을 계산하면 결론이 달라질까? 관리/전문직 취득확률을 볼 때와 달리 사무직을 포함하면 남성 노동자의 취득확률은 4년제 대학 졸업자도 1960－1975년과 비교해서 2005－2015에 낮아졌다. 하지만 1960－1975년과 1985－2000년 사이의 변화와 비교해서, 1985－2000년과 2005－2015년 사이의 변화 크기는 작다. 여성의 경우는 1960－1975년과 1985－2000년 사이에는 동일 학력 내 관리/전문/사무직 취득 확률이 낮아졌지만, 1985－2000년과 2005－2015년 사이에는 작지만 취득 확률이 오히려 높아졌다.

상대적 가치로 따지면 남녀 공히 1960－1975년보다 최근에 대졸자의 관리/전문/사무직 취득 확률이 높아졌다. 1960－1975년에는 남녀 모두 4년제 대졸자가 고졸자보다 2.1배 더 관리/전문/사무직 취득 확률이 높았는데, 2005－2015년에는 4년제 대졸자가 관리/전문/사무직 취득할 확률이 고졸자보다 남자는 3.7배 여자는 3.1배 높다. 1985－2000년과 비교하면 큰 변화가 없다. 따라서 대학 학위의 가치가 예전만 못하다는 불만은[25] 직업 취득의 측면에서 대학 학위의 절대적 가치가 최근에 감소했기 때문으로 혹은 상대적 가치가 낮아졌기 때문으로 설명할 수 없다. 20~30년 전과 비교하여 최근의 대학 학위의 가치는 절대적 측면에서 큰 변화가 없고 상대적 측면에서는 상승하였다.

6. 25-34세 청년층의 대학 학위 가치는 하락했는가?

지금까지의 분석은 25-64세의 전체 노동인구를 대상으로 한 것이다. 일부에서는 고등 교육 팽창의 효과를 측정하기 위해서는 전체 노동인구가 아닌 청년층을 대상으로 분석해야 한다고 주장할 것이다. 청년층의 교육 팽창 정도가 다른 연령층보다 크고, 2000년 이후 청년층의 대졸자 비중이 특히 더 급속히 증가했기 때문이다. 이 시기는 청년층의 고용률이 감소하고 실업률이 증가한 시기와 겹친다.[26] 전체 노동인구에서 대학 학위의 가치가 하락하지 않았더라도, 청년층에서는 하락했을 수 있다.

이를 확인하기 위해서 [표 3.3]에서 25-34세 청년층을 대상으로 앞의 [표 3.2]와 동일한 분석을 시행하였다. 그 결과는 전체 노동인구를

표 3.3 25-34세 청년층의 연도별 관리/전문직/사무직 취득 확률 추정치

	I. 관리/전문직			II. 관리/전문/사무직		
	1960–1975	1985–2000	2005–2015	1960–1975	1985–2000	2005–2015
남성						
– 고졸 미만	2.1%	1.4%	2.8%	7.8%	2.8%	7.6%
– 고졸	10.0%	4.6%	5.4%	32.4%	18.7%	16.1%
– 초대졸	27.4%	15.4%	17.8%	57.2%	41.2%	35.6%
– 대졸	33.6%	31.7%	38.5%	70.4%	64.4%	64.3%
여성						
– 고졸 미만	1.5%	0.7%	3.6%	5.4%	2.0%	18.0%
– 고졸	22.6%	4.8%	11.6%	44.3%	31.8%	39.0%
– 초대졸	66.5%	35.1%	35.0%	80.3%	60.9%	68.9%
– 대졸	65.6%	56.2%	50.8%	85.3%	74.4%	81.7%

자료: 1960, 1966, 1970, 1975, 1985, 1990, 1995, 2000, 2005, 2010, 2015 인구총조사 마이크로 데이터. 각 연도 직업 소유자로 분석 대상 한정. 연령, 연령-자승, 혼인 효과를 통제한 후 성별 관리/전문직 취득 확률을 선형확률모형으로 추정.

대상으로 한 분석과 크게 다르지 않았다. 4년제 대졸남성의 관리/전문직 취득 확률은 교육 팽창과 함께 하락하기보다는 오히려 상승하였다. 고졸 대비 상대적 가치로 추정하면, 대학 학위의 가치는 1960－1975년 대비 2005－2015년에 2배 이상 상승하였다. 1960－1975년에는 4년제 대학 졸업 25－34세 청년이 고졸 동년배보다 관리/전문직을 취득할 확률이 3.4배 높았는데, 2005－2015년에는 그 비율이 7.1배로 상승하였다. 1985－2000년에 대비해도 2005－2015년에 대학 학위의 가치는 상승하였다.

초대졸의 관리/전문직 취득 확률은 낮아졌지만, 대부분의 하락이 2000년대 이후 급격한 교육 팽창 시기 이전에 발생하였다. 초대졸 학력자의 관리/전문직 절대적 취득 확률은 낮아졌지만 고졸 대비 상대적 가치는 4년제 대학 학위와 마찬가지로 높아졌다. 1960－1975년에는 2년제 대학 졸업자가 고졸자보다 2.2배 더 관리/전문직을 취득했는데, 2005－2015년에는 그 비율이 3.3배로 증가한다.

여성노동자의 관리/전문직 취득 확률은 낮아졌지만, 이는 1960－1975년 사이 대졸 여성의 관리/전문직 취득 확률이 매우 높았기 때문이다. 더 많은 비중의 고학력 여성이 노동시장에 진입하면서 남성과 여성의 격차가 좁아지고 있다. 상대적 가치의 측면에서 남성노동자와 마찬가지로 청년층 여성노동자의 대학 학위의 가치는 상승하였다.

여기서 2000년 이후의 경향은 다를 수 있다고 생각하는 분들도 있을 것이다. 하지만 분석을 2000년 이후로 한정해도 결과는 다르지 않았다. 학력 수준, 연령, 성별, 혼인상태 등을 통제했을 때 25－34세 청년층의 관리/전문직 취득 확률은 연평균 0.6%씩 상승하였다.

7. 소결론

직업 지위 획득에 끼치는 교육 효과는 사회학 계층론의 전통적인 주제이다. 교육을 통한 지위획득 경로는 부모 세대의 직업(O), 자녀 세대의 교육(E), 자녀 세대의 직업(D)을 연결짓는 사회이동 OED 모델 삼각축의 하나이다. 이 경로는 부모 세대와 자식 세대의 직접적 지위 세습(O→D 링크)을 교육을 통한 간접적 세습(O→E 링크 후 E→D 링크)으로 바꾸는 조건이다. 사회 이동의 직접적 세습이 사라지면 교육에 공평한 기회를 부여하고, 주어진 교육 수준에서 직업 획득을 공정히 하면 된다. 괜찮은 사회를 지칭하는 "공평한 기회"와 "공정한 과정" 중 전자는 부모 배경과 자녀 교육의 관계인 O→E 링크를, 후자는 교육 성취와 노동시장 성취의 관계인 E→D 링크에 해당한다.

교육 기회가 더 불평등해지고 있다는 일반적 사회 인식과 달리 가족 배경에 따른 교육 성취의 격차가 커지고 있다는 일관된 증거는 없다. 연구마다 결론이 조금씩 다르다.27) 이러한 여러 연구의 모순을 해결하기 위해서 최성수와 이수빈은28) 8개 표본자료를 이용하여 해방 이후 지금까지 부모의 학력수준에 따른 자녀 교육수준 격차의 변화 경향을 추적하였다. 이 인상적인 논문에 따르면 부모의 학력수준이 자녀 교육 격차에 끼치는 영향은 1960년대 코호트에서는 벌어졌지만, 최근 코호트에서는 오히려 줄었다. 일반적 인식과 달리 부모 세대의 지위와 자식 세대의 교육 간의 연관성이 강화되지 않았다. 교육 기회가 더 공평해졌는지 확신할 수 없지만, 적어도 덜 공평해지지는 않았다. 그럼에도 불구하고 고등 교육 팽창이 이루어지면서 대학 학위의 가치가 하락하고 있다는 의심이 많다. 이를 검증하기 위하여 3장에서는 고등 교육의 팽창으로 인하여 직업 지위 획득에서 대학 학위의 가치가 하락했는지 1960년에서 2015년까지의 인구총조사 원자료를 이용하여 살펴보았다.

그 결과 대학 학위의 가치가 지속적으로 하락했다는 증거는 찾을 수 없었다. 관리/전문직 취득 확률면에서 남성의 경우 4년제 대학 학위의 가치가 전혀 하락하지 않았다. 2년제 대학의 학위는 절대적 확률 면에서 가치가 떨어졌지만, 고졸과 비교한 상대적 확률 면에서는 가치가 유지되거나 오히려 상승하였다. 여성의 경우도 대학 교육의 상대적 가치는 상승하였다.

다만 여성의 경우 4년제 대학 졸업자의 관리/전문직 취득 확률이 같은 학력 수준의 남성과 달리 하락하였다. 4년제 대학 학위를 소지한 여성의 관리/전문직 취득 확률 감소는 대학 교육의 가치 하락이라기보다는 더 많은 여성이 노동시장에 참여함으로써 일부 여성만이 노동시장에 참여했던 1960－75년의 편향이 줄어들고, 남성과 여성의 격차가 줄어드는 과정의 하나로 보는 것이 타당하다.

고등 교육의 가치가 하락하고 있다는 일반적 인식과 3장에서 살펴본 통계적 분석의 괴리는 아마도 두 가지 요인에 기인할 것이다. 하나는 고등 교육의 확장과 직업 구조의 고도화로 인한, 대졸자와 관리/전문직의 희소성 감소이고, 다른 하나는 교육 팽창의 속도에 비해 상대적으로 직업 구조 고도화의 속도가 더뎌서 생긴 2년제 대학 졸업자의 관리/전문직 취득 기회의 상대적 축소이다. 전자는 심리적 측면이고, 후자는 객관적 변화이다.

부록 1

관리, 전문직, 사무직 취득 선형 확률 모형

	관리/전문직	관리/전문/사무직
교육(준거집단=고졸)		
고졸 이하	−0.0683***	−0.1898***
	(0.0006)	(0.0007)
초대졸	0.1794***	0.2639***
	(0.0009)	(0.0010)
대졸 이상	0.3792***	0.4827***
	(0.0006)	(0.0008)
시간	−0.0005***	−0.0006***
	(0.0000)	(0.0000)
연령	0.0018***	−0.0006***
	(0.0000)	(0.0001)
연령-자승	−0.0000***	0.0000
	(0.0000)	(0.0000)
여성	0.0367***	0.0464***
	(0.0005)	(0.0006)
혼인상태(준거집단=미혼)		
기혼	−0.0065***	−0.0130***
	(0.0007)	(0.0009)
사별/이혼	−0.0320***	−0.0598***
	(0.0011)	(0.0014)
상수항	0.0752***	0.2421***
	(0.0010)	(0.0013)
수정된 결정계수	0.2381	0.3352
표본수	1,850,986	1,850,986

자료: 1960, 1966, 1970, 1975, 1985, 1990, 1995, 2000, 2005, 2010, 2015 인구총조사 마이크로 데이터. 각 연도 직업 소유자로 분석 대상 한정.
a. 종속 변수는 관리/전문(사무)직=1, 기타 직업=0.
b. 시간(time) 변수는 1960년을 0으로 리코딩(=centering).
* $p<0.05$, ** $p<0.01$, *** $p<0.001$

▌부록 2

상호작용효과가 포함된 〈선형 확률 모형〉

이 분석에 사용된 통계 모형은 방정식(1)이다. 종속변수 y는 관리/전문/사무직을 나타내는 가변수이다. E_j는 J 개수만큼의 학력수준을 나타내는 변수이다. 교육수준은 앞서 언급하였듯 고졸을 기준점으로 삼고 고졸 이하, 초대졸, 대졸 이상의 효과를 측정하였다. 통시적인 관리/전문/사무직 취득확률의 변화는 시간 변수 t로 측정한다. 1960년을 0으로 설정하고 그 후 연도별 변화를 나타낸다. 시간의 효과를 측정한 계수값인 감마(γ)가 양수값이면 관리/전문/사무직 취득확률이 통시적으로 증가한 것이고, 음수값이면 감소한 것이다. 그런데 통시적 변화의 효과를 변수 t 하나만으로 측정하는 것이 아니라 교육변수와 시간변수의 상호작용항인 $E_j \times t$로도 측정한다. 이 때 감마(γ)는 기준점이 되는 그룹(즉, 고졸자)의 통시적 효과를 델타(δ_j)는 E_j그룹(즉, 고졸 이하, 초대졸, 대졸)과 기준점이 되는 그룹(고졸자) 간의 통시적 변화의 차이를 나타낸다. 시간 변수와 다른 독립변수들의 상호작용 효과를 모두 포함하였기에 방정식(1)에서 교육 변수의 효과인 베타(β_j)는 t가 0일 때, 즉, 1960년 당시의 독립변수의 효과를 나타낸다. X_j는 K 개수만큼의 독립변수이다. 연령, 연령 자승(=연령×연령), 여성, 혼인상태, 산업이 여기에 해당한다. 여성변수는 여성이 1이고, 남성이 0인 가변수로 남성 대비 여성의 효과를 측정한다. 혼인상태는 미혼이 1, 기혼이 2, 기타가 0으로 기준점이 된다.

$$(1)\ y = \alpha + \Sigma\beta_j E_j + \gamma\ t + \Sigma\delta_j (E_j \times t) + \Sigma\theta_k X_k + e$$

그런데 관리/전문/사무직 취득확률은 같은 학력이라도 성별로 상당한 차이가 있을 수 있고 통시적인 변화 또한 다를 수 있다. 이를 살펴보기 위하여 방정식(1)에 교육효과의 성별 격차가 통시적으로 달라졌는지를 파악할 수 있는 3차 상호작용 효과($F \times E_j \times t$)를 추가하였다. 방정식(2)를 추정함으로써 우리는 학력별, 성별 교육효과의 통시적 변화를 모두 파악할 수 있다.

$$(2)\ y = \alpha + \Sigma\beta_j E_j + \Sigma\lambda_j (F \times E_j) + \gamma t + \Sigma\delta_j (E_j \times t) + \zeta F \times t + \Sigma\eta_j (F \times E_j \times t) + \Sigma\theta_k X_k + e$$

관리, 전문직, 사무직 취득 선형 확률 모형, 시간 변화의 상호작용 효과를 중심으로

	관리/전문직	관리/전문/사무직
교육(준거집단=고졸)		
– 고졸 미만	−0.0643***	−0.2164***
	(0.0017)	(0.0020)
– 초대졸	0.1415***	0.2396***
	(0.0035)	(0.0042)
– 대졸 이상	0.2497***	0.3714***
	(0.0025)	(0.0030)
여성	−0.0452***	−0.0394***
	(0.0035)	(0.0042)
여성×고졸 미만	0.0451***	−0.0207***
	(0.0037)	(0.0045)
여성×초대졸	0.2332***	0.0323**
	(0.0090)	(0.0108)
여성×대졸 이상	0.3477***	0.0048
	(0.0065)	(0.0078)
연령	0.0019***	−0.0002***
	(0.0000)	(0.0001)
연령-자승	−0.0000***	0.0000***
	(0.0000)	(0.0000)
혼인상태(준거집단: 미혼)		
– 기혼	0.0017*	−0.0100***
	(0.0007)	(0.0009)
– 사별/이혼	−0.0209***	−0.0554***
	(0.0011)	(0.0014)
산업(준거집단: 1차산업)		
– 제조업	0.0147***	0.0839***
	(0.0008)	(0.0009)

– 서비스업	0.0634***	0.1092***
	(0.0006)	(0.0007)
시간	−0.0012***	−0.0031***
	(0.0000)	(0.0000)
고졸 미만×시간	0.0004***	0.0021***
	(0.0000)	(0.0001)
초대졸×시간	−0.0002*	−0.0005***
	(0.0001)	(0.0001)
대졸 이상×시간	0.0020***	0.0023***
	(0.0001)	(0.0001)
여성×시간	0.0011***	0.0022***
	(0.0001)	(0.0001)
여성×고졸 미만×시간	−0.0011***	−0.0019***
	(0.0001)	(0.0001)
여성×초대졸×시간	−0.0018***	0.0025***
	(0.0002)	(0.0002)
여성×대졸 이상×시간	−0.0047***	0.0007***
	(0.0001)	(0.0002)
상수항	0.0600***	0.2375***
	(0.0017)	(0.0021)
수정된 결정계수	0.2535	0.3515
표본수	1,844,678	1,844,678

자료: 1960, 1966, 1970, 1975, 1985, 1990, 1995, 2000, 2005, 2010, 2015 인구총조사 마이크로 데이터. 각 연도 직업 소유자로 분석 대상 한정.
a. 종속 변수는 관리/전문(사무)직=1, 기타 직업=0.
b. 시간(time) 변수는 1960년을 0으로 리코딩(=centering).
* $p<0.05$, ** $p<0.01$, *** $p<0.001$

연도별 4년제 대학 졸업 노동인구의 직업 구성 변화

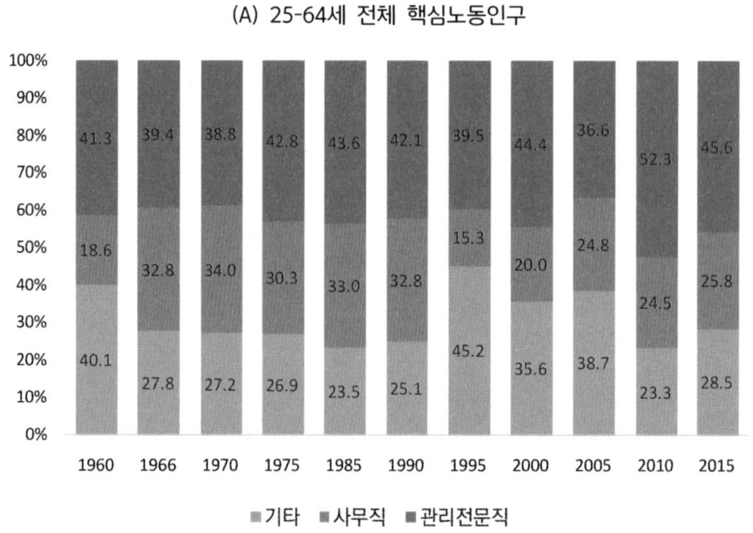

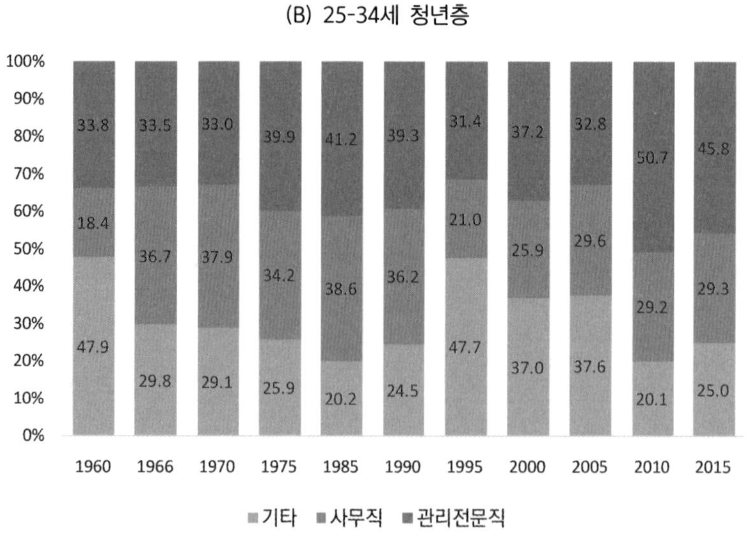

자료: 각 연도 인구총조사 마이크로 데이터.

CHAPTER

04

한국 사회에서 교육의
소득 프리미엄은 줄었는가?

CHAPTER 04

한국 사회에서 교육의 소득 프리미엄은 줄었는가?

CHAPTER 04

한국 사회에서 교육의 소득 프리미엄은 줄었는가?

직업지위와 마찬가지로 교육을 많이 받은 노동자의 소득이 그렇지 않은 노동자의 소득보다 높다는 것은 잘 알려진 사실이다. 평균적으로 교육 연수가 1년 증가할 때 소득은 4~8% 정도 증가하는 것으로 알려져 있다[1]. 이렇게 교육이 증가하면서 소득이 증가하는 것을 일컬어 교육의 소득 프리미엄 또는 단순히 교육 프리미엄(educational premium)이라고 칭한다. 4년제 대학을 졸업하여 학사 학위를 취득한 노동자가 고졸자에 대해서 더 많은 소득을 올리는 것을 대학 프리미엄(college premium)이라고 한다. 앞서 교육과 직업의 관계에서 살펴보았던 "대학 졸업장의 가치"를 대학 프리미엄이라고 부르는 셈이다. 사회학의 지위 획득 경로모형은 교육과 자녀 세대의 사회경제적 성취를 주로 직업 성취로 측정했지만 최근 사회학에서는 직업보다는 교육이 소득에 끼치는 영향에 대한 연구가 증가하고 있다. 4장에서는 교육의 소득 프리미엄이 통시적으로 어떻게 변화했는지 살펴보도록 한다.

1. 한국 교육 프리미엄 변화의 배경

한국뿐만 아니라 전 세계적으로 교육 프리미엄이 변화하였는지에 대한 관심이 증가하고 있다. 여기에는 두 가지 배경이 있다. 하나는 소득 불평등의 증가이고, 다른 하나는 교육 팽창이다. 소득 불평등과 관련해서 2장에서 논의했듯 숙련편향 기술변화가 이루어진다면 교육 프리미엄은 증가할 것으로 예상할 수 있다. 사회과학자가 개인의 모든 능력을 관찰할 수는 없지만 쉽게 파악할 수 있는 교육수준으로 소득을 측정하면, 숙련편향 기술발전이 이루어질 때 학력 수준이 낮은 사람과 높은 사람 간의 격차가 벌어진다.

매일 새로운 기술의 탄생을 경험하는 현대인으로서 이 논리는 아마 매우 설득력 있게 들릴 것이다. 86세대로 칭해지는 80년대에 대학을 들어간 세대는 그들이 대학생일 때는 수동 타자기를 쓰다가 전동 타자기가 나오고, 곧이어 워드프로세스라는 기계가 나오더니 이내 개인용 컴퓨터가 보급되었다. 컴퓨터의 등장에 적응하지 못한 기성세대가 급격히 노동시장에서 도태되었다. 지금은 컴퓨터를 쓸 줄 모르는 사무직 노동자나 관리자를 상상하기 어렵지만 불과 20년 전만 해도 상당수의 관리자가 워드 프로그램으로 문서를 작성할 줄 몰랐다. 급격한 기술의 변화를 경험한 것은 기성세대만이 아니다. 지금은 거의 모든 사람이 쓰고 있는 스마트폰이 현재의 모습으로 시장에 나온 것이 10년 정도밖에 되지 않는다. 기술발전이 노동시장에 어떤 변화를 가져올지 몰랐던 사례 중 하나가 국가가 “워드프로세서”와 “인터넷 정보 검색사”라는 자격증을 발부한 것이리라.[2] 지금은 일상화된 활동 중 하나인 인터넷 검색이 국가 발급 자격증을 따서 능력을 증명하는 기술 중 하나였던 것이 불과 15년 전이다. 이렇게 빠르게 변화하는 기술을 습득하고 활용할 수 있는 능력을 가진 사람과 그렇지 않은 사람의 소득 격차가 확대된다는 이론은 일상적 경험과 일치하는 듯 느껴진다.

숙련편향 기술변화 이론이 전 세계적인 소득 불평등 증가를 설명하는 이론으로 매력적인 이유 중 하나는 소득 불평등 증가가 전 세계적 현상이기 때문이다.[3] 소득 불평등 증가가 전 세계적인 현상이기 때문에 이의 원인도 어느 국가에 국한된 정책이나, 인구학적 변화, 기타 제도적 영향 때문이 아니라 전 세계적 공통적으로 경험하는 요인일 가능성이 높다. 기술변화는 사는 곳에 관계없이 세계 경제 체제에 통합된 모든 국가가 경험하는 것이다. 컴퓨터의 범용과 스마트폰의 보급 확산은 한국, 미국, 유럽, 아시아 국가 모두에서 거의 동시다발적으로 이루어졌다. 숙련편향 기술발전으로 거의 모든 국가에서 교육 프리미엄이 증가했을 것으로 예측할 수 있는 이유이다.

그런데 숙련편향 기술변화론에 따르면 불평등 증가는 기술 변화와 이에 따른 생산성 변화의 반영이기 때문에 인위적인 소득불평등 감소 정책은 부작용만 초래한다. 불평등을 해소하는 지름길은 더 많은 사람이 대학 교육을 받게 하는 것이다. 이러한 시각으로 보면 중고교생이 국제학력 비교에서 항상 최상위권을 차지하고, 80% 가까운 고교 졸업자가 대학에 진학하는 한국은 미국을 포함한 많은 선진국이 가야 할 미래다. 하지만 대학 팽창으로 불평등을 줄일 수 있다는 기대와 달리 한국 사회는 1990년대 초반 이후 급속한 불평등의 증가를 경험하였다. 한국 사회도 교육 프리미엄이 급속히 증가하였을까?

교육 프리미엄의 변화에 대한 관심이 증가한 두 번째 이유는 교육의 팽창 때문이다. 2016년 기준으로 경제협력개발기구(Organization of Economic Co-operation and Development, OECD)에 속한 국가의 25-34세 인구의 대학 학위 취득율은 43.1%였다.[4] 이는 55-64세 인구의 대학 학위 취득율인 26.5%에 비해 무려 16.6%포인트 증가한 것이다. OECD 통계에 잡힌 37개국 중에서 이스라엘을 제외한 36개국이 55-64세 대비 25-34세 인구의 대학 학위 취득율이 높아졌다. 그 중에서도 한국의 증가율은 독보적이다. 55-64세 인구의 대학 졸업률은 19.7%로 OECD

평균에 미치지 못하였지만, 25−34세 인구의 대학 졸업률은 70.0%로 OECD 국가 중 가장 높다. 불과 한 세대만에 OECD 국가 중 평균 교육 수준이 가장 낮은 국가에서 가장 높은 국가로 변화하였다.

교육의 팽창은 고등 교육을 받은 노동자의 공급 증가를 의미하고, 수요를 넘어선 공급의 증가는 가격의 하락을 초래할 수 있다.[5] 교육의 팽창으로 인하여 노동시장에서 고등 교육의 가치가 과거보다 떨어졌다는 의심이 드는 이유다. 이 때문인지 대학 졸업장만으론 취직이 힘들다는 기사가 심심치 않게 보도된다. 미국에서도 월스트리트 저널과 NBC의 여론조사에서 18−34세 인구의 57%가 대학 교육이 비용에 비해 가치가 없다고 답했다.[6] 교육의 비용 대비 가치가 낮다고 평가하는 경향은 교육 수준이 낮고, 시골 지역에 거주하는 노동계급일수록 컸다. 반면 고등 교육을 받고 소득 수준이 높은 중산층 이상은 여전히 교육의 가치가 높다고 믿고 있다. 한국에서도 대졸 실업자가 역대 최대라는 보도가 연일 쏟아지고 있다.[7] 숙련편향 기술변화는 교육 프리미엄을 높이는 사회적 현상이고, 교육 팽창은 교육 프리미엄을 낮추는 사회적 현상이다. 이 둘의 관계는 2장에서 살펴본 골딘과 카츠의 수요공급론으로 설명된다.

한국은 1990년대초까지 소득 불평등이 감소하였으나 그 이후에는 2000년대 중반까지 꾸준히 증가하였다.[8] 특히 1998년 경제위기를 겪은 직후 불평등이 일시적으로 급등하였다. 한국의 불평등 증가가 기술변화에 의해 초래되었다면 고등 교육 이수자의 급속한 팽창에도 불구하고 교육 프리미엄은 증가했을 것으로 기대할 수 있다. 더욱이 한국은 정보기술 산업이 급속히 발전하였고, 기술발전을 위한 투자(즉, R&D 투자)도 국민총생산 대비 그 비율이 가장 높은 국가 중 하나이다.[9] 노동자 10,000명당 로봇의 숫자도 631명으로 전 세계에서 가장 높다.[10] 2위인 싱가폴이 488명이고, 3위인 독일은 309명이다. 일본이 303으로 그 뒤를 잇는다. 숙련편향 기술변화의 효과가 가장 크게 나타날 수 있는 조건을 갖춘 국가다. 대부분의 OECD 국가에서 불평등 증가의 일정 부분은 교육 수준 소득 격차의 확대에 의해서 설명되는 점을 고려할 때 한국에서도 고졸자와 대졸자의 격차가 확대되는 것으로 예상하는 게 무리는 아니다.

기술변화와 동시에 한국은 교육 팽창이 가장 크게 일어난 국가이다. 1장에서 교육의 팽창에 대해서 살펴보았지만 조금 다른 측면에서 다시 한 번 한국의 교육 팽창을 논의해보는 것도 좋을 것이다. 출생연도별로 학사 이상 학위 취득 비율은 계산한 박현준의 분석에 따르면 1950년도 출생자 중 남성은 14%, 여성은 5%만이 대학 졸업장을 취득하였는데, 1980년 출생자는 남성은 42%, 여성은 40%가 대학 졸업장을 취득하였다. 불과 한 세대만에 남성은 대학 졸업자 비율이 3배, 여성은 8배 증가하였다. 고교 졸업자의 대학 진학률로 보면 1980년에는 27%가 대학에 진학하였는데, 진학률이 가장 높았던 2008년에는 고졸자의 84%가 대학에 진학하였다. [그림 4.1]에서 점선은 고교졸업자의 대학 진학률을 실선은 전체 인구 대비 대학진학률을 보여준다. 1980년에는 11%의 출생코호트만이 대학에 진학했으나 1980년대의 졸업정원제 후

그림 4.1 연도별 대학 진학률

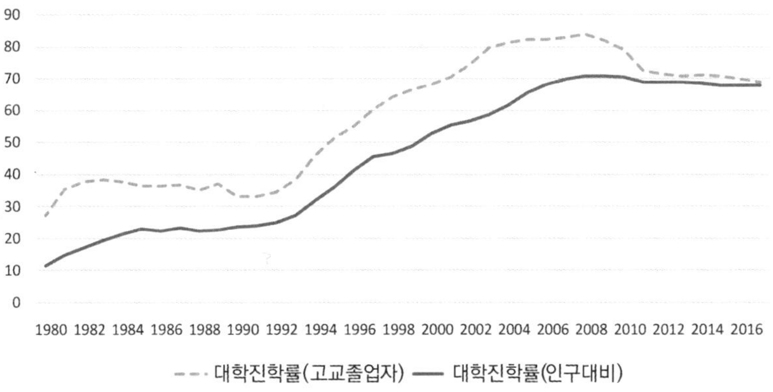

자료소스: e-나라지표.

20% 초반대의 인구가 대학에 진학하였고, 1990년대의 대입정원 확대로 진학률이 꾸준히 높아져 2016년에는 67~68%의 출생코호트가 대학에 진학하고 있다. 불과 한 세대만에 대학 진학률이 6배 높아졌다. 이러한 대학 교육의 급속한 팽창은 대졸 노동자의 공급을 늘려 교육 프리미엄의 하락을 유발하는 요인이다.

한국은 다른 국가와 비교하여 교육 프리미엄의 상승 요인과 하락 요인이 모두 강하게 나타난다. 따라서 한국에서 교육 프리미엄이 어떻게 변화했는지는 필연적인 논리적 귀결이 아니라 데이터를 분석해 확인해야 할 경험적 질문이다. 4장에서 여러 서베이 조사 자료를 이용하여 소득 측면에서 교육 프리미엄 변화 경향을 파악하고자 한다.

2. 임금구조기본통계조사를 이용한 한국의 교육 프리미엄 변화 분석

한국의 교육 프리미엄 변화를 파악할 때 가장 큰 어려움은 자료의 부족이다. 교육 수준의 변화와 직업은 인구총조사 초기부터 이루어져 장기 변화를 파악할 수 있지만, 통계청의 소득 조사는 상대적으로 미비하다. 4장에서는 임금구조조사를 이용하여 1980년 이후 현재까지의 교육 프리미엄을 파악하도록 한다. 구체적인 분석 결과를 논의하기 전에 임금구조조사의 한계를 먼저 밝혀둘 필요가 있다. 장기적인 소득과 교육 프리미엄 변화를 살펴볼 수 있다는 장점에도 불구하고 임금구조조사는 10인 이상 사업체 노동자로 그 대상이 한정된다는 것이 가장 큰 한계이다. 2010년 이후 20% 초반대로 줄었지만, 1980년대 취업자 대비 자영업자의 비율이 34%에 달했다. 임금구조조사는 10인 미만 영세기업에 종사하는 노동자와 자영업자가 배제되어 전체 취업자의 교육 프리미엄을 제대로 측정하지 못한다. 학력이 낮은 노동자일수록 10인 미만 영세기업에 종사할 확률이 높고, 이들 영세기업의 임금 수준이 낮기 때문에, 임금구조조사는 교육프리미엄을 과소 추정할 위험이 있다. 그럼에도 불구하고 임금구조조사를 통해 교육프리미엄의 경향적 변화를 파악할 수 있다. 최근 임금구조조사는 5~10인 사업체도 포함하고 있지만 분석의 일관성을 위하여 분석 대상은 10인 이상 사업체로 한정하였다.

한국은 교육뿐만 아니라 연령이 소득에 크게 영향을 끼친다. 최근 들어 상당히 약화되었지만 서구 국가들에 비해 연공서열제가 강하게 작용한다. 호봉제가 실시되어 근속 연수가 올라가면 소득도 자동적으로 높아진다. 이러한 연령 효과를 통제하고 교육 프리미엄의 순효과를 보기 위해서 연령, 연령 자승(=연령×연령), 그리고 성별 효과를 통제한 분석을 하였다. 연령뿐만 아니라 연령 자승도 통제하는 이유는 연령과 소득의 상관관계가 선형적이지 않고 뒤집어진 U 커브 패턴을 보이기 때문이다. 일정 연령까지는 나이가 들면서 소득이 높아지지만, 그 이후에는 연령이 증가하면서 소득이 줄어든다. 성별도 통제한 이유는 여성의 소득과 학력수준이 모두 남성보다 평균적으로 낮은데, 분석 기간 동안 여성의 노동시장 참여율이 높아지면서 성별 효과를 통제하지 않으면 여성 노동자의 증가에 따라 교육 프리미엄 측정이 왜곡될 수 있기 때문이다. [그림 4.2]가 이렇게 분석한 결과이다. 참고로 회귀분석시 소득을 자연로그(natural log)전환했기 때문에 [그림 4.2]의 Y축은 로그소득의 평균 격차이다. 수학적으로 로그 소득의 격차의 퍼센테이지 차이로 쉽게 전환하여 계산할 수 있다(소득의 로그전환 효과에 대한 자세한 설명은 <글상자 4.1> 참조). 이하 모든 설명에서 특별한 언급이 없는 한 로그 소득의 격차는 퍼센테이지 차이로 전환하였다.

글상자 4.1 로그 전환 소득

많은 학술 논문에서 소득을 분석할 때 로그 전환 소득을 사용한다. 이 때 사용하는 로그는 자연로그다. 자연로그는 로그의 밑이 극한값 $\lim_{n \to \infty}(1+1/n)^n$ 를 베이스로 사용하는 수이다. 이 극한값인 자연로그의 밑은 e로 표현하는데 2.7182818...의 무리수이다. 아마도 원주율 3.141592... 와 더불어 가장 많이 쓰이는 무리수이다. 사회과학에서 자연로그는 매우 빈번하게 사용된다. 소득을 분석하는 사회과학 연구의 대부분이 원화나 달러로 표시된 실제 소득을 사용하기보다는 로그전환된 소득을 사용한다.

로그전환된 소득은 소득 정도를 직관적으로 알 수 없는 큰 단점이 있다. 100만원을 로그전환하면 13.82가 된다. 1,000만원이면 16.12고, 1억원이면 18.42다. 이러한 단점에도 불구하고 로그전환된 소득을 사용하는 이유는 무엇인가? 두 가지 점에서 로그전환 소득의 장점이 있다. 하나는 로그전환 소득은 소득의 절대액수보다는 상대적 크기를 나타낸다. 1억원, 1천만원, 1백만을 받는 세 명의 노동자가 있다고 치자. 1억원은 1천만원보다 10배 많고 9천만원 차이가 난다. 1천만원과 100만원은 900만원 차이지만, 앞의 예와 마찬가지로 10배 차이이다. 달러 환율을 1,150원으로 계산하여 한화를 달러로 변환하면 1억원은 86,957달러, 1천만원은 8,696달러로 10배 차이다. 절대액수에서 78,261달러 차이이다. 유로나 엔화로 변환하면 그 금액은 또 달라진다. 하지만 어떤 환률을 적용하든 1억원이 1천만원보다 10배 많다는 점에서는 차이가 없다.

로그전환된 1억원, 18.42와 로그전환된 1천만원 16.12의 격차는 2.303이다. 로그전환된 1천만원과 로그전환된 100만원의 격차도 2.303이다. 2.303을 지수함수로 전환하면 10이 된다(즉, exp(2.303)=10). 10배 차이를 나타낸다. 달러로 환전한 1억원은 9.071 로그 달러이고, 1천만원은 로그 6.768 로그 달러이다. 두 로그전환된 소득의 격차도 2.303이다. 10배 차이를 나타낸다. 로그전환된 소득은 환전이나 소득의 절대적 차이에 상관없이 소득 간의 상대적 차이를 일관되게 보여준다. 이러한 특징을 규모불변성(scale invariance)라고 칭한다.

로그전환된 소득의 격차를 정확히 파악하기 위해서는 항상 지수함수로 바꿔주어야 하지만, 격차가 .10 이하일 때는 직관적으로 퍼센테이지 차이로 해석할 수 있다. 예를 들어 .05면 5% 차이다. 주의할 점은 5% 차이가 5%포인트 차이는 아니라는 점이다. 100만원은 50만원보다 2배, 100% 높지만, 50만원은 100만원의 50%다. 비교의 기준점이 바뀌면 퍼센테이지 격차는 달라진다. 로그전환된 소득의 격차는 비교대상 소득 대비 몇 퍼센테이지 차이가 나는지로 해석한다.

로그전환 소득의 또 다른 장점은 소득분포를 정규분포로 바꾸는 속성이다. 소득 액수를 X축으로 그 액수만큼 버는 사람의 비중을 Y축으로 소득 분포를 그리면, 대부분의 사람들이 중간이나 그 이하 소득에 몰려있다. 반면 초고득자는 중간 소득보다 매우 높고(그래서 X축의 중간값에서 멀리 떨어져 있고), 그 비중은 매우 작다. 그래프 왼쪽은 두텁고 그래프 오른쪽은 얇은 꼬리를 그린다. 이런 식의 분포를 우리말로는 우편도분포, 영어로 skewed to the right 또는 rightly skewed라고 한다. 소득과 자산은 항상 우편도분포를 보인다. 회귀분석은 잔차 분산의 정규분포를 가정하는데, 우편도분포인 소득을 종속변수로 사용하면 잔차 분산이 정규성 가정에서 어긋나게 된다. 로그전환은 10배 높은 소득도 2.303 로그 값의 격차로 바꿔주기 때문에 소득분포를 정규분포에 가깝게 바꿔준다.

[그림 4.2]에서 각각의 선은 각 학력수준별로 고졸미만 학력자 대비 소득의 상대적 프리미엄을 보여준다. 그림에서 보듯 10인 이상 사업장에 종사하는 임노동자의 고졸미만 대비 대졸 이상 학력자의 교육 프리미엄은 1980년 이후 1990년대 중반까지 상당히 하락하다가, 그 후 반등하여 2012년 기준까지 완만히 상승한다. 1980년에는 대졸 이상의 교육 프리미엄은 고졸 미만 대비 138%[11]였다. 교육 프리미엄이 가장 낮은 1995년에는 고졸미만 대비 대졸 이상의 프리미엄은 54%, 고졸 대비는 30%로 줄어든다. 대졸 프리미엄이 고졸 미만 대비 84%포인트 줄어든 것이다. 2012년 기준 대졸 프리미엄이 83%로 증가하였지만 1980

년대 초반의 138%에 비하면 55%포인트 낮다.

고졸 대비 4년제 대졸자의 프리미엄을 살펴보아도 경향은 크게 바뀌지 않는다. 1980년에 82%였던 프리미엄이 1995년에는 30%로 줄어들고, 이후 프리미엄이 53%로 늘었지만 1980년의 고점을 회복하지는 못하였다. 4년제 대학뿐만 아니라 2년제 대학의 프리미엄도 1980년대에 급속히 감소하였다. 이러한 변화는 1980년대에 교육 프리미엄이 가장 크게 높아진 미국의 사례와는 많이 다르다.

미국은 교육 프리미엄이 증가한 1980년대가 레이건 행정부 하에서 신자유주의적 노동 개혁을 단행한 시기이다. 하지만 한국은 1980년대 중반부터 1990년대 중반까지 3저 경제 호황을 누리던 시기이고, 노동자 운동이 활발하게 벌어졌던 기간이다. 같은 기간 동안 미국과 한국 모두 비슷한 기술변화를 겪었음에도 불구하고 두 국가의 교육 프리미엄 변화가 크게 다른 것은 교육 프리미엄의 변화가 기술변화보다는 노

그림 4.2 임노동자의 교육 프리미엄 변화(Ref=고졸 이하)

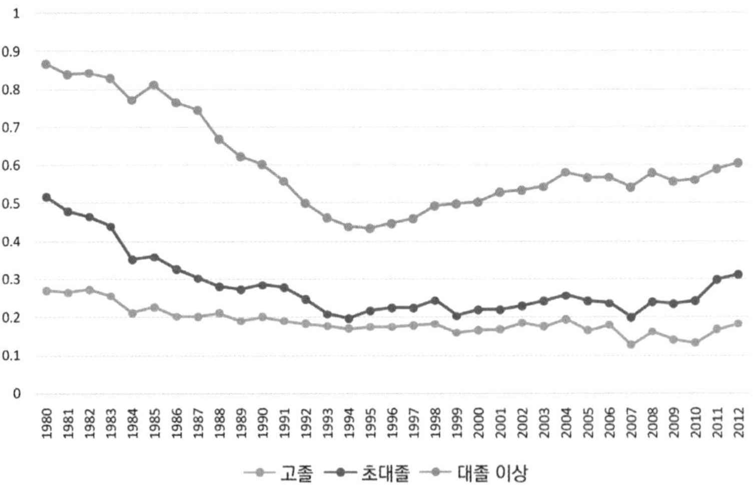

자료출처: "임금 구조 기본 통계" 원자료를 이용한 필자의 계산.
주. 25−64세로 한정. 10인 이상 사업체를 대상으로 분석. 종속변수는 로그 전환한 소득임. 연령, 연령자승, 성별을 통제한 후 순효과로써의 교육 프리미엄을 측정. 고정 가중치 적용.

동과 자본의 세력관계를 포함한 제도적 영향을 더 크게 받을 가능성을 시사한다. 1990년대 중반 이후 대졸 노동자가 급격히 증가했음에도 불구하고 교육 프리미엄이 미약하나마 증가했다는 사실은 숙련 노동자의 상대적 수요 공급에 따라서 교육 프리미엄이 결정된다는 골딘과 카츠의 이론에도 의문을 품게 만든다.

1995년을 분기점으로 교육 프리미엄이 증가하는 현상도 주목할 필요가 있다. 한국에서 대학 교육의 팽창은 1980년대 졸업정원제의 실시와 1990년대 대학 입학 정원의 확대를 통해 이루어졌다. 1990년대 중반이면 대학 졸업정원제의 혜택으로 증가한 대졸자가 노동시장에 상당히 임팩트를 주기 시작한 이후이다. 대졸 노동자의 공급이 크게 확대되었다. 공급 과잉으로 대학 교육의 노동시장 가치가 하락한다면, 1990년 이후 고졸 대비 대졸자의 상대적 소득은 계속 하락해야 한다. 하지만 그런 현상은 벌어지지 않았다. 적어도 10인 이상 사업체의 임노동자 사이에서 1990년대 이후 교육 팽창으로 인한 교육 프리미엄의 감소는 발생하지 않았다.

앞에서 언급했듯 임금구조조사는 전체 취업자를 포함하지 못하는 한계가 있다. 1980년부터 90년대 중반까지는 교육 프리미엄이 줄어들었는데 이 경향이 전체 취업자를 포함한다고 바뀔 것으로 보이지는 않는다. 하지만 90년대 중반 이후의 변화는 자영업자를 비롯한 전체 취업자를 포함하여 좀 더 신중히 살필 필요가 있다.

3. 가계동향조사를 이용한 교육 프리미엄 변화 분석

1990년대 이후의 교육 프리미엄 변화를 가계동향조사 원자료를 이용하여 살펴보자. [표 4.1]은 성별로 학력별 평균 소득의 변화를 보여준다. 1990년 이후를 4개 시기로 구분하여, 1990－1992년, 2000－2002년, 2010－2012년, 2017－2019년으로 나누었다. 가계동향조사의 응답대상의 한계 때문에 이 분석은 도시 거주, 2인 이상 가구의 가구

표 4.1 학력별 평균 소득

	시기 1: 1990–1992	시기 2: 2000–2002	시기 3: 2010–2012	시기 4: 2017–2019
(1) 남성				
고졸 이하	1,696,582	1,941,164	2,048,691	1,861,881
고졸	2,014,757	2,555,142	2,908,193	3,009,872
초대졸/대학경험	2,201,289	2,857,291	3,178,332	3,239,091
대졸	2,893,002	3,610,621	4,114,509	4,156,664
대학원	3,652,947	4,481,019	4,870,773	5,243,648
(전체)	(2,129,740)	(2,784,979)	(3,340,609)	(3,542,963)
대졸/고졸 임금비	1.436	1.413	1.415	1.381
(2) 여성				
고졸 이하	988,101	1,061,298	1,155,930	1,224,284
고졸	1,215,314	1,329,244	1,475,918	1,622,689
초대졸/대학경험	1,606,105	1,774,288	1,799,823	1,881,182
대졸	2,190,138	2,292,200	2,283,611	2,524,573
대학원	2,763,189	3,111,789	3,439,694	3,371,229
(전체)	(1,273,298)	(1,385,176)	(1,668,607)	(1,922,868)
대졸/고졸 임금비	1.802	1,724	1.547	1.556

자료: 가계동향조사
주. 2014년 기준 가치로 인플레이션 조정. 2인 이상 가구의 가구주 또는 배우자, 25–64세로 분석 대상 한정. 월 소득이 5만원 이하인 응답자는 분석에서 제외.

주와 그 배우자로 한정하였다. 월소득이 5만원 이하로 매우 낮은 경우도 분석에서 제외하였다. 이렇게 분석 대상을 제한했음에도 불구하고, 여성 소득의 통시적 비교는 주의를 요하는데, 가계동향조사는 가구 소득을 파악하는 게 주목적이어서, 가구주의 소득만 파악하고 배우자의 소득은 파악하지 않았다. 배우자의 개인 소득을 파악한 것은 1998년 조사 이후이다. 한국에서 여성 가구주의 비율이 낮기 때문에 1998년 이전에는 가계동향조사를 이용해서 여성 노동자의 소득을 정확하게 파악할 수 없다. 다음 표에서 여성 소득의 통시적 비교는 2000-2002년과 그 이후로 한정하는 것이 타당하다. 가계동향조사의 또 다른 문제점은 2008년까지 가구주와 배우자 이외의 가구 구성원에 대한 소득 자료를 별도로 수집하지 않았다는 데 있다. 이 때문에 가계동향조사를 이용해서 젊은 층의 소득변화를 연구하기 어렵다. 이러한 단점에도 불구하고 가계동향조사를 이용하여 교육 프리미엄 분석을 시도하는 이유 중 하나는 가계동향조사가 한국에서 불평등 변화를 측정하는 공식 조사자료이기 때문이다(가계동향조사는 말도 많고 탈도 많은 조사다. 문재인 정부에서 가계동향조사 결과의 문제 때문에 통계청장이 교체되는 일도 있었다. 가계동향조사의 변화와 문제점에 대해서는 <글상자 4.2> 참조).

글상자 4.2 가계동향조사

가계동향조사는 최근까지 한국 사회의 공식 소득 불평등을 측정하는 기초자료였다. 최근 가계금융복지조사로 불평등 추정의 기초자료가 바뀌었다. 국제기구에 보고되는 한국의 소득 불평등도 모두 가계동향조사 자료에 근거하고 있었다. 가계동향조사는 일제말기 1942년부터 시작하였으나 당시의 자료들은 소실되었다. 전국 도시지역 비농어가를 대상으로 조사를 실시한 것은 1959년 이후이다. 그 이후 십여 차례에 걸쳐 표본개편을 하였다. 읍면지역의 비농어가까지 확대하여 도시 지역의 한계를 벗어난 것은 2003년이고, 1인 가구까지 확대하여 조사를 실시한 것은 2006년부터이다. 그 전까지는 도시가계조사나 가계조사로 불렸는데, 현재 쓰이는 가계동향조사라는 명칭을 사용한 것은 2008년부터다.12) 여러 번의 조사 방식과 설문에 대한 개편으로 통시적 비교에 어려움이 있는데 통계청에서는 여러 행정자료와 통계자료를 활용하여 1990년 이후 가계동향조사의 시계열을 연계하였다. 현재 통계청 원자료 누리집(mdis.kostat.go.kr)에서 제공받을 수 있는 마이크로데이터는 1990년 이후 자료이다.

가계동향조사는 로테이션 패널(rotation panel) 방식의 조사다. 조사대상가구로 선정되면 매월 3년 연속으로 조사한다. 매년 1/3씩 조사대상가구를 교체한다. 매년 교체되는 가구는 3년 기간이 경과하여 일정대로 교체되는 가구와 이사 등의 이유로 표본에서 탈락하여 대체되는 가구를 포함한다. 표본 교체도 1년에 1회만 이루어지는 것이 아니라 매월 소수를 교체한다. 대부분의 가계동향조사를 이용한 분석은 이 조사를 횡단면(Cross-sectional) 자료로 취급하여 이루어지지만, 가계동향조사는 종단면적 성격을 가지고 있다. 고용상황을 점검하는 기초자료인 경제활동인구조사도 비슷한 방식을 따른다. 미국에서는 현재인구조사(Current Population Survey)를 로테이션 패널방식으로 실시한다.

로테이션 패널의 가장 큰 장점은 표본의 연속성을 유지하고 통시적 비교의 안정성을 확보하는 데 있다. 일부에서는 로테이션 패널을 실시하는 이유를 표본 확보의 어려움을 줄이기 위한 편의 장치의 하나로 보지만, 표본 확보의 편의성은 로테이션 패널을 실시하는 주요 이유가 아니다. 이론적으로 무작위 표본조사는 다른 편향이 개입하지 않아서 매년 무작위 표본조사를 실시하면 거시지표의 통시적 비교에 문제가 없어야 한다. 하지만 서베이 조사는 항상 표본오차와 비표본오차가 공존한다.

로테이션 패널은 두 가지 면에서 두 가지 오차의 영향력을 분산시킨다. 첫번째는 매년 일정 비율의 표본만 교체함으로써 표본오차가 연도별로 분산될 수 있도록 한다. 무작위 확률표집은 비록 작은 확률일지라도 전체 모집단을 대표하지 않는 특정 성향을 띈 집단이 우연적 요소로 과대 대표될 여지가 있다. 로테이션 패널을 실시하면 설사 특정 해에 어떤 집단이 우연적 요소로 과대 대표되더라도 그 효과가 제한된 표본에만 적용된다. 두 번째는 특정 해의 비표본오차가 끼치는 영향이 일부 샘플에만 적용되어 표본의 통시적 안정성을 꾀한다. 비표본오차는 확률적 표본오차 외의 다른 모든 요소에 의해 발생하는 오차다. 가계동향조사의 조사 방법은 여러 번 바뀌었는데, 이렇게 조사 방법이 바뀌다 보면 예상치 못한 응답의 변화가 있을 수 있다. 예를 들어, 조사

원이 직접 방문하여 대면 면접을 하는 방식과 자기기입식(=기장식) 조사는 결과가 다소 다를 수 있다. 대면 면접은 면접원의 방문 당시에 집에 머물고 있던 사람이 답하지만, 기장식 조사는 가구원들이 상의해서 답하거나 가구주가 답할 가능성이 더 크다. 가계동향조사의 담당자가 바뀌면서 조사의 운영에 차이가 생길 때도 비표집오차가 발생한다. 로테이션 패널은 이런 비표집오차가 결과에 끼치는 영향을 분산시킴으로써 통시적 비교의 안정성을 확보한다.

이렇게 오랜 역사를 가지고 통시적 비교를 용이하게 설계된 조사지만 불평등을 측정하는 기초자료로써 가계동향조사의 한계에 대해서 여러 비판이 있다. 아직도 통계청의 분기별 발표에서 과거 자료와의 연속성 때문에 1인 가구를 포함하지 않고 있는데, 1인 가구가 가장 보편적인 가구 형태가 된 현재로써는 현실을 정확히 반영하지 못한다. 분기별 조사로 소득 불평등을 측정하는 것이 부적절하다는 비판도 있다. 다른 국가에서는 소득을 분기별로 조사하기 보다는 연도별로 조사한다. 외국에서는 지난 1년간의 경제활동을 종합하여 과세 대상 소득을 합산 신고하는 기간 직후에 조사를 실시함으로써 소득 측정의 정확성을 높인다. 표본수가 상대적으로 작고 고소득층의 소득이 제대로 측정되지 않아 소득불평등이 과소 추정되고 있다는 비판도 있다. 표본수가 더 크고 개인소득까지 모두 측정한 가계금융복지조사와 가계동향조사 결과를 비교하면 전자의 소득불평등이 후자보다 크다. 이러한 문제 때문에 통계청에서는 가계동향조사를 폐지하고 가계금융복지조사로 완전히 대체할 계획이었다. 하지만 여러 논란 끝에 현재는 가계동향조사의 표본수를 늘리고 조사 방법을 개선하여 유지하는 쪽으로 결론이 내려졌다.

가계동향조사에서 파악된 남성 노동자 전체의 평균 소득은 1990－1992년의 213만원에서 2017－2019년에 354만원으로 66% 증가했는데 이는 남성 노동자의 학력 신장과 학력별 임금 상승의 복합적 결과이다. 각 학력 수준별 임금 증가율은 9.7%(고졸이하)에서 49.4%(고졸) 사이로 모두 66%보다 낮다. 즉, 66%의 평균 소득 증가는 전반적인 학력 수준의 증가로 인한 직업고도화(학력 구성의 변화)와 같은 학력 내 소득

상승(학력별 소득 증가)의 복합적 작용이다. 여기서 소득은 통계청의 소비자물가지수를 이용하여 2014년 불변가격으로 조정한 것이다. 따라서 66% 소득 증가는 인플레이션의 효과가 아니라, 순증가분이다.

구체적으로 남성 노동자의 학력 변화를 살펴보면 1990–1992년에는 대졸 이상 남성 노동자의 비율이 18.7%였지만, 2017–2019년에는 41.5%로 22.8%포인트 증가하였다. 이에 반대 고졸 이하 노동자는 25.3%에서 7.7%로 급감하였다. 2012–2014년의 학력 구성이 1990–1992년이 같을 경우에 기대되는 전체 평균 소득을 계산하면 남성 노동자의 소득은 월평균 354만원이 아닌 297만원으로 39% 증가할 것으로 추정된다. 66%의 총증가분 중 27%포인트는 학력 구성의 변화로 인한 것이고, 39%가 학력별 소득 순증가분이다.

학력별 소득 순증가분 39%를 기준으로 그 이하의 증가율은 평균보다 순소득 증가율이 상대적으로 낮고, 그 이상은 순소득 증가율이 상대적으로 높다. 남성 노동자 중 고졸 이하의 저학력자와 대학원 이상의 고학력자가 낮은 소득 증가율을 보이는 반면, 고졸과 초대졸의 소득 증가율이 49%와 47%로 높다. 대학 졸업자의 증가율도 44%로 평균에 조금 미치지 못한다. 이러한 결과는 한국에서 1990년 이후 고졸 대비 고등 교육 이수자의 교육 프리미엄이 늘지 않았다는 것을 의미한다. 실제로 1990–1992년에는 대졸 노동자가 고졸 노동자 대비 44%(=289만원/201만원) 높은 소득을 올렸는데, 2017–2019년에는 대졸 남성 노동자의 고졸 노동자 대비 교육 프리미엄은 38%로(=416만원/301만원) 6%포인트 줄었다.

혹자는 대졸 남성 노동자의 프리미엄 감소는 1998년의 경제위기나, 2008년의 세계적인 경제침체 등 특정 시기에 집중된 현상이 아닌지 궁금할 것이다. [표 4.1]에서 보듯, 정도의 차이는 있지만 대졸 소득 프리미엄의 감소는 전체 시기에 걸쳐서 공통적으로 일어난 현상이다. 불평등이 크게 증가한 것으로 여겨지는 2000년대 초반에도 대졸 프리미엄

그림 4.3 고졸 대비 상대적 소득의 변화

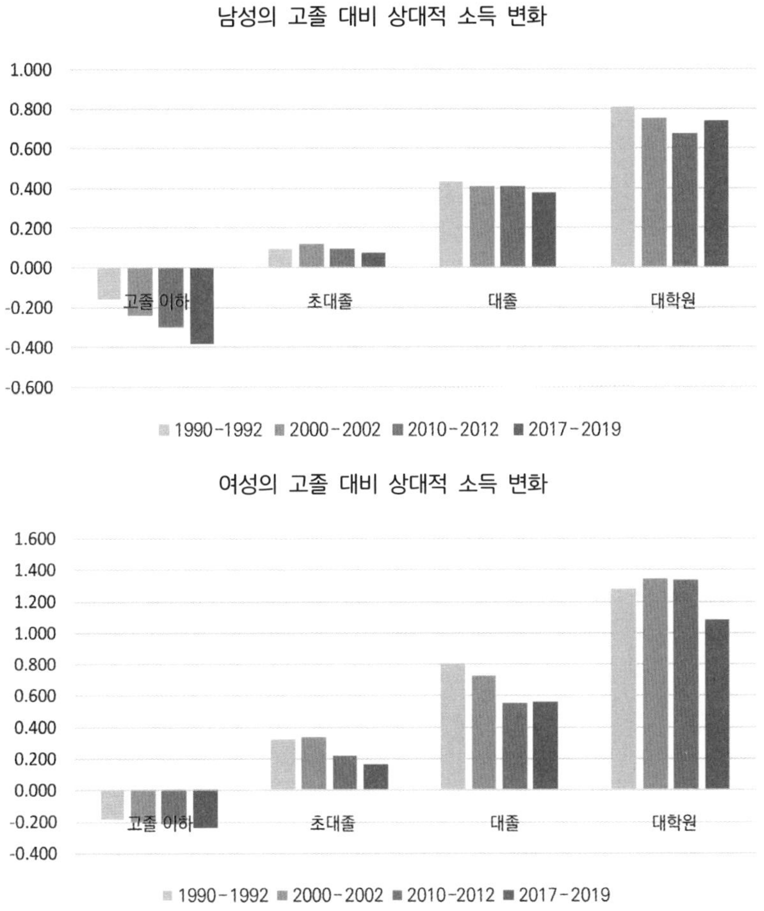

원자료: 가계동향조사
주. 자료소스는 [표 4.1]과 동일.

은 단지 .002포인트, 정확히는 0.2% 증가하는 데 그쳤다. 따라서 대졸 프리미엄의 감소는 일시적 외부 충격에 의한 결과가 아니라 한국 사회 내부의 구조적 변동의 결과이다.

[그림 4.3]은 고졸 대비 상대적 소득의 변화를 보여준다. 학력 수준이 높아질수록 교육 프리미엄이 높아지는 효과는 1990년대 초나 2019

년이나 동일하게 관측되지만, 고졸 대비 교육 프리미엄의 크기는 시간이 경과하면서 줄어들었다. [그림 4.3]에서 관찰되는 또 한 가지 특징은 대졸의 교육 프리미엄은 줄어든 반면, 고졸과 고졸 미만의 격차는 증가하였다는 점이다. 이는 전반적인 학력 수준의 상승으로 고졸 미만 노동자가 활동할 수 있는 노동시장이 축소되었기 때문이다. 고졸과 대졸의 소득 격차는 줄어들었지만, 고졸 미만과 대졸의 소득 격차는 증가하였다.

이상의 결과는 앞서 10인 이상 근로자가 있는 사업체를 대상으로 한 임금구조조사를 이용한 분석 결과와는 다소 다르다. 임금구조조사에서는 교육 프리미엄이 증가하였다. 한 가지 유념할 점은 임금구조조사를 이용한 분석에서 1990년대 중반 이후 증가한 교육 프리미엄은 주로 고졸 미만 학력자를 대상으로 했을 때 분명히 나타난다는 점이다. 고졸을 기준으로 1990년과 2012년의 대졸 프리미엄을 계산하면 거의 변화가 없다. 고졸 미만을 기준으로 분석하면 가계동향조사를 이용한 분석에서도 남성 노동자의 대졸 프리미엄이 증가한다.

다음으로 여성 노동자의 소득 변화를 살펴보자. 1990–1992년에서 2017–2019년 사이에 여성 노동자의 소득은 월 127만원에서 192만원으로 56% 증가하였다. 이 기간 동안의 여성 소득 증가율은 남성(66%)보다 낮다. 하지만 앞서도 밝혔듯 1990–1992년에는 가계동향조사에서 배우자의 개인 소득을 파악하지 않아, 대다수의 여성노동자가 분석에 포함되지 않았다. 1990–1992년 여성노동자의 소득은 가구주인 여성노동자의 소득이다. 비교 시기를 배우자의 개인 소득을 파악한 1999년 이후로 변경하여, 2000–2002년 대비 2017–2019년의 소득 증가율을 보면, 남성의 평균 소득은 27% 증가하였고, 여성은 39% 증가하였다. 2000년 이후 성별 소득 격차는 다소나마 감소하였다.

전체 여성의 평균 소득은 2017–2019년 192만원으로 평균 354만원을 버는 남성 소득의 54%에 불과하다. 여성의 소득이 남성 대비 이렇게 낮은 이유는 복합적이지만 그 중 하나는 여성의 낮은 교육 수준이다. 2017–2019년에 남성은 41.5%의 노동자가 대졸 이상의 학력을 보유하고 있지만, 여성은 그 비율이 27.3%로 남성의 2/3 수준이다. 여성의 교육 수준이 남성보다 아직 낮지만 여성 교육의 신장은 괄목할 수준이다. 2000년 이후 대졸 여성 노동자가 10.3%에서 27.3%로 2.7배 증가하고, 고졸 이하 노동자는 35.8%에서 17.3%로 급격히 감소하였다. 최근 20대에서 여성의 교육 수준이 남성을 앞지르고 있어, 미래 세대에서 여성 노동자의 교육 수준이 남성보다 높아질 가능성도 상당하다.

여성 노동자의 소득이 남성보다 낮은 또 다른 이유는 같은 학력 수준에서 여성의 소득이 낮기 때문이다. 여성의 불이익은 고학력보다는 저학력자에서 더 도드라진다. 예를 들어, 2017–2019년 대학원 졸업 여성의 동등 학력 남성 대비 소득은 64%지만, 고졸 여성의 동등 학력 대비 소득은 54%에 불과하다. 이 때문에 2017–2019년 대졸 남성의 고졸 대비 프리미엄은 38%지만, 대졸 여성의 고졸 대비 프리미엄은 56%에 달한다. 고학력 여성 노동자의 소득이 높기 때문이 아니라, 저학력 여성 노동자의 남성 대비 소득이 크게 낮기 때문에 여성의 교육 프리미엄이 높게 나온다.[13]

참고로 여성의 교육 프리미엄이 남성보다 높은 것이 한국만의 독특한 현상은 아니다. 미국을 포함한 다른 OECD 국가에서도 여성의 교육 프리미엄이 남성보다 높은 경향을 띈다.[14] 대체로 소수자 집단에서 교육 프리미엄의 효과가 크다.[15] 미국에서 여성뿐만 아니라, 흑인의 교육 프리미엄이 백인의 교육 프리미엄보다 높다. 다시 한 번 강조하지만, 소수자 집단의 높은 교육 프리미엄은 저학력층에서의 노동시장 인종차별이 고학력층에서의 노동시장 차별보다 심하기 때문이다.

교육 프리미엄의 변화 경향은 남녀 간에 크게 다르지 않다. [그림 4.3]에서 보여지듯 1990년대 초에 비해 2017–2019년에 모든 고학력에서 고졸 대비 교육 프리미엄이 낮아졌다. 대졸 여성의 경우 그 하락폭이 24.6%포인트(교육 프리미엄이 80.2%에서 55.6%로 하락)이다. 대학원 학력을 가진 여성의 경우 대졸 여성에 비해 하락폭이 작은데, 대학원 학벌을 가진 여성 노동자의 비율이 너무 작아서 이 변화의 통계적 유의도를 확신하기는 어렵다. 1990－1992년에 대학원 학력을 가진 여성 노동자의 수는 0.6%에 불과했다. 2017－2019년에도 그 수는 3.5%로 남성의 절반에도 미치지 못한다.

이상의 분석으로 1990년 이후 지난 30년간 교육의 소득 프리미엄은 남성의 경우 미세하게, 여성의 경우는 확연하게 줄었다는 것을 알 수 있다. 직업 지위의 획득 측면에서 고등 교육의 가치는 줄어들지 않았지만, 소득 프리미엄의 측면에서 고등 교육의 상대적 가치는 줄어들었다. 소득불평등이 크게 증가한 1990년대 초에서 2000년대초까지 남성의 대학 프리미엄은 2% 정도 줄었고, 여성은 8% 정도 줄어들었다. 이 시기 동안 한국에서 불평등이 커졌다. 불평등 증가에도 교육 프리미엄이 늘어나지 않은 이 결과는 한국의 소득불평등 변화가 학력 프리미엄의 변화로 설명하기 어렵다는 방증이다.

4. 소득 수준별 교육 프리미엄의 변화

앞의 분석에서 전체 노동자 평균 소득의 변화를 검토했다. 그런데 학력별 평균 소득의 변화는 해당 학력의 전반적인 소득의 등락에 의해 영향을 받을 수도 있고, 그 학력 내에서 소득 중간값은 변화가 없는데 일부 고소득자나 저소득자의 소득이 변화하는데 영향을 받을 수도 있다. 예를 들어, 화학 박사 학위 취득자들이 과거와 달리 신소재를 개발하면 학회에 보고하고 연구만 하는 것이 아니라, 연구자 자신이 벤처기업을 설립하고 경영자가 되어 고소득을 올릴 수 있다. 반면 사회학 박사 학위 소유자의 공급이 늘면서 상당수의 박사들이 정규직을 얻지 못하고 시간 강사와 비정규 연구직으로 낮은 소득을 얻기도 한다. 이 두 가지 경우를 합치면, 박사학위 취득자의 중간 소득은 변화가 없지만 박사 학위 소지자의 하위 20%의 소득은 감소하고, 상위 20%의 소득은 증가하게 된다. 교육 프리미엄이 하위 소득에서는 줄어들고, 상위 소득에서는 늘어난다.

동일 학력 내 소득 분포의 변화에 따른 교육 프리미엄의 변화를 알기 위해서 [표 4.2]에서 20번째 분위(=20th percerntile), 50번째 분위, 80번째 분위에서 상대 소득의 변화를 분석하였다. 이 분석은 분위 회귀분석(Quantile Regression)이라는 통계기법이다. 여기서 분위란 소득을 낮은 데서부터 높은 순으로 정렬했을 때 100명 기준의 등수를 뜻한다. 분위 회귀분석은 학력별로 같은 등수끼리 비교하는 방법이다. 예를 들어, 고졸자 100명을 소득수준에 따라 가장 낮은 순서부터 가장 높은 순서로 정렬했을 때 80번째 소득(즉, 고졸자 중 상위 20%)과 대졸자 100명을 소득 수준에 따라 정렬했을 때 80번째 소득(즉, 대졸자 중 상위 20%)을 비교한 것이 80번째 분위(=80th percentile)의 교육 프리미엄이다. 고급 통계 기법이라 이해하기 어려운 면이 있다. 주의해야 할 점은 80번째 분위 분석은 전체 인구 중 소득 상위 20% 중에서의 고졸과 대졸의 효과를 비교하는 것이 아니라, 고졸의 상위 20%와 대졸의 상위 20%를 비교하는 분석이라는 점이다. 다른 예를 들어 설명하면, 전국 수능고사 상위 20% 득점자 중에서 서울과 충남 계룡시의 격차를 비교하는 것이 아니라, 서울의 상위 20% 득점자와 충남 계룡시의 상위 20% 득점자의 점수 격차를 비교하는 기법이다. 20번째 분위(=20th percerntile), 50번째 분위, 80번째 분위를 비교함으로써 하위 소득, 중위 소득, 상위 소득의 교육 프리미엄을 확인할 수 있다.

[표 4.2]는 로그전환 소득을 이용하여 분위 회계 분석을 한 후 이를 다시 지수함수를 적용하여 실제 원화로 전환한 결과이다. 각 숫자의 단위는 만원이다. 예를 들어 [표 4.2]에서 고졸 이하의 20번째 분위 소득은 남성 고졸이하 학력자의 1990-1992년 중위소득이 97만 7천원이라는 의미다.

표 4.2 분위별 기대 소득의 변화(단위: 만원)

남성	1990–1992			2017–2019			증가율		
	20th	50th	80th	20th	50th	80th	20th	50th	80th
고졸 이하	97.7	147.9	222.2	95.9	180.5	265.0	−1.8%	22.0%	19.2%
고졸	120.5	173.9	263.9	172.7	270.1	410.6	43.3%	55.3%	55.6%
초대졸	127.7	192.8	294.6	200.1	307.2	434.3	56.7%	59.4%	47.4%
대졸	159.6	245.8	367.5	236.4	369.0	536.3	48.1%	50.1%	45.9%
대학원	224.0	336.1	493.6	271.1	475.2	670.9	21.0%	41.3%	35.9%
여성	2000–2002			2017–2019			증가율		
	20th	50th	80th	20th	50th	80th	20th	50th	80th
고졸 이하	52.4	94.3	143.8	59.4	118.8	167.3	13.2%	26.0%	16.3%
고졸	57.3	107.7	181.2	83.0	151.4	201.3	44.9%	40.5%	11.1%
초대졸	83.9	143.7	265.2	94.6	169.0	252.3	12.7%	17.6%	−4.9%
대졸	97.8	196.7	363.1	108.9	216.5	366.7	11.4%	10.1%	1.0%
대학원	142.5	266.6	425.7	142.0	324.3	515.8	−0.4%	21.7%	21.2%

원자료: 가계동향조사.

주. 자료소스는 [표 4.1]과 동일. 소득은 2014년 불변소득으로 조정한 후 로그 전환하여 분위 회귀분석을 실시하고, 이의 측정치에 지수함수를 적용함으로써 다시 실제 소득으로 전환하였음.

앞서의 분석과 마찬가지로 분위 회귀분석 결과도 남성 노동자의 교육 프리미엄은 전반적으로 감소했음을 보여준다. 다만 20번째 분위에서는 전반적 경향과 달리 교육 프리미엄이 늘어났다. 교육 프리미엄이 늘었다는 것은 고졸 중에서 하위 20%의 저소득층과 대졸 중에서 하위 20%의 상대적 저소득층을 비교했을 때, 그 격차가 커졌다는 의미다. 이와 달리 소득 상위 구간인 50번째, 80번째 분위에서는 교육 프리미엄이 줄었다. 하위 분위에서의 교육 프리미엄 증가는 고졸 20번째 분위의 소득 상승률이 상위 분위보다 현저히 낮기 때문이다. 즉, 고등 교육자의 소득이 더 높게 올라서 교육 프리미엄이 올라간 것이 아니라,

저학력자의 소득이 상대적으로 덜 올라서 교육 프리미엄이 올라간 것처럼 나타난다. 고졸 학력자의 소득이 50번째 분위에서는 1990-1992년과 2017-2019년 사이에 55.3% 올랐는데, 20번째 분위의 상승분은 43.3% 증가에 그쳤다. 20번째 분위의 소득 상승률이 50번째 분위보다 약 12%포인트 정도 낮다. 지난 30년간 고졸 학력자의 소득 상승률이 대졸 학력자에 비해서 상대적으로 더 높았지만, 소득하층에서는 고졸의 소득 상승률이 대졸보다 높지 않다.

여성도 남성과 마찬가지로 교육 프리미엄이 감소하였다. 남성 노동자와 달리 여성 노동자의 교육 프리미엄 감소는 소득 상위 분위의 프리미엄 감소가 아니라 하위 분위에서의 프리미엄 감소에 의해 추동되었다. 하위 분위에서의 교육 프리미엄 감소는 여성 고졸 노동자의 소득이 다른 학력층보다 더 크게 증가한 것에 기인한다. 최저임금 인상 등 소득 하층의 처지를 개선하는 조치들이 특히 저학력 여성의 소득을 증가시킨 것으로 추정된다. 고졸자 중 20번째 분위의 상승률이 44.9%로 80번째 분위의 상승률 11.1%보다 네 배 이상 높다. 각 분위별 여성 대졸자의 교육 프리미엄을 살펴보면, 2000-2002년에는 20번째 분위에서 70.7%이고, 80번째 분위에서 100.4%였는데, 2017-2019년에는 20번째 분위에서 31.3%로 2000-2002년 대비 절반 이하로 떨어졌다. 이에 반해 80번째 분위의 프리미엄은 82.2%로 비록 2002-2002년에 비해 낮아지긴 했지만, 여전히 높은 수준을 유지하고 있다.

남성과 여성 모두에서 나타나는 공통적 현상은 고졸 대비 중졸이나 그 이하 학력자의 소득 감소이다. 성별, 소득분위별로 정도의 차이는 있으나 모든 통계에서 고졸 이하의 상대 소득은 하락하였다. 특히 남성 노동자 사이에서 고졸 이하와 고졸자의 소득 격차가 커졌다. 고등교육의 교육 프리미엄 감소와 고졸 미만 저학력자와 고졸 학력자의 격차가 커지는 일견 모순되어 보이는 현상이 동시에 나타나고 있다. 이러한 결과는 한국 사회에서 노동자의 학력 수준이 높아지면서 고졸 이하 노동자는 노동 시장에서 배제되기 때문으로 보인다. 대부분의 고졸 이하 노동자가 고연령층에 집중되어 있는 점을 감안할 때, 이 현상은 저학력 고령 노동자가 종사할 수 있는 직업군의 급격한 축소를 의미한다. 여성 노동자 사이에 이 현상이 남성대비해 도드라지지 않는 이유는 여성 저학력 노동자는 숙박 및 서비스업 등 저임금 3차 산업에 집중되어 있기 때문이다. 남성 저학력 노동자가 종사할 수 있는 직업군은 줄어들었지만, 여성 저학력 노동자가 종사할 수 있는 숙박 및 서비스업의 수요는 21세기 들어 늘어나는 경향이다.[16)]

5. 교육 프리미엄의 변화와 동일 학력자의 내부 소득 불평등 변화

1) 학력별 내부 소득 불평등의 변화

[표 4.2]를 통해 알 수 있는 또 다른 사실은 교육수준별 내부 불평등의 변화이다. 불평등을 측정하기 위해서 여러 가지 지표가 쓰이는데(지니지표 등 불평등 지수에 대한 자세한 내용은 <글상자 4.3> 불평등 지수 참조), 그 중 하나가 80번째 분위의 소득과 20번째 분위의 소득을 비교하는 P80/P20 비율이다. 이 지표는 상위 20번째 소득자가 하위 20번째 소득자보다 몇 배의 소득을 올리는지 계산함으로써 불평등 정도를 측정한다. 매우 단순한 계산법이지만, 화폐단위나 환율, 물가 등에 영향을 받지 않는 표준화된 지표이다. 유엔이나 OECD 등의 국제 기구에서 국가 간 비교의 지표로도 널리 쓰인다.

[표 4.2]의 결과를 이용해 교육수준별 P80/P20 비율을 계산하면, 1990－1992년에는 남성 대졸자의 상위 20번째 소득(＝80번째 분위소득)과 하위 20번째 소득의 비율이 2.30배(＝367.5만원/159.6만원)였는데, 2017－2019년에는 2.27배(＝536.3만원/236.4만원)로 약간 줄었다. 이에 반해, 남성 고졸이하 학력자는 그 비율이 1990－1992년의 2.27배에서

2017－2019년에는 2.76배로 상당히 늘었다. 이러한 변화는 남성 대졸자 내부의 소득 불평등은 약간 줄어든 데 반해, 저학력층에서는 내부 불평등이 크게 늘었음을 의미한다. 고졸은 고졸 이하와 마찬가지로 내부 불평등이 증가하였다. 여성노동자도 고졸 이하에서는 내부 불평등이 증가하였고, 초대졸과 대졸에서는 내부 불평등이 줄어들었다. 남성과 달리 고졸 학력에서 여성은 내부 불평등이 감소하였다. 교육 프리미엄은 감소하는데, 내부 불평등은 저학력층에서는 증가하고, 대졸졸업자 중에서는 줄어드는, 이러한 변화의 의미가 무엇일까? 교육 프리미엄의 변화와 전체 소득불평등 변화의 관계가 무엇인지 살펴볼 필요가 있다.

글상자 4.3 불평등 지수

소득이나 자산 불평등을 측정하기 위하여 가장 많이 쓰이는 지수는 지니 불평등 지수(Gini inequality coefficient)이다. 범위가 0~1인 지수로 모든 사람이 동일한 소득을 올릴 때 0이고, 한 사람이 모든 소득을 독점할 때 1이 된다. 통계청의 공식 국가 소득 불평등지수도 지니를 사용한다. OECD에서 소득불평등의 국가 간 차이를 비교할 때도 지니계수를 사용한다.

불평등 지수에 사용하는 소득의 종류

공식 소득 불평등 지니계수는 "균등화 처분가능소득"을 이용한다. 처분가능소득은 세전 소득에 세금과 이자비용, 국민연금 등 사회보장 부담금을 제하고, 국가에서 받은 보조금이나 가족으로부터 받은 이전 소득을 포함한 소비나 저축에 쓸 수 있는 소득이다. 영어로는 disposable income 또는 post-tax, post-transfer income이라고 한다. 균등화는 소득을 가구단위로 파악한 후 각 개인에게 가구원수의 제곱근으로 나누는 방법이다. 가구원은 가구 소득을 공유하여 동일한 삶의 질을 누린다는 가정 하에 개인소득이 없는 모든 구성원의 생활수준을 추정할 수 있다. 세금자료를 이용하여 개인 소득을 파악한 후 이 소득의 불평등 정도를 계산하는 지수와는 의미가 다르다. 한국은 개인소득의 불평등 정도는 다른 선진국과 비교해 상대적으로 크지만, 균등화 소득의 불평등 정도는 OECD 상위권이 아니다.

소득불평등을 계산할 때 반드시 균등화 처분가능소득을 사용해야만 하는 것은 아니다. 동일 기준으로 국가 간 비교를 하기 위하여 OECD에서는 이 기준을 사용한다. 불평등의 다양한 측면을 파악하기 위해서는 균등화 이전 가구 소득, 개인 소득을 사용하여 불평등 지수를 계산할 필요가 있다. 한국은 통계청에서 개인 소득 불평등 정도를 계산할 수 있는 원자료를 공개하지 않고 있다.

불평등 지수의 종류

언론 보도에서는 지니계수가 가장 많이 쓰이지만, 다양한 종류의 불평등 지수가 있다. 학술적으로는 지니계수보다는 로그전환 소득의 분산(VarLog), 타일(Theil) 불평등 지수, 아킨슨(Atkinson) 지수가 더 많이 쓰인다. 그 중에서 계산의 용이성 때문에 로그전환 소득의 분산이 학술적으로 가장 많이 쓰인다. 지니계수의 경우 그룹 간, 그리고 소득의 소스에 따른 불평등 지수의 요소분해가 어려운 반면, 나머지 지수들은 요소분해가 용이하다. 소득불평등의 변화 요인이 어디에 기인하는지 알기 위해서는 요소분해가 필수적이다.

불평등 지수 간의 상관관계가 매우 높기 때문에 어떤 불평등 지수를 사용해도 국가 간 비교나, 국가 내 시기별 비교에서 대부분의 경우 동일한 결론을 도출한다. 예외적으로 불평등 지수 간에 국가 간 불평등 정도의 순위가 일치하지 않거나 시기적으로 불평등이 늘었는지 줄었는지 일치하지 않는 경우가 있다. 이는 불평등 지수에 따라 분포 변화의 민감도가 다르기 때문이다. 지니계수는 중간소득에서의 불평등 변화에 민감하다. 타일 지수나 아킨슨 지수는 연구자가 인위적으로 소득 상층 내지는 소득 하층에서의 불평등 정도에 더 민감하게 반응하도록 지수를 조정할 수 있다.

불평등 지수의 특성[17)]

불평등 지수는 몇 가지 공통된 특징이 있다. 하나는 절대적 평등 상태에서는 불평등 지수가 0이다. 절대적 평등 상태란 모든 구성원이 동일한 소득, 자산을 기록한 경우다. 모든 불평등 지수가 최소값이 0이다. 음의 수를 가진 불평등 지수는 없다. 불평등 지수의 최고값은 지수의 종류에 따라 다르다. 지니계수는 1이 최고값이지만, 타일지수나 로그전환 소득의 분산은 수학적으로 무한대의 값을 가질 수 있다.

다른 하나는 규모불변성(scale invariance)이다. 소득의 동일한 비율적 변화는 불평등 지수의 변화를 초래하지 않는다. 연봉이 1억원인 사람과 1천만원인 사람이 모두 100% 소득이 증가하면 각각 소득이 2억원과 2천만원으로 변화한다. 소득 격차가 9천만원에서 1억 8천만원으로 늘어나서 소득불평등이 증가했다고 생각하기 쉽다. 하지만 이러한 동일비율의 변화는 환율을 적용하는 것과 같은 비율적 변화다. 달러 금액을 원화로 표시한다고 불평등이 증가하지 않는 것과 같은 원리가 불평등 지수 측정에 적용된다.

마지막은 양도의 원칙(principle of transfer)이라고 소득이 많은 사람에게서 소득이 적은 사람에게로 일부 소득이 이전되면 불평등 지수가 줄어들고, 그 반대의 경우 불평등 지수가 늘어나야 한다.

2) 대학원 졸업자의 내부 불평등 증가

이를 본격적으로 살펴보기 전에 대학원 졸업자의 내부 불평등 변화에 대해 한 가지 짚어둘 점이 있다. 남여 모두 대학원 졸업자들의 내부 불평등은 증가하였다. 남성은 P80/P20 비율이 2.20에서 2.47로 증가하였고, 여성은 2.99에서 3.63으로 상당히 크게 증가하였다. 같은 고학력자라도 대졸자 내부의 불평등은 줄었는데, 대학원 졸업자 내부의 불평등은 늘어났다.

대학원 졸업자의 높은 내부 불평등은 최근에 생겨난 현상이다. 2017–2019년 기준 대학원 졸업자의 P80/P20 비율은 남성이 고졸이하 학력자 다음으로 높고, 여성은 다른 모든 학력보다 높다. 현재 대학원 졸업자 내부의 불평등은 어느 학력 수준보다 높다. 현재의 이런 모습과 달리 과거에는 대학원 졸업자 내부 불평등은 다른 학력층보다 낮았다. 남성의 경우 1990−1992년에 고졸과 더불어 가장 내부 불평등이 낮은 학력층이었고, 여성도 2000−2002년에 고졸 이하 다음으로 내부 불평등이 낮았다.

자료의 한계로 인해서 그 원인을 정확히 파악할 수는 없으나, 대학원 졸업자 내부 불평등 증가의 배경에는 대학원 진학자의 확대가 있을 것으로 추정된다. 1990−1992년에서 2017−2019년 사이에 남성 중 대학원 졸업자의 비율은 1.9%에서 7.5%로 4배 증가하였고, 2000−2002년에서 2017−2019년 사이에 여성 중 대학원 졸업자의 비율은 0.75%에서 3.51%로 역시 4배 이상 증가하였다. 대학원 졸업자의 내부 불평등 증가는 이전에는 극소수에 머물렀던 대학원 졸업자가 교육 팽창과 더불어 크게 증가함에 따라 내부의 분화가 심화되었기 때문이다. 즉, 대학원 졸업자가 극소수이던 시절에는 거의 모든 대학원 졸업자가 소득 상층에 위치하여 소득 상향평준화의 혜택을 영위했다. 대학원 졸업자의 수요는 높은데, 공급은 제한되다 보니 독과점의 혜택인 지대(rent)를 대학원 졸업자가 공유하였다. 하지만 대학원 졸업자가 늘어남에 따라 지대 공유를 통한 상향평준화의 시절이 끝나고 개인의 생산성에 따른 내부 분화가 시작되었을 가능성이 높다.

대학원 교육의 효과에 대해서는 추후 연구를 통해서 본격적으로 밝혀야 할 것이다. 교육 효과의 장기적 변화를 살피는 데 주목적이 있는 본 연구는 대학원과 대학 졸업자를 세밀하게 구분하지 않고 있다. 대학원 졸업자가 극소수였기 때문에 이들을 인구학적으로 구분하기 어렵고, 대졸자와 대학원 졸업자를 엄밀히 구분하는 사회적 의미도 과거에는 명확하지 않았다. 하지만 대학 진학자가 인구 코호트의 80%에 달하면서 계층 구분에서 대학원 교육의 중요성이 커지고 있다. 미국의 사례를 이용한 연구에서도 대학원 교육이 계층 연구의 중요한 영역으로 떠오르고 있다.[18] 비록 본 연구가 대학원 교육의 계층화 현상을 본격적으로 다루고 있지는 않지만 추후 연구의 필요성을 강조하기 위해, 또한 최신 연구의 중요한 발견을 독자들에게 소개하기 위해 이 자리에서 간략하게 대학원 졸업자와 관련된 논쟁점을 일별하고자 한다.

사회계층과 관련된 대학원 교육의 가장 큰 논쟁점은 누가 대학원 교육을 받고, 졸업 후 노동시장의 성취는 출신 계층에 따라 어떻게 달라지는가이다. 대학 교육은 "위대한 평등의 촉진자"로 여겨진다. 미국에서 대학 진학까지는 가족의 계층적 배경에 영향을 받지만, 대학에 진학한 후에는 가족 배경의 영향은 사라진다. 금수저와 대비되는 흙수저의 불이익은 대학 진학까지이고, 일단 같은 대학에 진학하면 그 이후의 대학원 진학과 노동시장 성과는 개인의 선택이 된다.[19]

그런데 최근 이러한 기존 연구 결과에 의문을 제기하는 연구가 잇따르고 있다. 가장 유명한 연구는 플로렌시아 토치(Florencia Torche)의 2011년 논문이다.[20] 이 논문에서 토치는 가족배경과 노동시장의 성과는 학력수준에 따라 U자-형태(the U-shaped pattern)를 보인다고 보고하였다. 학력수준이 올라가면서 노동시장 성취에 끼치는 가족배경의 효과가 점점 줄어들어 대학 교육에 이르면 금수저/흙수저의 효과가 사라지는데, 대학원 교육에서 금수저/흙수저 효과가 다시 나타난다. 저학력층에서는 부모의 사업을 물려받는 등 출신 계층에 따라 소득에 차이가 있지만, 대학 졸업자들은 교육 수준이 비슷하면 출신 가족 배경에 상관없이 비슷한 소득을 올리는데, 대학원 졸업자들은 설사 교육 수준이 같더라도 금수저 출신의 소득이 흙수저 출신의 소득보다 높아지는 현상이 다시 나타난다. 토치는 U자 형태를 소득뿐만 아니라, 직업 위계, 재산 등에서도 확인하였다. 대학원 졸업자에서 출신 배경의 효과가 사회경제적 지위 성취에 다시 나타나는 현상은 미국에 한정되지 않는다. 프랑스[21]와 영국[22]에서도 가족 배경의 효과가 대학원 졸업자에서 커지는 현상이 목도되었다.

왜 이런 현상이 생기는 것일까? 대학원 졸업자는 학위 취득 후 취업이나 연줄에서 부모의 영향을 학사 학위 취득자보다 더 받는 것일까? 아니면 대학원 교육 과정에서 뭔가 다른 계층화 현상이 벌어지는 것일까? 교육수준에 따른 가족배경과 노동시장 성취의 U자－형태 관계의 원인에 대한 연구는 많지 않다. 필자가 알기로 현재 여러 연구자들이 이 문제에 주목하여 연구를 진행 중이다. 오병돈·김창환의 논문도 그 중 하나이다.[23] 이 연구는 대학원 졸업자에서 더 커진 가족 배경의 영향은 연줄 동원 등 노동시장 내부의 메커니즘 때문이 아니라 교육 과정 자체의 계층화에 기인한다고 밝히고 있다. 보다 구체적으로 세 가지 메커니즘을 제기하고 있다. 첫째는 상위계층 출신 학생들이 석사보다는 박사나 프로페셔널 대학원 등 소득수준이 높은 대학원 학위에 집중되어 있다. 두 번째는 상위계층 출신 학생들이 학부 때는 인문학이나 순수 자연과학을 전공하지만, 대학원에 가서는 공학이나 경영학 등 소득이 높은 전공으로 바꾸는 경향이 있다. 이와 달리 하위계층 출신 학생들은 대학원에서 소득이 높은 전공으로 바꾸는 경향이 두드러지지 않았다. 이에 따라 학사 학위 소지자들만 따로 떼어서, 전공을 통제한 후 분석하면, 가족배경의 영향력이 학사 학위 소지자들에게도 나타난다. 대학이 위대한 평등의 촉진자였던 이유는 모두에게 공평한 기회를 제공하였기 때문이라기보다는, 대학을 졸업한 후 반드시 괜찮은 직장을 가져야 한다는 압박으로부터 상대적으로 자유로운 상위계층 출신이 인문학이나 순수 자연과학 등 상대적으로 소득이 낮은 전공을 선택했기 때문에 생긴 일종의 착시현상이다. 마지막 메커니즘은 학위 취득 연령이다. 상위계층 출신 학생은 부모가 전적으로 학비를 부담해주는 경우가 많아서 학위 취득 연령이 하위계층 출신 학생보다 어리다. 하위계층 출신 학생은 대학원에 진학하기 전에 노동시장에서 경력을 쌓고 돈을 저축해서 대학원에 진학하는 데 반해, 상위계층 출신 학생은

"갭이어(gap year)" 없이 학부 졸업 직후 대학원에 진학해 상대적으로 젊은 나이에 학위를 취득하고, 그 결과 학위 취득 후 노동시장 경력이 하위계층 출신 학생보다 많다.

한국에서도 이러한 경향이 나타날 가능성이 농후하다. 특히 한국은 상위계층 출신 학생들이 외국에서 대학원 교육을 받는 경향이 있기 때문에 대학원 출신자의 계층분화는 미국보다 더 도드라질 수 있다. 김종영의 『지배받는 지배자』[24]에 따르면 미국 유학 한국인의 수는 2010년대 초반에 7만명이 넘었다. 이들은 대학과 기업에서 국내 출신 대학원 졸업자보다 우대받고 있다. 이 주제 연구의 가장 큰 어려움은 유학 출신의 현재의 계층적 지위에 대한 자료도 미비하고, 유학생들의 가족 배경에 대한 자료도 미비하다는 것이다. 가까운 미래에 국내 출신 대학원 졸업자와 유학파 대학원 졸업자의 가족 계층 배경과 노동시장 성취에 대한 체계적인 자료 수집이 이루어지기를 기원해 본다.

3) 교육 프리미엄 변화는 전체 소득불평등을 증가시켰는가?

교육 프리미엄 변화가 전체 소득불평등에 어떤 영향을 끼쳤는지를 정확히 계산하기는 어렵다. 그 이유는 앞서 논의하였듯 연령대별로 교육 수준이 확연히 다르기 때문이다. 교육 프리미엄의 소득불평등 기여 정도는 연령 프리미엄의 소득불평등 기여 정도와 뒤섞여 있다. 젊은층의 임금이 장년층보다 낮지만, 평균 학력은 젊은층이 높다. 연령효과의 통시적 변화 방향과 교육효과의 통시적 변화 방향이 서로 상충될 가능성이 있다. 즉, 평균 학력 수준이 낮은 장년층의 상대적 소득 상승은, 평균 학력 수준이 높은 청년층의 상대적 소득 하락을 의미한다. 그런데 이러한 변화가 연령 효과의 증대에 의한 것인지 교육 효과의 감소에 의한 것인지, 아니면 둘의 어떤 복합적 작용의 결과인지 명확하지 않다.

서로 얽혀있는 연령 효과와 교육 효과를 구분하기 위해서 우선 연령을 통제하지 않은 상태에서 교육 프리미엄이 전체 소득불평등에 기여

그림 4.4 교육 프리미엄의 불평등 기여 정도(%)

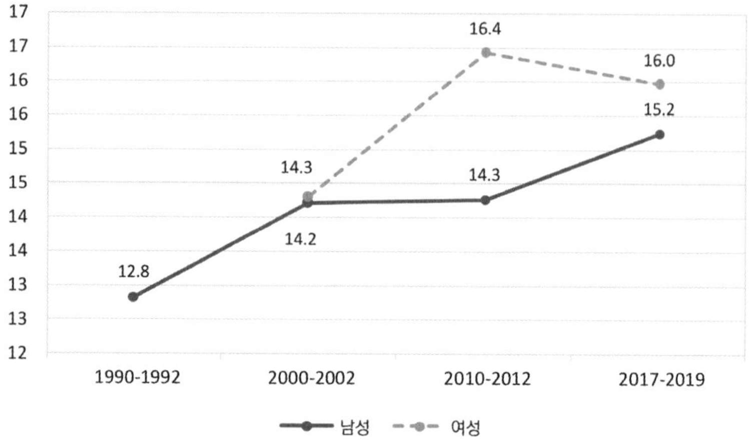

원자료: 가계동향조사.
참조: 연간 타일 불평등 계수에서 학력 수준 간 격차가 설명하는 퍼센테이지를 계산한 것. 전체 불평등 지수는 남성의 경우 1990－1992년에 .157에서 2017－2019년에 17.3으로 상승하였고, 여성은 2000－2002년에 .284에서 2017－2019년에 .238로 하락하였음.

한 총효과를 측정하고, 다음으로 각 연령대별로 교육 프리미엄의 변화가 소득불평등에 기여한 정도를 측정하여 비교해 보도록 하자.

[그림 4.4]는 타일 불평등지수에서 학력 수준 간 격차가 설명하는 전체 불평등 정도를 퍼센티지로 나타낸 것이다. 소득불평등은 지니계수가 보편적으로 쓰이지만, 지니계수는 집단별 기여도를 분해할 수 없기 때문에, 여기서는 또 다른 소득불평등 지수인 타일(Theil) 지수를 사용하였다. [그림 4.4]에서 1990－1992년의 12.8는 남성의 전체 노동소득 불평등 중 12.8%가 학력 간 격차로 설명된다는 것이다. 달리 얘기해 나머지 81.2%는 같은 학력 수준 내에서의 소득 격차이다.

그래프를 이해하기 위한 맥락을 좀 더 제공하자면, 전반적으로 남성의 소득불평등은 1990－1992년에 .157에서 2010－2012년에 .180으로 점차 상승하다가 2017－2019년에 .173으로 다소 하락하였다. 여성은 2000－2002년에 .284에서 2017－2019년에 .238로 전반적으로 하락하는 추세이다. 가구주/배우자인 남성의 소득 불평등은 증가했지만, 여성은 감소하였다. 하지만 소득 불평등 변화의 경향이 상관없이, 남녀 모두 학력 간 소득 격차의 설명력이 커졌다. 전체 불평등 변화에서 학력 간 소득 격차, 교육 프리미엄의 중요성이 커졌다.

하지만 앞서 얘기했듯, 이 변화가 순수한 교육 프리미엄의 중요성 상승인지, 아니면 연령 효과가 통제되지 않아서 생긴 착시인지 구분할 필요가 있다. [표 4.3]은 연령대별로 교육 프리미엄의 불평등 설명력이 어떻게 변화했는지 보여준다. 25-64세 전체 노동인구를 대상으로 했을 때, 학력 간 격차의 중요성이 커졌다는 [그림 4.4]의 결과와 달리 연령대별 분석은 학력 간 격차의 중요성이 대부분의 그룹에서 줄었다. 특히 40대 중반 이후 장년층에서 교육 프리미엄의 중요성은 확연히 줄어들었다.

표 4.3 연령대별 교육 프리미엄의 불평등 기여 정도(%)

	25–34	35–44	45–54	55–64
남성				
1990–1992	4.8	14.8	25.6	24.6
2000–2002	6.9	13.1	20.3	19.3
2010–2012	3.2	9.8	14.6	21.6
2017–2019	9.9	10.4	14.3	19.3
(변화)	(+5.1)	(−4.4)	(−11.3)	(−5.3)
여성				
2000–2002	15.6	10.5	21.3	38.7
2010–2012	9.7	13.5	16.8	13.7
2017–2019	14.6	11.7	13.7	8.0
(변화)	(−1.0)	(1.2)	(−7.6)	(−30.7)

원자료: 가계동향조사.
참조: 연간 타일 불평등 계수에서 학력 수준 간 격차가 설명하는 퍼센테이지를 계산한 것. 전체 불평등 지수는 남성의 경우 1990-1992년에 .157에서 2017-2019년에 17.3으로 상승하였고, 여성은 2000-2002년에 .284에서 2017-2019년에 .238로 하락하였음.

이 분석으로부터 몇 가지 중요한 함의를 얻을 수 있다. 한국 사회에서 불평등의 변화는 숙련편향 기술발전 이론과 달리 교육 프리미엄의 변화로 설명하기 어렵다. 최근의 기술발전은 고학력 숙련 노동자에게 유리하도록 전개되어서 학력 간 격차가 커지고 그로 인해 불평등이 커졌다는 설명은 한국 사회에 적용되지 않는다. 25-34세의 노동경력 초기의 젊은층을 제외한 모든 연령층에서 교육의 불평등 설명력은 줄었다.

이러한 양상은 두 가지 가능성을 제시한다. 하나는 불평등 증가가 교육이 아닌 연령을 축으로 증가했을 가능성이다. 세대불평등의 증가가 불평등 증가의 주원인이라는 것이다. 다른 하나는 노동시장에서 고용의 지위 격차가 소득불평등으로 이어졌을 가능성이다.[25] 정규직-비정규직, 대기업 노동자-중소기업 노동자 등 생산성이 아니라 노동시장에서의 위치에 따른 소득 격차가 증가하고 전반적인 불평등이 증가했을 수 있다. 숙련편향 기술발전론에서 말하는 수요-공급의 관계가 아니라, 노동시장 내에서 자본가와 노동자, 노동자 내부의 역관계에 의해 한국 사회의 불평등은 변화하였을 가능성이 크다. 달리 말해, 한국에서의 소득 불평등 증가는 교육 같은 노동시장 진입 이전의 요인이 아니라, 노동시장의 내생적 요인에 의해서 변화하였을 가능성이다. 불평등 증가의 원인이 노동시장 내부에 있다면 불평등을 줄이기 위한 대책도 교육이 아닌 노동시장 내부 요인에서 찾아야 한다. 이런 관점에서 보면 노동시장 내부의 문제에 천착하기보다는 교육기회의 공정성과 노동시장 내 지위 선발의 공정성에만 초점을 맞추는 최근의 여론은 전반적 소득 불평등의 감소를 위한 노력과는 거리가 멀다.

위 분석에서 주목해야 할 또 한 가지 점은 다른 모든 그룹에서 교육 프리미엄의 중요성은 크게 증가하지 않거나 오히려 줄었는데, 유독 젊은 남성층에서 교육 프리미엄의 중요성이 증가하였다는 것이다. 이 변화는 교육 프리미엄 하락이 대졸자 공급의 증가에 기인한다는 설명에

반한다. 1980년대 이후 젊은층에서 대졸자의 공급이 크게 확대된 것은 주지의 사실이다. 대졸자 공급 확대가 교육 프리미엄 하락의 주원인이라면 젊은층에서 교육 프리미엄이 가장 크게 하락했어야 한다. 하지만 그런 일은 벌어지지 않았다. 이 결과는 설사 대졸자 공급 확대가 대졸 프리미엄의 하락을 초래할지라도 그 양상은 단순하지 않다는 것을 함의한다. 청년층의 대졸 프리미엄은 매우 중요한 주제이므로 여기에 대해서는 제5장에서 별도로 자세히 다루기로 하자.

6. 노동패널조사를 이용한 추가 검증

한국에서 1980년 이후 가족구조에 큰 변화가 일어났다. 지난 사반세기 동안 가구 구성원의 수가 줄어들고 1인 가구가 크게 증가하였다. 1990년대 초에는 1인 가구 비중이 전체 가구의 10% 미만이었지만 통계청의 추계에 따르면 2014년에는 전체 가구의 26.5%를 차지하고 있다.[26] 가계동향조사를 이용한 앞서의 분석은 2인 이상 도시 가구의 가구주와 그 배우자로 한정했기 때문에, 가구 구성 변화에 의한 소득 변화와 교육 프리미엄의 변화, 순소득 변화에 의한 교육 프리미엄 변화를 구분할 수 없다는 한계가 있다.

이러한 한계를 극복하기 위하여 노동패널을 이용하여 교육 프리미엄의 변화를 추가로 확인하였다. 노동패널은 1998년 이후에 실시되어 장기간의 변화를 볼 수는 없으나 가계동향조사나 임금구조조사에 달리 조사 대상에 제한이 없어 전체 노동자의 교육 프리미엄 변화를 볼 수 있다. [그림 4.5]가 그 결과이다. 실제로 노동패널 자료를 이용하여 전체 노동자를 대상으로 분석한 [그림 4.5]에 따르면 경제 위기 이후 교육 프리미엄은 거의 변화하지 않았다.

그림 4.5 경제 위기 이후 교육 프리미엄의 변화(노동패널)

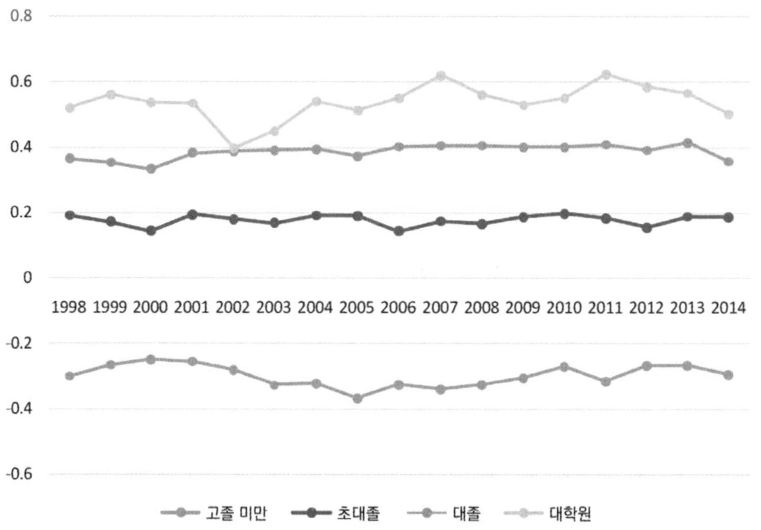

원자료: 노동패널 1-17차 조사

주. 25-64세로 한정. 종속변수는 로그 전환한 소득임. 연령, 연령자승, 성별을 통제한 후 순효과로써의 교육 프리미엄을 측정.

7. 소결론

임금구조조사, 가계동향조사, 노동패널 세 가지 자료의 분석 결과를 종합하면 한국에서 교육 프리미엄은 1980년대 초부터 1990년대 초반까지는 확실히 하락하다가 그 이후에는 전반적으로 큰 변화가 없다. 숙련편향 기술변화 가설에서 예측하듯 교육의 소득 프리미엄이 늘어난 것도 아니고, 교육팽창 가설에서 예측하듯 교육의 소득 프리미엄이 확실히 줄어든 것도 아니다. 한국의 전반적 불평등 변화는 교육 프리미엄의 변동이 아니라 같은 학력 내 내부 불평등의 변화에 의해서 추동되었다. 전체 불평등 중 교육이 설명하는 비중이 늘어난 것처럼 보이지만, 그 이유는 교육 수준 간 소득 격차 확대 때문이 아니다. 1990년 이후 대학 교육을 받은 코호트가 대거 핵심노동인구로 진입하여 노동자의 교육 구성이 바뀌어서 교육의 설명력이 늘어난 듯 보일 뿐이다. 각 출생 코호트 내부의 불평등을 보면 교육 프리미엄이 불평등을 설명하는 정도는 줄어들었다.

숙련편향 기술변화 가설에 대해서 조금 더 언급하자면, 이 가설의 예측과 달리 한국의 교육 프리미엄이 1980년대 이후 크게 늘지 않았다. 1990년대 초반 이후 교육 수준별 소득 격차는 오히려 줄어들었다. 1990년대부터 2000년대 초반까지 급격한 불평등의 증가에도 불구하고 학력 간 불평등이 그만큼 증가하지도 않았다. 가계동향조사를 이용한 분석에서는 학력 간 격차가 오히려 줄어들었다. 교육 프리미엄의 증가가 불평등 증가의 한 요인이 되었던 미국 등과 달리 한국의 불평등 증가를 교육 수준 간 격차의 확대로 설명할 수 없다. 한국의 사례는 기술변화가 필연적으로 불평등 상승을 초래한다는 기술결정론에 대한 반례가 될 수 있다. 기술변화는 전 세계가 공통적으로 경험한다. 반도체, 휴대폰, 전자기술 개발과 공급에서 한국은 전 세계의 선도 국가이다. 전자기술혁명의 최첨단에 서 있는 국가임에도 불구하고, 숙련편향 기술발전의 가장 중요한 지표인 교육 프리미엄의 증가 경향이 나타나지 않았다.

교육 프리미엄 변화의 남녀별 상이성도 주목할 점이다. 남성 노동자는 동일 학력 내의 불평등이 1990년대 중반 이후 증가하였지만 여성 노동자는 그러한 변화가 관찰되지 않는다. 숙련편향 기술발전 가설이 맞다면 성별로 교육 간 소득 불평등의 방향이 같아야 한다. 그런데 한국에서는 남성 노동자는 교육 간 소득 불평등은 줄어들고 교육 내 소득 불평등이 증가한 데 반해, 여성 노동자는 교육 간 소득 불평등은 줄어들고, 교육 내 소득 불평등은 큰 변화가 없었다. 남성 노동자의 경우 교육이 전반적 소득을 결정하는 정도가 시간이 가면서 줄어들었다.[27] 교육 프리미엄은 줄지 않았지만 교육의 소득 결정력이 줄어들었다는 것은, 정규직, 비정규직 여부 등 고용형태나, 기업규모, 노동시간, 임금

협상 등 노동시장 내부 요인[28]의 결정력이 교육 프리미엄보다 상대적으로 커졌기 때문일 가능성이 농후하다.

CHAPTER

05

세대 불평등과 교육 프리미엄: 교육을 더 많이 받은 청년층의 노동시장 성과는 왜 다른 세대보다 낮은가?

CHAPTER 05

세대 불평등과 교육 프리미엄: 교육을 더 많이 받은 청년층의 노동시장 성과는 왜 다른 세대보다 낮은가?

CHAPTER 05

세대 불평등과 교육 프리미엄: 교육을 더 많이 받은 청년층의 노동시장 성과는 왜 다른 세대보다 낮은가?

세대 간 불평등이 커지고 청년층의 기회는 점점 줄어든다는 염려가 크다.[1] 2019년 5월에 발표된 통계청의 월간 고용동향 결과에 따르면 청년실업률이 2000년 이후 가장 높게 나타났다. 경제활동인구조사를 이용해 15－29세 청년층의 실업률을 추적하면 2000년에 실업률이 8.1%였다가, 2016년에 9.8%로 최고점을 찍었다. 대학 졸업 후 경제활동을 본격적으로 시작하는 20대 후반의 실업률이 크게 증가하였다.

청년층의 고용 사정 악화는 전체 인구의 고용 사정 개선과 대비를 이룬다. 15－64세 노동 인구 전체의 고용률은 2000년의 61.5%에서 2018년의 66.6%로 상당히 개선되었다.[2] 이에 반해 20－29세 청년층 고용률은 2000년의 60.2%에서 2018년 기준 57.9%로 하락하였다. 2000년 이후 10대와 20대를 제외한 전 연령층에서 고용률은 작게는 3.2%포인트(=30대) 많게는 8.7%포인트(=50대) 증가하였다. 15－19세 청소년층의 고용률도 하락했지만, 이 연령층은 대부분 학업에 종사하기 때문에 고용률이 10% 미만으로 매우 낮다. 다른 국가에서는 10대의 파트타임 고용 경험이 성인이 된 후의 노동시장 경험에 영향을 끼치기도 하지만, 한국은 그런 연관이 거의 없다. 10대는 고용률 변화 지표를 추적할 만한 유의미한 대상이 아니다. OECD의 일반적 지표인 15−29세의 고용 지표로 한국에서 청년층 일자리 현황을 파악할 수 없는 이유다. 20대 청년층의 고용 상황만 유난히 악화된 것이다.

글상자 5.1 일자리 현황, 어떤 지표를 봐야 하나? 고용률, 실업률, 취업자수

문재인 정부의 2년차인 2018년, 고용에 대한 논쟁이 언론 지면의 상당 부분을 차지하였다. 과거에는 전년 동월 대비 30만명씩 증가하던 일자리수가 2018년 7월에는 고작 5천명으로 줄어들어, 고용참사라는 보도가 줄을 이었다. 하지만 한국금융연구원의 송민기 연구위원은 취업자수 증가폭 감소는 인구 구조의 변화에 의한 "연령 프레임 효과"로 인한 착시로 2018년 중반의 취업자수 증가률 감소는 자연스러운 현상이라고 주장하였다.[3] 2019년 4월에는 취업자수가 17만명 이상 늘었는데, 실업률은 19년 만에 최고를 기록했다는 혼재된 뉴스가 보도되었다. 일자리 현황을 파악할 때 어떤 지표를 확인하는 것이 옳은 것인가?

고용과 관련된 언론 보도는 주로 세 가지 지표를 보도한다. 취업자수, 실업률, 그리고 고용률이다. 이 중 취업자수는 일자리가 있는 인구수를 단순 집계한 것이다. 실업률은 경제활동인구 중 일자리가 없는 사람의 비율로 계산한다. 고용률은 현재 일자리가 있는 사람의 수를 전체 인구수로 나눈 비율이다. 이 세 가지 중 가장 안정적인 지표는 고용률이다.

취업자수는 인구의 증감에 따라 변화한다. 과거에 취업자수 증가수가 많았던 가장 큰 이유는 인구가 증가했기 때문이다. 인구 증감에 따라 취업자수 증가폭도 늘어나고 줄어든다. 인구 증가율이 안정적일 때는 취업자수 증감의 숫자만으로도 일자리 현황을 파악할 수 있지만, 인구 구조가 급격히 변화하는 시기에 취업자수는 일자리 현황을 파악하는 지표로 부적절하다.

실업률은 경제활동인구만을 대상으로 하는 한계가 있다. 경제활동인구란 현재 경제활동에 참여하는 인구를 의미한다. 학업, 가사, 질병, 은퇴, 기타 다른 이유로 경제활동에 참여할 수 없는 인구는 모집단에서 제외한다. 문제는 기타 다른 이유에 경제상황이 좋지 않아 일자리를 구할 수 없을 것으로 예상하고 취업 활동을 하지 않는 인구도 포함한다. 공무원이 되기 위해 준비하고 있는 수험생은 경제활동인구에 포함되지 않는다. 그런데 이들이 공무원 모집에 응모하는 순간 경제활동인구에 포함되고 실업자가 된다. 경제가 좋아지고 취업자수가 증가할 때 오히려 실업률이 높아지는 아이러니가 이 때문에 발생한다. 경제가 나쁠 때는 굳이 취업을 할려고 노력하지 않던 사람들이 활황이 되면 취업활동을 하면서 실업자로 분류된다.

인구와 경기에 따라 변동이 있는 취업자수와 실업률에 비해 고용률은 취업자수를 전체 인구로 나눈 비율이기 때문에 경기변동이나 인구변화와 무관하다. 일자리 현황이 전반적으로 나아지고 있는지 악화되고 있는지를 파악하기에 가장 좋은 지표이다.

국가 간 비교에도 고용률이 가장 적절하다. 국가별로 2017~2019년 자료를 수집한 OECD 현황[4]에 따르면 현재 15-64세 인구 중 고용률이 가장 높은 국가는 아이슬란드로 85.6%이고, 가장 낮은 국가는 남아공으로 42.6%이다. OECD 전체 평균은 68.6%이고, 유럽연합은 68.9%이다. 미국은 71.1%, 일본은 77.5%이다. 대부분의 선진국에서 고용률이 70% 이상이다. 한국은 66.6%로 OECD 평균보다 낮다.

이 때문인지 젊은 세대는 교육을 통한 계층 이동의 가능성에 대해 나이든 세대보다 회의적이다.[5] 교육을 받아도 소용없다는 무력감이 청년층에서 커지고 있다. 다른 세대 고용은 개선되는 데 반해 청년층 고용의 악화되는 현실은 청년층의 상대적 박탈감을 키운다.

청년층 고용 악화는 청년층의 문제로 한정되지 않는다. 한국은 다른 어느 사회보다 고령화가 빠르게 진행되고 있다. 고령화가 진행되면서 사회 복지의 필요성은 커진다. 한국 사회는 다른 선진국에 비해 복지 체제의 확립이 늦어졌다. 복지의 필요성은 커지는데, 세대 간 불평등의 확대는 젊은 세대의 복지 체제에 대한 저항감을 키운다. 사회 복지의 주대상층은 노동 시장에서 활동하는 핵심노동인구가 아니라 은퇴 후 소득이 없는 고령층이다. 일부에서는 복지 혜택을 젊을 때 적립한 금액에 운영수익을 더해서 나이들어 돌려받는 "적립식"을 생각하지만, 대부분의 선진국에서 복지는 당시 노동 세대가 낸 보험료로 당시 노인 세대가 지급받는 "부과식"으로 운영된다. 노동하는 세대가 현재 고연령층의 복지 비용을 대면, 나이들어 다음 세대로부터 복지 혜택을 받는다. 따라서 사회복지는 세대 간 타협의 산물이다. 세대 간 불평등의 심화는 한국 사회에서 반드시 필요한 복지 체제로의 전환을 막고, 고령화의 부정적 효과를 상쇄시키기 위한 정책적 선택을 제한한다. 안그래도 OECD 국가 중 최악인 노인 빈곤이 고령화 때문에 향후에 더 문제가 될 것으로 예상된다. 이에 대한 대책의 하나로 최근 정년 연장이 논의되고 있다. 한국보다 먼저 고령화의 충격을 경험한 일본도 정년을 60세에서 65세로 연장하였다. 이러한 논의에 대해 한 경제신문은 사설을 통해 "정년연장 논의가 청년일자리보다 급한 일인가?"라고 의문을 표했다.6) 세대 간 불평등이 구조적 개혁을 가로막을 가능성이 커지고 있다.

세대 간 불평등 문제는 한국에서만 벌어지는 논쟁이 아니다. 유럽연합의 세대 간 불평등과 빈곤을 연구한 IMF 보고서7)에 따르면 65세 이상 노년층의 소득과 자산은 2008년의 세계적 경제 위기에도 불구하고 증가하였고 외부 쇼크에 의해 빈곤층의 나락으로 떨어질 확률이 줄어들었지만 18－24세 청년층의 경우 경제위기 이후 소득이 줄어들었고 외부 충격에 의해 빈곤층으로 몰락할 확률이 커졌다. 청년층의 높은 실업률은 이들 세대가 빈곤에 처할 확률을 높이고, 평생 소득을 낮추는 가장 큰 위협 요인으로 지목되었다.

미국의 경우에도 2000년대 이후에 성인이 된 밀레니얼 세대와 그 전 세대 간에 차이가 있는지 활발히 연구하고 있다. 퓨 리서치 센터의 최근 보고[8]에 의하면 밀레니얼 세대는 그 전 X-세대보다 평균 소득이 낮다. 혹자는 X-세대의 나이가 밀레니얼 세대보다 더 많으니 당연하지 않냐고 할 것이다. 인구학에서 말하는 세대 효과와 연령 효과를 구분해야 한다는 주장이다.[9] 퓨 리서치의 결과는 X-세대가 밀레니얼 세대와 동일 나이였을 때의 소득을 추적하였다. 연령 효과가 통제된 결과다. X-세대까지는 그 이전 세대보다 다음 세대의 소득이 항상 높았지만 밀레니얼 세대는 예외다. 밀레니얼 세대와 X-세대 간에 거의 소득 차이가 없다. 이러한 결과는 밀레니얼 세대가 그 전 세대보다 교육 수준이 높다는 점을 고려하면 더욱 심각하게 다가온다. 밀레니얼 세대의 평균 교육 수준이 그 전 세대보다 높기 때문에 설사 교육 수준별 소득에 변화가 없더라도 교육 수준의 향상에 따른 구성효과 때문에 밀레니얼 세대의 소득이 그 전 세대보다 높아야 한다. 실제로 교육 수준별로 나눠보면 밀레니얼 세대의 소득 정체와 하락이 두드러진다. 고졸, 초대졸, 대졸 이상 학력 모두에서 밀레니얼 세대의 가구 소득이 X-세대의 가구 소득보다 작게는 4%(대졸 이상) 크게는 10%(고졸 이하)까지 낮았다.

5장에서는 이러한 문제의식에 근거해서 소득을 중심으로 세대 간 불평등의 변화와 교육의 역할에 대해서 분석하도록 한다. 3장에서 논의하였듯 직업 획득의 측면에서 통시적으로 20대 젊은층의 괜찮은 직업 획득 확률이 하락했다는 증거는 없다. 교육 수준별로 나눠서 봐도 관리/전문직 획득 확률에서 청년층의 대학 교육 가치가 최근에 하락했다는 증거가 없다. 1960년대 이후 직업 구조의 고도화가 지속적으로 진행되었기에 젊은 세대만 이 변화의 무풍지대일리가 만무하고 젊은층 역시 괜찮은 직업을 더 많이 취득하였다. 하지만 이 분석 결과에 의존해서 세대 간 불평등에 변화가 없다고 확신하기는 어렵다. 설사 괜찮은 직업 획득 확률에 변화가 없더라도, 같은 직업 내에서 세대 간 격차는 벌어질 수 있다. 예를 들어, 똑같은 현대자동차 생산직에 종사하더라도 과거에는 정규직으로 채용되어 고소득을 올렸지만, 지금의 청년층은 하청, 재하청의 저임금 비정규직으로 채용될 가능성이 커졌다. 세대 간 불평등 측정은 직업 취득 확률에 더하여 소득 격차를 분석해야만 한다.

1. 세대 간 불평등에 관한 이전 연구

1998년부터 2007년까지의 노동패널 자료를 분석한 신광영[10]은 한국에서 전체 소득 불평등 중 세대 내 불평등이 96.5%를 차지하고 세대 간 불평등이 전체 불평등을 설명하는 비율은 3.5%에 불과하다고 보고한다. 타일(Theil) 불평등 지수로 분석해보면 세대 간 불평등은 1998년에서 2007년 사이에 .033에서 .012로 줄어든 반면, 세대 내 불평등은 .276에서 .331로 늘었다. 세대 간 불평등이 커지기는커녕 오히려 줄었다. 한국 사회에서 불평등 증가는 세대 간 격차의 확대가 아니라 세대 내 격차의 확대 때문이라고 주장한다. 신광영의 연구는 86세대의 경제 이득 독점으로 새로운 세대의 처지가 악화되었다는 "88만원 세대" 논의에 대한 반박이다. 잘 알려져 있듯 86세대는 60년대에 태어나 80년대에 대학을 다니며 민주화운동을 했던 세대를 일컫는 용어다.

하지만 2010년대에 상황은 또 다시 변화했다는 주장이 있다. 이철승[11]은 소득뿐만 아니라 정치, 시민권력까지 포괄하여 86세대가 권위주의적 발전국가에 대항하는 과정을 통해 시민사회를 장악하고, 나아가 국가를 점유하여 왔다고 주장한다. 86세대는 한국 사회 노동시장의 위계 체제 내에서 "기업 내 권력"을 장악하고 세대 간 불평등을 증가시켰다. 86세대가 기업 내 권력을 장악하는 과정은 1997년의 경제 위기, 그리고 세계화와 밀접히 연결되어 있다. 경제위기로 구조조정이 이루어질 때 86세대는 아직 관리직에 오르지 않은 30대라 구조조정의 칼

날을 비켜갈 수 있었다. 이에 반해 86 이후 세대는 정규직 채용의 중단으로 기업 조직으로의 유입 기회조차 차단당한다. 86세대는 다른 세대보다 높은 고위직 장악률, 노동시장 상층 점유율, 최고의 근속년수, 최고 수준의 소득상승률을 기록한다. 2000년대 초반까지만 해도 세대 간 불평등은 크게 증가하지 않았지만 그 이후 세대 간 불평등이 급증한다. 여전히 세대 내 불평등의 비중이 세대 간 불평등의 비중보다 크지만, 중요한 것은 추세적으로 세대 간 불평등이 커졌다는 점이다.

최근 세대가 이전 세대에 비해 소득성장률이 낮아졌다는 결과는 한국사회에 국한되지 않는다. 미국에서 전국추적조사연구(National Logitudinal Surveys, NLS) 자료를 이용한 최근 연구[12]에 따르면 후기 베이비부머 세대(1974년에 14－22세였던 그룹)와 밀레니얼 세대(1997년에 12－16세였던 그룹)의 소득 성장률을 비교하니 노동시장에서 경험을 쌓으면서 빠른 소득 성장률을 보인 비율이 후기 베이비부머 세대는 27%였는데, 밀레니얼 세대는 그 비율이 10% 밖에 되지 않았다. 세대 내 소득상승률을 결정하는 교육의 중요성은 후기 베이비부머 세대와 밀레니얼 세대가 다르지 않았다. 그런데 흥미롭게도 교육 수준 외의 인지능력의 중요성은 밀레니얼 세대에서 감소하였다. 21세기 들어 신경제(New Economy)의 발전과 더불어 인지능력의 중요성이 증가했다는 일반적인 상식과는 반하는 결과이다. 이 연구의 저자인 마우미와 윌슨(Maume and Wilson)은 교육 확장에 따른 학교 교육의 질적 하락에서 그 원인을 찾는다.

신규 세대의 소득성장률이 낮아지고 교육 효과가 줄었다는 또 다른 연구로는 뷰드리, 그린, 샌드의(Beaudry, Green, and Sand) 공동 연구[13]가 있다. 좀 더 많은 지적활동을 요하는 전문직과 관리직을 세 연구자는 "인지능력직무－직업군(cognitive task occupations)"이라고 명명하고 1980년대, 1990년대, 그리고 21세기 들어 이 직업군의 비중이 어떻게 변화했는지 추적한다. 그랬더니 인지능력직무－직업군의 성장이 1980년대와 1990년대는 급속히 이루어졌지만 놀랍게도 21세기 들어서는 그 성장이 멈추었다. 이는 달리 말해 1980년대와 1990년대에는 고등 교육을 받은 노동자의 수요가 급증했지만, 21세기 들어서는 이 수요가 더 이상 늘지 않았다는 것이다. 이러한 수요 증가율의 감소에 비해 공급은 크게 늘었다. 앞에서 소개하였듯, 골든과 카츠에 따르면 미국에서 대학 교육 프리미엄은 꾸준히 상승했는데, 그 이유는 수요의 증가 대비 공급이 미치지 못했기 때문이다.[14] 뷰드리, 그린, 샌드의 연구는 21세기 들어 대졸자의 공급이 늘어났는데 수요는 그에 미치지 못해 대학 교육을 받은 청년층의 소득이 더 이상 과거와 같이 오르지 않고 교육 프리미엄이 줄어든다고 주장한다. 그래서 고등 교육을 받은 노동자가 저숙련 직업을 갖게 되고, 저학력 노동자는 노동시장에서 탈락하게 된다. 이러한 양상이 세대 간 불평등의 심화로 이어질 것은 쉽게 예측할 수 있다.

한국에서도 대학 교육의 질적 저하가 이루어졌다는 주장은 이주호·정혁·홍성창 세 명의 공동연구[15]에서 도발적으로 제기되었다. 늘어난 교육투자가 "소득분배 개선이나 인적자본 형성에 오히려 악영향"을 끼친다고 저자들은 주장한다. 이 주장을 세대 간 불평등과 연결시키면 교육 팽창과 대학 교육의 확대가 세대 간 불평등의 심화를 가져왔다고 할 수 있다.

한국에서 21세기 들어 청년층의 소득성장률이 이전 세대보다 낮아지고 세대 간 불평등이 확대되었는지 좀 더 엄밀한 분석이 필요하다. 신광영과 이철승의 세대 간 불평등의 증가 양상에 대한 완전히 대비되는 주장은 사용한 자료의 차이에서 비롯될 수도 있고, 분석 기간의 차이에서 비롯되었을 수도 있다. 또 다른 가능성은 21세기에 이루어진 교육 팽창의 효과를 제대로 통제하지 않았기 때문일 수도 있다. 5장에서는 청년층의 소득증가율은 다른 세대와 다른지, 대학 교육을 받은 청년층과 그렇지 않은 청년층은 차이가 있는지 살펴보도록 하자. 여기에 더하여 20대 청년층의 고용률이 이전 세대보다 낮아졌는지, 나아가

20대의 불이익이 노동시장에 진입하지 못한 효과가 30대까지 누적적으로 악영향을 끼치는지 살펴보도록 하자.

2. 분석에 사용한 원자료

소득은 직업에 비해 분석할 수 있는 자료의 기간이 짧다. 청년층의 소득 변화를 다른 세대와 비교하여 통시적으로 분석할 수 있는 자료는 많지 않다. 여기서는 2009－2019년 가계동향조사 원자료를 이용하여 최근 세대 간 불평등의 변화 정도를 측정하고 그 원인을 요소분해하도록 하자. 가계동향조사는 1942년 일제말기부터 시작하여 지금까지 지속된 조사로 표본설계, 조사대상, 조사방법이 여러 번 바뀌었다. 시계열적 비교를 위해서는 조사방법에 대한 면밀한 검토를 필요로 한다(2018년 통계청장 교체 논란을 빚었던 가계동향조사의 방법과 성격에 대한 자세한 설명은 4장의 <글상자 4.2>를 참고). 이번 분석을 2009년부터 시작한 이유는 2006년 이후부터 조사 대상을 1인 가구까지 확대하여 조사하였고, 2009년에 조사방식을 다시 한 번 변경하였기 때문이다. 1990년에는 전체 가구 중 1인 가구의 비중이 9%에 불과했지만, 2005년이 되면 이 비율이 20%로 증가하고, 2015년에는 다시 27%로 증가한다. 이전 가계동향조사에는 1인 가구를 포함하지 않았다. 청년층의 1인 가구 비율이 장년층의 비율보다 높기 때문에 1인 가구가 포함되지 않은 분석은 한계가 있다. 또한 가계동향조사에서 개인의 소득에 대해 조사를 전혀 안하는 것은 아니지만 정확하게 조사하지는 않는다. 현재 가구주와 배우자의 개인 소득만 질문하고 다른 가구원의 개인 소득은 조사하지 않는다. 대신 기타 가구원 전체의 소득을 뭉뚱거려 질문한다. 이러한 한계점을 극복하기 위하여 가구주와 배우자의 개인 소득을 측정하고, 노동시장에 참여하는 전체 가구원이 가구주와 배우자를 포함하여 3인 이하인 경우에는 기타 가구원의 노동소득 전체를 세 번째 가구원의 소득으로 간주하였다. 가구주와 배우자를 제외하고 노동시장에 참여하는 가구원이 2인 이상인 경우에는 기타 가구원 소득을 균등배분하여 추정하였다. 물론 이러한 추정치는 개인 소득을 직접 묻는 방식보다 정확성이 떨어진다. 하지만 2인 이상의 기타 가구원이 노동시장에 참여하는 비율은 전체 가구의 2% 미만이기 때문에 전반적인 추세의 확인에는 문제가 없다.

본 연구에서 분석 대상은 25－64세 인구로 한정하도록 한다. 대학진학률이 70－80%에 이르고, 20대 초중반에 남성이 군복무를 하는 한국에서 20대 초반의 소득은 노동시장에 완전히 진입했다고 보기 어렵다. 20대 초반을 포함하여 세대 간 격차를 파악하는 것은 큰 의미가 없다. 분석의 주 내용은 연령대별 고용률과 소득 상승률의 변화이다.

3. 평균 소득의 변화

통계청에서 발표하는 공식 소득불평등을 측정하기 위해 사용하는 소득은 개인의 소득이 아닌 가구별 균등화 소득이다. [표 5.1]은 균등화 소득으로 살펴본 연령대별 소득 수준의 변화이다. 균등화 소득은 가구소득을 가구원 수의 루트값으로 나눈 소득이다(균등화소득＝가구소득/ $\sqrt{가구원수}$). 다른 OECD 국가와 비교해서 한국의 소득 불평등이 높지 않다는 OECD의 통계도 균등화 소득을 사용하여 비교한 것이다. 균등화 소득은 개인 소득보다 삶의 질을 더 잘 파악하는 장점이 있다.[16] 삶의 질은 소득보다는 소비에 의해 결정된다. 모든 가구원은 가구 전체 소득을 공유하여 비슷한 소비 수준을 유지한다. 고소득자의 배우자는 설사 일을 하지 않더라도 좋은 집에 살고 고소득자와 비슷한 삶의 질을 유지한다는 평범한 사실을 생각해보면 쉽게 이해할 수 있다.

균등화 소득 측면에서 청년층의 소득 수준이 다른 연령대에 비해서 특별히 더 악화되었다는 증거는 없다. 오히려 청년층의 소득은 다른 연령층보다 빠르게 증가하였다. 2009－2010년 대비 2018－2019년의 중위 소득 증가율이 25－29세 청년층은 22.1%로 60－64세를 제외한 모든 연령대보다 높다. 국민 전체 평균보다도 상당히 높다. 지난 10년간 25-29세 청년층의 생활표준(standard of living)은 일반적 인식과 달리 다른 연령층보다 더 높아졌다. 따라서 삶의 질의 측면에서 청년층의 삶이 다른 연령층보다 악화되었다거나 느리게 개선되었다고 할 수 없다. 오히려 균등화 소득으로 측정했을 때 청년층의 삶은 더 빠르게 개선되었다. 참고로 중위소득이란 소득의 평균이 아니라 중간값을 의미한다. 예를 들어, 99명을 소득이 낮은 순서부터 높은 순서로 줄세웠을 때 중간 지점, 50번째에 해당하는 사람의 소득이다. 소득비교에서는 평균보다는 중위값이 더 보편적으로 사용된다.[17)]

[표 5.1]에서 확인할 수 있는 흥미로운 사실 중 하나는 같은 시점에서 연령대별로 비교해보면, 청년층의 가구 균등화 소득이 다른 어떤 연령층보다 높다는 점이다. 2018-2019년 기준 25-29세 청년층의 가구 균등화 연간 중위 소득은 2,506만원이다. 25-64세 국민 전체의 중위소득이 2,159만원이므로 평균보다 16% 높다. 이 결과는 청년층이 가

표 5.1 연간 균등화 중위 소득의 변화(단위: 만원)

세대	2009-2010	2014-2015	2018-2019	변화폭(%)
전체	1,888	2,120	2,159	14.4
25-29세	2,052	2,382	2,506	22.1
30-39세	1,865	2,075	2,099	12.5
40-49세	1,967	2,170	2,151	9.4
50-59세	1,961	2,225	2,318	18.2
60-64세	1,309	1,527	1,641	25.4
표본수	19,596	15,856	13,622	

데이터 소스: 가계동향조사 2009-2019.
주: 2014년 불변소득, 연소득 10만원 이상으로 제한.

장 잘산다는 의미가 아니다. 25-29세 청년층이 속한 가구의 중위 소득이 다른 가구의 중위 소득보다 높기 때문에 벌어진 현상이다. 많은 20대 청년이 개인 소득이 높은 연령대인 50대 부모와 같이 살고, 20대 청년층도 일정 수준 가구 소득에 기여하므로 20대 청년층이 속한 가구의 가구소득이 다른 연령대 가구보다 높다. 독립된 가구를 형성하는 30대가 되면 균등화 소득이 20대에 비해 낮아진다. 연령대가 높아질수록 균등화 소득은 낮아지는 양상을 보인다.

[표 5.1]에서 또 한가지 주목해야 할 점은 25-29세 청년층의 균등화 중위 소득이 2009-2010년에는 전체 인구의 중위 소득보다 8.7% 높았는데, 2018-2019년에는 16.1% 높다는 사실이다. 이는 앞서 얘기했듯 동 기간 동안 청년층의 균등화 소득이 다른 연령층보다 더 높아졌기 때문이다. 그 이유는 청년층 자신의 소득이 늘었기 때문일 수도 있고, 청년층의 소득은 늘지 않았어도 청년층의 속한 가구의 다른 가구 구성원의 소득이 늘었기 때문일 수도 있다. 아니면 두 가지 모두의

표 5.2 연간 개인 중위 소득의 변화(단위: 만원)

세대	2009-2010	2014-2015	2018-2019	변화폭(%)
전체	2,356	2,602	2,751	16.8
25-29세	2,022	2,208	2,270	12.3
30-39세	2,701	2,964	3,064	13.4
40-49세	2,631	3,164	3,373	28.2
50-59세	2,112	2,371	2,600	23.1
60-64세	1,309	1,600	1,905	45.5
표본수	14,645	12,102	10,751	

데이터 소스: 가계동향조사 2009-2019.
주: 2014년 불변소득, 연소득 10만원 이상으로 제한.

복합적 요인일 수 있다. 청년층의 결혼률이 낮아지고, 독립가구 구성 비율이 줄어들면서 20대 후반이나 30대 초반 청년층이 부모 세대와 같이 거주하는 비율이 높아지고, 그 결과 해당 가구의 전체 가구 소득은 더 높아지는 현상이 벌어졌다. 60대 초반의 균등화 소득 증가도 주목할 만한 현상이다. 한국은 50대 초반부터 은퇴가 시작되기 때문에 60대의 소득은 다른 세대보다 낮다. 과거 소득이 낮았던 60대 초반의 소득 증가는 전체 세대 불평등을 줄이는 효과를 발휘한다.

가구 균등화 소득이 아닌 개인 소득으로 세대별 소득의 변화를 추적하면 균등화 소득으로 측정했을 때와는 전혀 다른 양상이 드러난다. [표 5.2]는 연간 개인 소득의 연령대별 중위값이다. 모든 연령대가 2009－2010년과 2018－2019년 사이에 개인 소득이 증가했다. 전체 노동인구의 중위소득이 평균 16.8% 증가하였다. 연령대별로 보면 25－29세 청년층의 개인 평균 소득 증가율이 12.3%로 가장 낮다. 60－64세의 증가율이 45.5%에 달하는 것과 큰 차이를 보인다. 30대는 13.4%, 40대는 28.2%, 50대는 23.1% 증가한 것과 확연한 대조를 이룬다. 그 결과 세대 간 개인 소득의 격차는 확대되었다. 2009－2010년에는 청년층이 40대에 비해 연간 개인 소득이 23% 작았는데, 2018－2019년에는 그 격차가 33%로 확대되었다. 세대 간 개인소득의 격차가 확대된 것이다. 세대불평등이 늘었다는 주장과 일치한다.

그런데 청년세대는 이전 세대보다 교육 수준이 높다. 세대 간 소득 격차에 변화가 없다면 교육의 구성효과 때문에 세대 간 불평등은 줄어들 것으로 기대할 수 있다. 청년세대의 교육수준 증가에도 불구하고 세대 간 소득 격차가 커진 것은 청년세대의 상황이 그만큼 더 악화되었기 때문인가? 이 질문에 답하기 위해 교육수준별로 소득이 어떻게 변화했는지 추적할 필요가 있다.

4. 세대 간, 세대 내 소득불평등의 변화

2009년 이후 소득불평등 변화 양상을 추적하고, 세대 간, 세대 내 불평등이 어떻게 변화했는지 타일(Theil) 불평등 지수를 파악해 보자. 균등화 소득보다는 개인 소득에 초점을 맞추도록 하자. 2009년 이후는 한국에서 소득불평등이 미약하나마 감소했다고 여겨지는 시기이다.[18] 전반적인 소득불평등의 감소에도 불구하고 세대 간 불평등이 늘었다면 세대 효과가 확실히 한국사회의 불평등에서 중요한 위치를 차지한다고 할 수 있다. 타일 불평등 지수는 엔트로피 개념을 차용한 지수로 전체 소득에서 각 개인이 차지하는 비율로 불평등 정도를 계산한다. 모두가 동일한 비율의 소득을 올리면 지수가 0이고, 한 개인의 모든 소득을 차지하면 지수가 무한대가 된다. 대부분의 경우 타일 지수가 1 이하이다. 일반적으로 많이 사용되는 지니계수가 그룹별 요소분해가 불가능한 데 반해 타일 지수는 그룹별 요소분해가 용이하다.[19]

우선 2009년에서 2019년 사이의 전체 소득불평등 변화를 살펴보면, 소득 불평등은 .229에서 .210로 다소 감소하였다. 이러한 불평등 지수의 변화는 통계청의 가계동향조사를 이용한 공식 불평등 지니 계수의 변화와 일치하고, 국세청 자료를 이용한 분석과도 일치한다.[20] 균등화 처분가능소득을 기준으로 한 통계청의 자료에 따르면 한국의 전체 소득 불평등은 2009년을 정점(지니계수 .314)으로 하락해서 2015년에 .295를 기록하였다. 전체 불평등에서 세대 간 불평등이 차지하는 비율은 10% 내외에 불과하다. 하지만 세대 간 불평등이 전체 불평등에서 차지하는 비중이 크지 않다는 것은 논의의 중심이 아니다. 소득불평등은 여러 차원의 복합적 작용의 결과이기 때문에 어떤 한 가지 인구학적 요소가 불평등의 대부분을 설명하는 경우가 없다. 중요한 것은 전체 불평등이 줄어든 동 기간 세대 간 불평등은 줄어들었다는 점이다. 2009–2010년에 전체 불평등에서 세대 간 불평등이 차지하는 비중은

6.5%였는데, 2018-2019년에는 그 비중이 5.5%로 줄었다. 2014-2015년과 2009-2010년을 비교해도 세대 간 불평등은 감소하였다. 전 기간을 통틀어 세대 간 불평등의 절대적 수준과 상대적 비중이 모두 줄어들었다. [표 5.2]에서 세대 간 개인 소득 격차가 커진 것과는 양상이 다르다.

그런데 이러한 분석은 교육이라는 노동시장과 불평등과 관련된 가장 중요한 요인을 분석에서 누락하고 있다. 이 책에서 여러 번 언급하였듯, 한국은 세대별로 교육 수준이 매우 다르다. 25-29세의 대졸 이상 비율은 41%에 달하는데, 60-64세는 9%에 불과하다. 세대별로 교육 수준이 상이하기 때문에 세대 간 불평등의 변화는 실제 세대 간 격차의 변화일 수도 있고, 교육 수준에 따른 불평등 변화가 세대 간 변화로 보였을 수도 있다.

신규 고학력 노동자는 젊은층에서 지속적으로 공급되지만, 고졸 이하의 신규 저학력 노동자의 공급은 젊은층에서 제한적이다. 고학력 노동자는 과잉 공급이, 저학력 노동자는 과소 공급일 가능성이 농후하다. 이러한 인적자원의 학력별 공급 격차는 인적자원의 가격, 즉 임금 상승률의 학력별 차이를 낳을 수 있다. 공급이 풍부한 고학력 노동자는 상대적 임금 상승률이 저하되고, 공급이 부족한 저학력 노동자는 상대적 임금 상승률이 높아졌을 수 있다. 따라서 세대 간 불평등도 학력별로 별도로 측정할 필요가 있다. 그래서 대졸 이상 학력, 초대졸, 고졸 이하 학력, 이렇게 3개 그룹으로 나누어서 세대 간 불평등이 어떻게 변화했는지를 분석해 보았다.

고졸 이하의 저학력 그룹과 대졸 이상의 고학력 그룹의 세대별 불평등 변화에 다소 차이가 있다. 대졸 이상 학력에서는 세대 간 불평등이 상당한 크기로 감소했는데, 고졸 이하 학력에서는 세대 간 불평등의 감소 정도가 작다. 학력별 불평등에서 세대 불평등이 차지하는 비중으로 따지면, 대졸은 그 비중이 줄었는데, 고졸 이하는 약간이나마 늘었

표 5.3 연간 개인소득 타일 불평등 지수의 요소 분해, 25-64세

	2009–2010	2014–2015	2018–2019	전체 변화
I. 전체				
타일 불평등 지수	.2288	.2120	.2098	−.0190
– 세대 내 불평등	.2140	.1986	.1982	−.0158
– 세대 간 불평등	.0148	.0134	.0116	−.0032
(세대 간 불평등 비중)	(6.47%)	(6.32%)	(5.53%)	(−0.94%p)
II. 4년제 대졸 이상 한정				
타일 불평등 지수	.1870	.1899	.1956	+.0086
– 세대 내 불평등	.1625	.1726	.1757	+.0132
– 세대 간 불평등	.0245	.0173	.0199	−.0046
(세대 간 불평등 비중)	(13.10%)	(9.11%)	(10.17%)	(−2.93%p)
III. 2년제 대졸 한정				
타일 불평등 지수	.1576	.1591	.1605	+.0029
– 세대 내 불평등	.1388	.1431	.1509	+.0121
– 세대 간 불평등	.0188	.0159	.0097	−.0091
(세대 간 불평등 비중)	(11.93%)	(9.99%)	(6.04%)	(−5.89%p)
IV. 고졸 이하 한정				
타일 불평등 지수	.2269	.2151	.1898	−.0371
– 세대 내 불평등	.2163	.2035	.1807	−.0356
– 세대 간 불평등	.0106	.0116	.0091	−.0015
(세대 간 불평등 비중)	(4.67%)	(5.39%)	(4.79%)	(+0.12%p)
V. 각 세대별 세대 내 불평등				
25–29	.1132	.1196	.0997	−.0135
30–39	.1678	.1500	.1466	−.0212
40–49	.2417	.2104	.1953	−.0464
50–59	.2775	.2579	.2491	−.0284
60–64	.2699	.2432	.3156	+.0457

데이터 소스: 가계동향조사 2009–2019.
주: 2014년 불변소득, 연소득 10만원 이상으로 제한.

다. 2년제 대졸자로 한정하면, 세대 간 불평등의 비중이 2009－2010년의 11.9%에서 2018－2019년에는 6.04%로 5.89%포인트 감소하였다. 타일 불평등 지수의 절대량도 .0188에서 .0097로 거의 절반이 줄어들었다. 이 그룹의 전반적 불평등이 다소 증가하고, 세대 내 불평등은 상당히 증가한 것에 반해, 세대 간 불평등은 오히려 줄어들었다. 4년제 대학 졸업자도 2년제 대학 졸업자와 유사한 양상을 보인다. 대졸자 전체의 불평등은 증가했지만, 대졸자 내에서 세대 간 불평등은 상대적 비중과 절대치 모두 줄었다. 고학력자의 변화와 달리 저학력자 내에서는 전반적인 불평등은 줄었지만, 세대 간 불평등의 비중은 다소 증가하였다.

동일 학력의 세대 간 격차가 커지지 않았다는 결과는 [표 5.2]에서 나타난 20대 후반의 소득 상승률이 다른 연령대보다 낮다는 분석과 모순된다. 무슨 일이 일어나고 있는가? 어떻게 이 현상을 설명할 수 있을까?

5. 청년층의 임금상승률과 교육 효과

세대 간 불평등의 변화에 대해서 두 가지 대립되는 이론이 존재한다. 하나는 기성세대가 청년층의 기회를 앗아가고 있다는 세대 갈등론 내지는 세대 착취론이다. 기성 세대가 기득권을 형성하여 청년층의 노동시장 진입에 장벽을 설치하고 노동시장의 경쟁을 낮춘다는 논리다. 직업, 직위의 사회적 봉쇄(closure)에서 계층화의 원인을 찾는 베버의 이론과 일치하는 논리다. 다른 하나는 청년층의 지체된 노동시장 진입 가능성이다. 효용극대화(utility maximazation)의 관점에서 생애사적으로 첫 일자리와 이후 평생소득의 상관관계가 높기 때문에 괜찮은 일자리를 취득하여 노동시장에 진입하기 전까지 노동시장 진입을 미룰 수 있다.

두 가지 논리 모두 현재 청년층의 고용율이 낮고 소득이 그 전 세대와 비교해서 상대적으로 낮은 이유를 설명한다. 청년층의 소득만 살펴서는 두 논리의 차이를 검증할 수 없다. 전자와 후자의 가장 큰 차이점은 20대가 아닌 30대에서 청년층 소득 분화에 대한 예상이다. 사회적 봉쇄 이론에 따르면 21세기에 청년이 된 세대는 경력초기 노동시장 진입이 기성세대에 의해 봉쇄되었기에 생애사 전반을 통하여 분절화된 노동시장에서 하위에 위치하게 된다. 경력 초기의 불이익이 이후에도 더 큰 불이익으로 이어지는 마태효과[21]가 작용하여 누적적 불이익(cumulative disadvantage)을 경험하게 된다. 봉쇄이론에 따르면 청년층에서 이전 세대와 달리 대학 학위의 가치도 하락한다. 과거 어떤 세대보다 더 많은 교육을 받았지만, 불행히도 노동시장에서 교육의 긍정적 효과를 가장 경험하지 못하는 세대가 된다.

이에 반해 20대의 낮은 소득을 지체된 노동시장 진입(delayed entry)에서 찾는 논리는, 청년층의 기회가 봉쇄되었다기 보다는, 대학 교육의 팽창으로 괜찮은 일자리를 둘러싼 경력 초기 노동시장에서의 경쟁이 심화되어, 이전 세대보다 더 많은 자원을 가진 현재의 청년층이 괜찮은 일자리를 찾을 때까지 노동시장 진입을 미루기 때문에 20대의 소득이 낮아졌다고 예상한다. 경쟁을 통한 일자리 선별이 완성되는 30대에는 청년층이 모두 노동시장에 진입한다. 이 주장에 따르면 30대 이후의 소득수준과 소득증가율은 과거와 다름없다.

[표 5.1]과 [표 5.2]에서 청년층의 소득을 개인 소득으로 측정하는가 아니면 균등화 가구 소득으로 측정하는가에 따라 통시적 변화의 정도가 달랐다. 개인 소득은 증가율이 다른 연령층보다 낮지만, 삶의 질을 나타내는 균등화 가구 소득은 증가율이 다른 세대보다 높았다. 노동시장에 참여하지 않더라도 가구 단위에서 청년층이 동원 가능한 자원은 늘었다.

청년층의 소득이 최근 코호트에서 악화되었다면, 최근 청년층 코호트에서 25세와 34세 때 기대 소득이 이전 코호트보다 낮거나, 소득 상승률도 이전 코호트보다 낮아졌을 것이다. 20대 때의 낮은 소득이 30

대에도 지속되고, 소득상승률도 낮아서 나이가 들수록 동일 나이 때의 이전 코호트 대비 불이익이 확대되는 누적적 불이익의 경향을 보일 것이다. 이와 달리 지체된 노동시장 진입 가설이 맞다면 최근 코호트에서 25세와 34세 모두 기대 소득이 이전 세대보다 높을 것이다. 25세 때의 기대소득이 이전 코호트보다 높다고 기대하는 것이 의외라고 생각할 수도 있다. 하지만 <지체된 노동시장 진입 가설>에 따르면 괜찮은 일자리를 득할 때까지 노동시장 진입을 미룬다. 노동시장에 진입한 최근 코호트는 그 전 코호트보다 비슷하거나 오히려 더 나은 일자리를 취득했기에 25세 때에도 소득의 측면에서는 이전 코호트보다 높은 성취를 보일 것으로 예상된다. 그리고 학력이 높을수록 노동시장 진입을 뒤로 미룰 가능성이 높기 때문에 고학력자 중에서 20대에 괜찮은 일자리를 취득한 청년층만 노동시장에 진입하였을 가능성이 있다. 이 경우 20대 대졸자의 고용률은 낮아지는데, 소득은 높아지는 현상이 발생할 수 있다.

이러한 가설을 검증하기 위하여 세대를 1971-1975년생, 1976-1980년생, 그리고 1981-1985년생 3개 코호트로 나누어서 청년층의 임금이 세대별로 어떻게 변화했는지 살펴보자. 이 분석을 위해서는 가계동향조사가 아닌 노동패널 자료를 사용해서 동일한 개인을 추적하여 소득이 어떻게 변화했는지 파악한다.[22]

소득은 로그전환하였다(로그 전환 소득에 대해서는 <글상자 4.1> 참조). 논지를 분명하게 전달하고 해석을 단순화하기 위해 최근 코호트에서 극소수를 차지하는 고졸 미만을 분석에서 제외하였다. 대학원 졸업자도 20대 후반의 소득이 학력 효과를 제대로 반영하지 못한다고 생각되어 분석에서 제외하였다.

[표 5.4]가 분석 결과이다(세부 분석 결과는 <부록 1> 참조).[23] 보다시피 최근 코호트로 올수록 25세 때의 기대 소득이 올랐다. 1971-1975년생 대비 1981-1985년생의 25세 때의 기대 소득은 남성의 경우

표 5.4 코호트별 성, 학력수준에 따른 25세와 34세의 기대 소득

	25세 기대 소득	34세 기대 소득	증가율
I. 남성			
1971–1975년생			
– 고졸	4.847	5.413	.566
– 초대졸	4.819	5.557	.739
– 대졸	4.912	5.732	.820
1976–1980년생			
– 고졸	4.987	5.416	.428
– 초대졸	4.954	5.521	.567
– 대졸	5.163	5.679	.517
1981–1985년생			
– 고졸	4.978	5.477	.499
– 초대졸	4.929	5.614	.686
– 대졸	5.254	5.745	.491
변화(=[81–85]–[71–75])			
– 고졸	.131	.064	
– 초대졸	.110	.057	
– 대졸	.341	.013	
II. 여성			
1971–1975년생			
– 고졸	4.565	4.938	.374
– 초대졸	4.676	5.162	.486
– 대졸	4.801	5.421	.620
1976–1980년생			
– 고졸	4.809	4.959	.150
– 초대졸	4.902	5.109	.207
– 대졸	5.077	5.311	.233
1981–1985년생			
– 고졸	4.794	5.038	.244
– 초대졸	4.934	5.318	.384
– 대졸	5.096	5.360	.264
변화(=[81–85]–[71–75])			
– 고졸	.229	.099	
– 초대졸	.258	.156	
– 대졸	.295	–.061	

원자료: 노동패널 마이크로데이터.

.131~.341 로그 포인트 높았다. 이는 약 14~41% 정도 소득이 높다는 의미다. 특히 대졸 남성의 경우 최근 코호트의 25세 기대 소득이 1971-1975년 코호트보다 41%나 높아 상당히 높은 소득 상승률을 보인다. 하지만 25세의 높은 기대 소득 상승률이 34세에도 그대로 유지되지는 않았다. 34세의 기대 소득을 두 코호트 간에 비교하면 1981-1985년 코호트의 소득이 단지 1~6% 높을 뿐이다. 20대에 괜찮은 일자리를 찾을 때까지 노동시장 진입을 미루다가, 30대에 더 이상 미룰 수 없을 때 노동시장에 진입한다는 가설과 일치하는 소득 변화 양상이다. 동일 연령대에서 신규 코호트는 거의 항상 소득이 높아졌다.

여성의 경우도 최근 코호트에서 25세 때의 기대 소득이 이전 코호트보다 높다. 30대 초반의 기대 소득 상승률이 25세 때의 기대 소득 상승률보다 낮은 것도 남성과 동일하다. 한 가지 차이점은 대졸 여성의 경우 최근 코호트의 30대 초반 소득이 이전 코호트보다 6% 정도 낮다. 최근 코호트에서 소득 상승률이 저하되었다면 청년층 전체가 아니라 여성에게 집중된 현상이다.

그런데 [표 5.4]의 분석은 80년대 초반생까지로 한정되어 80년대 후반생이나 90년대 초반생에서 달라진 노동현실을 파악하지 못하는 단점이 있다. 또한 최근 코호트에서 20대 후반의 소득이 이전 코호트보다 더 높아졌다면, 20대의 소득 증가율이 다른 연령대보다 낮다는 [표 5.2]의 결과와 모순된다.

그 이유를 파악하기 위하여 2009년 이후 2019년까지 학력별 연령대별 소득 증가율을 추가로 측정했다. 사용된 자료는 가계동향조사다. 그리고 [표 5.5]가 그 결과이다. 놀랍게도 20대의 소득 증가율이 다른 연령대보다 낮다는 명확한 증거를 찾을 수 없다. 고졸 20대 후반의 중위소득은 2018-2019년에 약 10년 전에 비해서 11.5% 증가하였다. 50대는 3.3% 증가에 그친 것에 비해서 상당히 크게 성장하였다. 40대의 고졸 소득상승률이 20% 이상인데, 30대는 3.7%에 그치는 등, 고졸의 소

표 5.5 학력별 연령대별 연간 개인 중위 소득의 변화(단위: 만원)

세대	2009-2010	2014-2015	2018-2019	변화폭(%)
고졸				
25-29세	1,832	2,040	2,043	11.5
30-39세	2,189	2,520	2,270	3.7
40-49세	2,157	2,407	2,598	20.4
50-59세	2,359	2,268	2,438	3.3
60-64세	1,387	1,800	1,986	43.2
초대졸				
25-29세	1,963	2,015	2,180	11.1
30-39세	2,352	2,577	2,610	11.0
40-49세	2,130	2,534	2,700	26.8
50-59세	1,963	2,076	2,270	15.6
60-64세	1,261	1,541	1,810	43.6
대졸 이상				
25-29세	2,219	2,400	2,401	8.2
30-39세	3,460	3,336	3,457	−0.1
40-49세	4,395	4,235	4,343	−1.2
50-59세	4,867	4,024	4,540	−6.7
60-64세	2,427	2,371	2,768	14.1

데이터 소스: 가계동향조사 2009−2019.
주: 2014년 불변소득, 연소득 10만원 이상으로 제한.

득상승률이 연령대별로 안정적이지는 않다. 초대졸의 경우는 고졸과 마찬가지로 40대의 소득상승률이 높고, 다음은 50대, 20~30대의 상승률이 가장 낮다. 60대는 전 학력층에 걸쳐서 소득상승률이 가장 높다.

주관심사인 대졸 이상의 소득 증가율을 보면, 50대 이하의 핵심노동인구의 소득 상승률은 청년층일수록 높고, 장년층이 될수록 낮아진다. 20대 대졸 노동자의 소득은 8.2% 증가했는데, 50대 대졸노동자의 소득은 6.7% 감소하였다. 20대의 소득 상승률이 다른 연령층보다 낮다는 증거를 찾을 수 없다. 50대 대졸자의 소득이 하락한 이유 중의 하나는 아마도 여성노동자의 증가 때문일 것이다. 60대는 다른 학력층과 마찬가지로 소득 증가율이 가장 높다.

학력별로 분석한 [표 5.5]와 전체 노동자를 분석한 [표 5.2]의 연령대별 소득 상승률에 큰 차이가 있는 이유는 무엇일까? 가장 큰 이유는 연령별 학력 수준의 변화 때문이다. 교육팽창은 최근 20대만이 경험한 현상이 아니다. 한국의 대학 교육 팽창은 1980년대에 시작되었다. 2010년대 초반의 50대는 대학팽창 이전의 1950년대 출생자지만, 2010년대 후반의 50대는 대학팽창 이후의 1960년대 출생자이다. 동 기간 동안 20－25세 연령층에서 초대졸 이상 학력자의 비율은 80%에서 84%로 4.3% 증가에 그쳤지만, 50대는 17%에서 38%로 116% 증가했다. 연령별 학력 구성은 40~50대의 변화 정도가 20대나 30대의 변화 정도보다 크다. [표 5.2]에서 나타난 40~50대의 높은 소득 증가율은 동일 학력 내에서 연령대별 소득 격차가 벌어졌기 때문이 아니라, 40~50대에서 고학력층이 늘어난 구성효과 때문이다.

[표 5.5]의 분석에 더하여 성, 연령별로 나누어서 성장곡선모형도 측정하였다(구체적인 통계 분석 결과는 <부록 2> 참조). 이 분석에서 중요한 것은 성, 연령별로 나누어 추정했을 때 청년층의 소득성장률이 장년층보다 통계적으로 유의미하게 낮은가이다. 결과를 보면 청년층이 다른 연령층에 비해 동일학력에서 통계적으로 유의하게 더 낮은 소득 증가율을 보인다는 증거를 찾을 수 없었다. 20대 후반이나 30대 초반 남성의 임금상승률은 동일 학력대 다른 연령층과 비교해 다소 낮긴 하지만 통계적으로 유의한 차이가 없다. 대졸 이상 남성 노동자만 본다면 소득이 가장 높은 40대 후반의 소득 증가율이 20대 후반이나 30대 초반의 소득 증가율보다 미약하나마 낮았다. 그 차이는 통계적으로 유의하지 않은 수준이다.

앞서 언급한 40~50대의 학력 증진 외에 [표 5.2]에서 40대와 50대의 소득증가율이 20대나 30대보다 높은 또 다른 이유는 40~50대 저학력층의 소득이 증가했기 때문이다. 비록 통계적으로 유의하지는 않지만, 고졸에서는 모든 연령층의 소득 증가율이 20대보다 높다. 저학력 장년층의 소득이 저학력 청년층의 소득보다 빨리 증가했고, 상대적으로 장년층에서 저학력자가 많기 때문에 전체 소득 성장률 평균은 청년층이 낮은 것처럼 [표 5.2]에서 나타났다. 즉, 청년층은 저학력자의 비중이 낮고, 청년층 저학력자의 소득상승률도 상대적으로 낮아, 두 효과의 복합으로 2010년대에 전체 소득상승률이 다른 연령대보다 낮다.

여성도 20대 후반의 소득 상승률이 고연령층보다 낮다는 증거가 없다. 다만 일관되지는 않지만 일부 연령층에서 소득 상승률이 20대 후반보다 높은 경우가 있다. 그 이유는 여성 경력 단절의 완화에서 찾는 것이 타당하다. 저학력층 여성 중에서 20대 후반의 소득이 가장 높고, 나이가 들수록 소득이 확실히 낮아진다. 고학력층에서는 그 정도는 약하지만 30~50대의 소득이 20대 후반보다 높지 않다. 이러한 연령과 소득의 역전 현상이 다소나마 완화되면서 장년층 여성의 소득 상승률이 20대 후반보다 높아졌다.

이상의 복잡한 결과를 간단히 요약해 보자. 학력을 통제하지 않고, 연령대별 소득증가율로 분석하면 세대 간 불평등이 증가했다는 결론을 내리기 쉽다. 하지만, 학력 효과를 통제하면 세대 간 불평등이 증가했다는 증거를 찾기 어렵다. 특히 대졸 이상 고학력층에서 세대 간 소득 불평등이 증가하지 않았다.

6. 청년층의 고용률과 교육 효과

첫 일자리의 임금은 생애사 전반에 걸친 임금에 큰 영향을 끼치는 것으로 기존 연구는 보고하고 있다.[24] 고졸자는 첫 임금이 생애 임금에 크게 영향을 끼치지 않지만 대졸자는 첫 임금이 생애 임금에 끼치는 영향이 크다. 일자리를 둘러싼 경쟁이 강화되지 않았을지라도 대졸자의 비중이 늘어나면 첫 직장의 중요성은 늘어나고 지체된 노동시장 진입의 확률이 높아진다. 최근의 청년고용문제는 "단순히 초과공급 내지 과소수요의 논리로 설명되지 않는다... 경력 초기 일자리 특성이 향후 고용과 임금에 지속적인 영향을 미치는 상황에서는, 오랜 시간이 걸리더라도 더 나은 일자리에서 경력을 시작하는 편이, 눈높이를 낮추어 바로 일을 시작하는 것보다 생애주기 소득 극대화 관점에서 더 나은 선택이다".[25] 교육 수준이 높아지면 고용률이 높아지는 것이 일반적이지만, 첫 일자리와 평생 소득의 상관관계가 대졸자에게서 높기 때문에, 괜찮은 일자리의 팽창이 교육 팽창의 속도를 따라가지 못하면, 교육 팽창이 되면서 오히려 20대 청년층의 고용률은 낮아질 수 있다. 대졸 청년층이 눈높이를 낮춰서 일자리를 구하기보다는 괜찮은 첫 일자리를 구할 때까지 노동시장 진입을 미루는 것이 효용극대화의 관점에서 더 합리적 선택이기 때문이다.

앞서 2장에서 살펴보았듯, 대학 교육 팽창과 더불어 관리/전문직 일자리가 꾸준히 늘어나기는 했지만, 대학 교육 팽창의 속도가 괜찮은 일자리의 팽창 속도보다 빨랐다. 고졸대비 대졸 학력의 상대적 가치는 하락하지 않았지만, 절대적 가치는 대졸 남성을 제외한, 초대졸 남성과 초대졸 여성, 대졸 여성에게서 하락하였다(2장 [표 2.2] 참조). 교육 효용극대화를 위한 지체된 노동시장 진입의 관점을 적용하면, 교육 팽창이 아이러니하게도 20대 고용률의 하락으로 이어질 논리적 연관 고리가 생긴다.

21세기의 고용률 변화를 살펴보면 20대 고용률은 2000년에 60.2%였다가, 2005년에 61.2%로 정점을 찍은 후 하락한다.[26] 2013년에 56.8%로 최저를 기록한 후 2018년에 57.9%로 조금 반등하였지만, 여전히 2000년대 초반보다 낮다. 이에 반해 15－64세 전체 노동인구의 고용률은 2000년 61.5%에서 2006년 64.0%, 2013년 64.6%, 2018년

66.6%로 5%포인트 이상 증가하였다. 전체 고용률 5%포인트 증가는 매우 큰 증가분이다. 전체 고용률이 크게 증가할 동안 20대 고용률은 감소하였다.

20대 고용률의 감소와 달리 30대 고용률은 2000년 72.5%에서 2006년 73.3%, 2013년 73.3%, 2018년 75.7%로 전혀 감소 경향을 보이고 있지 않다. 전체 고용률만큼 증가하지는 않았지만, 20대의 낮아진 고용률이 30대의 고용률에도 악영향을 끼치는 누적적 불이익 효과가 관찰되지 않는다. 2009년에 30대 고용률의 감소가 관찰되는데, 이는 2008년의 미국의 서브프라임 위기로 촉발된 세계적 경제 위기의 결과다. 전체 고용률과 30대 고용률은 2009년 이후 꾸준히 증가하고 있다. 20대의 낮은 고용률이 누적적 불이익으로 이어졌다면, 20대 고용률이 하락하기 시작한 2005－2009년에 20대 후반이었던 코호트가 30대가 된 2015－2019년에 30대 고용률이 하락했어야 하지만, 그런 경향이 나타나지 않는다. 2005－2009년의 낮은 20대 고용률에도 불구하고, 2015－2019년의 30대 고용률은 이전 세대의 고용률을 넘어서 증가하였다.

이러한 고용률 변화 양상은 청년층에 대한 기성세대의 사회적 봉쇄 이론보다는 지체된 교육 효용 극대화를 위한 노동시장 진입 이론을 뒷받침한다. 교육 팽창으로 청년층의 교육 수준이 높아졌고, 괜찮은 일자리를 둘러싼 고등 교육 이수자의 경쟁이 심화되면서, 첫 일자리와 생애소득의 상관관계가 높은 고등 교육자가 괜찮은 일자리를 구할 수 있을 때까지 노동시장 진입을 미룰 가능성이 있다. 설사 노동시장 진입을 미루고 싶어도 그 기간 동안 생활을 유지할 수 있는 자원이 없으면 연기가 불가능하다. 하지만 [표 5.1]에서 드러나듯, 20대 청년층이 속한 가구의 소득은 2000년 이후 꾸준히 상승하였다. 공시적으로 비교해도 20대 청년층이 속한 가구의 균등화 평균 소득이 가장 높다.

좀 더 구체적으로 고용률 변화를 알아보기 위하여 교육 수준별 고용률 변화를 세대별로 추적해 보자. 20대에서 30대로 넘어가면서 성별로 혼인과 관련된 노동시장 선택이 극명하게 달라질 수 있기 때문에[27] 이 분석은 성별로 별도로 진행하였다. 분석을 위한 자료는 2000, 2005, 2010, 2015년 인구총조사다. [표 5.6]이 그 결과이다. 각 연도별로 연령 그룹에 따라 고용률에 대한 선형확률 회귀분석을 실시하고, 학력별 고용확률을 추정하였다. 표에는 표시하지 않았지만, 학력별 고용확률의 격차는 모두 통계적으로 유의하다.

소득 변화를 분석한 [표 5.5]와 마찬가지로 최근에 노동시장에 진입한 3개 코호트를 추적하였다. 가장 오래된 코호트는 1971－1975년 출생자이고, 중간 코호트는 1976－1980년 출생자, 가장 최근 코호트는 1981－1985년 출생자이다. 각 세대별로 25－29세, 30－34세, 35－39세 때의 고용률을 계산하였다. 인구총조사의 동일한 출생연도 코호트를 여러 연도의 횡단면 자료를 이용하여 추적하는 합성코호트 기법(synthetic cohort method)을 사용하였다. 예를 들어, 1971－75년생은 2000년에는 25－29세지만, 2005년에는 30－34세가 된다. 각각의 인구총조사에서 이 연령대의 고용률을 추적하면 동일한 출생코호트의 연령별 고용률을 추적할 수 있다.

20대의 낮은 고용률과 관련하여 ＜기성세대의 봉쇄 이론 가설＞이 맞다면, 최근 코호트로 올수록 20대 후반의 고용률이 낮아지고, 이렇게 낮아진 고용률이 30대에도 지속될 것이다. 즉, 최근 코호트로 올수록 30대의 고용률도 낮아질 것이다. 반면 ＜교육의 효용극대화를 위한 지체된 노동시장 진입 가설＞이 맞다면 최근 코호트의 낮은 20대 고용률이 30대가 되면서 이전 코호트와 동일하거나 이전 코호트보다 더 크게 개선될 것이다.

결론부터 말하자면 [표 5.6]의 결과는 교육의 효용극대화를 위한 지체된 노동시장 진입 가설을 지지한다. 남성의 경우 최근 세대로 올수록 20대 고용이 낮아지는 현상이 관찰된다. 특히 1970년대 초반 출생

표 5.6 청년층의 성별 학력별 고용률(%) 변화

	25–29세	30–34세	35–39세	Δ([30–34]–[25–29]) %P 변화
I. 남성				
(1) 1971–1975년생	2000년	2005년	2010년	
– 고졸 이하	69.4	61.9	64.7	−7.5
– 고졸	78.7	84.2	83.2	+5.5
– 초대졸	60.3	87.0	86.2	+26.7
– 대졸 이상	74.3	88.5	90.0	+14.2
(2) 1976–1980년생	2005년	2010년	2015년	
– 고졸 이하	56.8(−12.6)	58.0(−3.9)	66.4(+1.7)	+1.2
– 고졸	71.3(−7.4)	80.3(−3.9)	85.1(+1.9)	+9.0
– 초대졸	56.3(−4.0)	84.8(−2.2)	89.7(+3.5)	+28.5
– 대졸 이상	71.3(−3.0)	86.4(−2.1)	91.9(+1.9)	+15.1
(3) 1981–1985년생	2010년	2015년		
– 고졸 이하	58.4(+1.6)	64.0(+6.0)		+5.6
– 고졸	70.4(−0.9)	82.5(+2.2)		+12.1
– 초대졸	55.9(−0.4)	85.6(+0.8)		+29.7
– 대졸 이상	71.6(+0.3)	87.3(+0.9)		+15.7
II. 여성				
(1) 1971–1975년생	2000년	2005년	2010년	
– 고졸 이하	36.4	40.4	46.9	+4.0
– 고졸	37.7	38.0	47.7	+0.3
– 초대졸	53.3	42.8	48.0	−10.5
– 대졸 이상	59.6	49.6	50.3	−10.0
(2) 1976–1980년생	2005년	2010년	2015년	
– 고졸 이하	36.7(+0.3)	33.5(−6.9)	37.1(−9.8)	−3.2
– 고졸	45.3(+7.6)	43.1(+5.1)	47.5(−0.2)	−2.2
– 초대졸	57.8(+4.5)	48.8(+6.0)	48.1(+0.1)	−9.0
– 대졸 이상	65.7(+6.1)	56.0(+6.4)	53.5(+3.2)	−9.7
(3) 1981–1985년생	2010년	2015년		
– 고졸 이하	38.3(+1.6)	39.9(+6.4)		+1.6
– 고졸	51.1(+5.8)	45.6(+2.5)		−5.5
– 초대졸	62.3(+4.5)	50.2(+1.4)		−12.1
– 대졸 이상	67.9(+2.2)	56.9(+0.9)		−11.0

원자료: 2000, 2005, 2010, 2015년 인구총조사 마이크로데이터.
괄호 안의 숫자는 직전 세대 대비 같은 연령대에서의 고용률의 변화.

자에 비해서 1970년대 후반 출생자의 20대 고용률이 크게 낮아졌고, 1980년대 초반 출생자도 고용률이 다소 악화되었다. 하지만 30대 초반에 최근 코호트가 이전 코호트보다 고용률이 낮아지지 않았다. 1976-1980년 출생 코호트가 그 전 코호트보다 30대 초반의 고용률이 낮긴 하지만, 이 효과는 2010년 조사가 2008년의 경제 위기를 반영하기 때문일 가능성이 크다. 1981-1985년 출생 코호트는 1976-1980년 출생 코호트에 비해 20대 후반의 고용률은 다소 낮지만, 30대 초반의 고용률은 오히려 높다. 교육 수준별로 보면 고졸, 초대졸, 대졸 이상 모두 1981-1985년 출생 코호트의 고용률이 1976-1980년 출생 코호트보다 높다. 20대 후반에는 최근 코호트의 고용률이 이전 코호트보다 낮지만, 30대 초반이 되면 그런 경향이 사라진다. 20대 후반의 낮은 고용률이 30대로 이어지지 않았다. 고용의 측면에서 누적적 불이익이 나타나지 않고 있다.

[표 5.6]의 마지막 열은 25-29세 대비 30-34세의 고용률 변화 정도를 보여준다. 1971-1975년 출생 코호트 중 초대졸은 고용률이 26.7%포인트 증가하고, 대졸자는 14.2%포인트 증가하는데, 1981-1985년 출생 코호트는 고용률이 각각 29.7%포인트, 15.7%포인트 증가한다. 최근 코호트일수록 20대 후반의 고용률과 30대 초반의 고용률의 격차가 심화되었다. 지체된 노동시장 진입 가설을 뒷받침하는 결과이다.

최근 세대에서 고용률이 낮아지지 않았다는 증거는 여성의 고용률을 살펴보면 더 분명하게 드러난다. 1971-1975년 출생 코호트 대졸 30대 초반 여성의 49.6%만 일했지만, 1981-1985년 출생 코호트는 56.9%가 일자리를 가지고 있다. 대졸 30대 초반 여성의 고용률이 무려 7.3%포인트 증가한 것이다. 초대졸도 대졸 여성과 비슷한 증가 추세를 보인다. 남성과 여성의 가장 큰 차이점은 20대 후반의 고용률이다. 20대 후반 남성의 고용률은 다소 하락했지만, 20대 후반 여성의 고용률은 크게 증가하였다.

다른 연구들도 유사한 결과를 보여준다. 좋은 학교를 나오면 20대의 고용률이 더 높을 것 같지만, 대졸 직후의 노동시장 진입률을 분석한 이수빈 · 최성수의 연구[28]를 보면 명문대 졸업생일수록 20대에 노동시장 진입을 적게 한다. 대졸자 중 소득 상위계층 가족 출신의 고용률이 하위계층 출신의 고용률보다 낮다.

7. 소결론

5장에서는 청년층의 소득 및 고용 변화 양상을 살펴보고, 20대 청년층 노동시장 변화의 특징을 논의하였다. 현재의 20대 청년층은 과거의 어떤 세대보다 더 많은 교육을 받은 세대임에도 불구하고 이들의 교육 성취가 노동시장의 성취로 연결되지 않고 낭비될 것이라는 비관적 전망이 우세하다. 한국 사회에서 세대 간 불평등이 커지고 청년층의 기회가 사라져서 현재의 청년층의 상황이 미래에 영구적으로 악화될 것이라는 염려가 큰 것이다.

20대 청년층의 노동시장 성과의 상대적 악화의 원인에 대해 두 가지 가설을 제시하고 그 타당성을 검증하였다. 첫번째 가설은 기성 세대가 20대 청년층을 배제하고 그 결과 청년층의 장기적 노동시장 성취가 지속적으로 누적적으로 악화될 것이라는 <기성세대의 봉쇄 가설>이다. 다른 하나는 20대 청년층의 노동시장 성과 악화를 교육 팽창의 역설적 상황으로 보는 <지체된 노동시장 진입 가설>이다. 일반적으로 교육을 많이 받은 노동자의 고용확률이 높고 소득 또한 높은데, 역설적으로 집단적 측면에서 교육의 팽창이 청년층의 고용율을 낮춘다는 것이다. 그 이유는 경쟁의 심화이다. 교육 팽창은 고등 교육을 받은 노동자의 공급 확대를 의미한다. 이는 곧 괜찮은 일자리, 위계 지위가 높은 제한된 수의 일자리를 둘러싼 경쟁이 격화되는 걸 뜻한다.

20대와 30대 초반의 고용률과 소득의 변화를 코호트별로 추적한 결과 한국의 20대 청년층 고용악화는 교육의 효용극대화를 위한 노동시장을 미루었기 때문에 생긴 결과일 가능성이 높다. 소득의 측면에서 신규 세대의 교육 효과가 이전 세대보다 낮아지지 않았다. 대신 교육 팽창으로 인한 경쟁 격화로 20대 청년층의 고용률이 낮아지고, 노동시장 성취가 악화되었다. 더 이상 노동시장 진입을 미룰 수 없는 30대가 되면, 고용률이 추세적으로 상승한다. 이전 세대와 달리 최근 코호트가 노동시장 진입을 미룰 수 있는 또 다른 이유는 20대 청년층이 속한 가구의 소득 상승이다. 한국은 혼인 전까지 성인도 독립 가구를 형성하지 않는 비율이 미국이나 다른 선진국보다 높다. 이러한 문화가 20대 청년층의 노동시장 진입을 지체할 수 있는 자원을 제공하는 측면이 있다.

일부에서는 80년대생까지는 교육의 효과가 줄어들지 않았지만 90년대생은 다를 수 있다고 의심할 것이다. 그럴 수 있다. 2020년에 발생한 코로나바이러스 대유행은 그럴 가능성을 높였다. 하지만 90년대생에서 교육의 효과가 실제로 줄어들었는지, 90년대생의 계층지위 획득 기제가 이전 세대와 다른지는 90년대 중반생이 30대가 되어야 알 수 있다. 상당수의 90년대생은 아직 노동시장에 진입하지 않고 여전히 학교에 남아 있다. 세대별 소득 격차 변화는 이론적 필연이 아니다. 상황에 따라 달라질 수 있다. 실제 어떻게 변화했는지는 자료를 가지고 경험적으로 검증해야 한다. 90년대생의 노동시장 성취가 이전 세대와 다를 가능성은 순수한 가능성일 뿐이다. 성급한 낙관도 성급한 비관도 금물이다.

청년층의 일자리 문제는 최근 세대에서 교육의 효과가 이전 세대보다 낮아졌기 때문이 아니라 교육의 개인적 효과(=긍정적 교육 프리미엄)와 집단적 효과(=경쟁 격화) 간의 충돌 때문에 발생한다. 한국에서 청년층 노동시장 문제 해결은 노동시장 고도화를 통한 관리/전문/사무직 일자리의 구조적 확대를 통해서 가능하며, 그 외에 단기적 해결은 불가능하다. 청년몰 등 청년층의 창업을 통한 일자리 해결 방식은 지방

자치체의 홍보를 위한 이벤트성 행사로 그칠 가능성이 농후하다. 산업 구조 고도화를 통한 관리/전문직의 수요 창출이 가장 확실한 청년 대책이다.

부록 1

임금상승률에 대한 고정효과모형

	남성	여성
연령	0.0300***	−0.0059
	(0.0069)	(0.0164)
교육(준거: 고졸 미만)		
− 고졸	−0.0039	0.4558***
	(0.0074)	(0.1183)
− 초대졸	−0.0325	0.5669***
	(0.0632)	(0.1200)
− 대졸	0.0611	0.6919***
	(0.0637)	(0.1193)
− 대학원	0.1821	0.8625***
	(0.0974)	(0.1635)
고졸×연령	0.0329***	0.0474**
	(0.0074)	(0.0168)
초대졸×연령	0.0521***	0.0599***
	(0.0076)	(0.0171)
대졸×연령	0.0611***	0.0748***
	(0.0076)	(0.0168)
대학원×연령	0.0645***	0.0404
	(0.0122)	(0.0234)
코호트(준거: 1971−1975)		
− 1976−1980	0.0921	0.6941***
	(0.0895)	(0.0285)
− 1981−1985	−0.0036	0.6553**
	(0.1179)	(0.0436)
1976−1980×연령	−0.0017	0.0325
	(0.0111)	(0.0285)
1981−1985×연령	0.0352	0.0221
	(0.0186)	(0.0436)
고졸×1976−1980	0.0479	−0.4499*
	(0.0939)	(0.2004)
고졸×1981−1985	0.1347	−0.4264
	(0.1223)	(0.2510)

초대졸×1976-1980	0.0430	−0.4681*
	(0.0950)	(0.2009)
초대졸×1981-1985	0.1135	−0.3970
	(0.1227)	(0.2505)
대졸×1976-1980	0.1584	−0.4180*
	(0.0957)	(0.2005)
대졸×1981-1985	0.3450**	−0.3604
	(0.1241)	(0.2498)
대학원×1976-1980	0.0456	−0.2568
	(0.1411)	(0.2537)
대학원×1981-1985	0.3697*	−0.3681
	(0.1730)	(0.2948)
고졸×1976-1980×연령	−0.0136	−0.0574*
	(0.0117)	(0.0290)
고졸×1981-1985×연령	−0.0427*	−0.0365
	(0.0194)	(0.0443)
초대졸×1976-1980×연령	−0.0174	−0.0635*
	(0.0118)	(0.0291)
초대졸×1981-1985×연령	−0.0411*	−0.0334
	(0.0194)	(0.0443)
대졸×1976-1980×연령	−0.0320**	−0.0755**
	(0.0119)	(0.0289)
대졸×1981-1985×연령	−0.0717***	−0.0617
	(0.0196)	(0.0440)
대학원×1976-1980×연령	−0.0231	−0.0759*
	(0.0179)	(0.0363)
대학원×1981-1985×연령	−0.0829**	−0.0076
	(0.0275)	(0.0523)
상수항	4.8511***	4.1091***
	(0.0586)	(0.1152)
결정계수		
− 개인 내(within)	0.3455	0.1519
− 개인 간(between)	0.2311	0.1880
− 전체(overall)	0.2621	0.1695
표본수		
− 개인	2,456	1,950
− 총 관찰표본수	10,819	7,329

데이터 소스: 노동패널 마이크로데이터
a. 총 관찰표본수 = 개인 × 관찰 횟수
b. 연령은 25세 기준으로 센터링되어 있음.
* p<.05; ** p<.01; *** p<.001

부록 2

임금상승률 성장곡선모형

	남성			여성		
	고졸 이하	초대졸	대졸 이상	고졸 이하	초대졸	대졸 이상
시간	−0.0051	0.0057	0.0057	0.0003	0.0111*	0.0125*
연령 (준거: 25–29)						
− 30–34	0.1829***	0.3021***	0.3952***	0.0009	0.0644	0.0917
− 35–39	0.3275***	0.4268***	0.5974***	−0.2394***	−0.1369*	−0.0089
− 40–44	0.4499***	0.5949***	0.6890***	−0.1868***	0.0165	−0.1046
− 45–49	0.4337***	0.5827***	0.8273***	−0.1867***	−0.1621	0.1700*
− 50–54	0.3917***	0.5497***	0.6802***	−0.2286***	−0.0448	0.1059
− 55–59	0.2166***	0.3622**	0.6251***	−0.4346***	0.1401	−0.3241
− 60–64	−0.1850**	0.0337	0.6251***	−0.7084***	−0.0833	−1.4512***
30–34×시간	0.0133	−0.0007	−0.0018	−0.0296	−0.0139	0.0070
35–39×시간	0.0146	0.0082	−0.0038	0.0148	0.0072	0.0120
40–44×시간	0.0024	−0.0086	−0.0055	0.0251	−0.0222	0.0349**
45–49×시간	0.0180	0.0010	−0.0100	0.0216	0.0382**	−0.0142
50–54×시간	0.0150	−0.0011	0.0044	0.0247	−0.0229	−0.0025
55–59×시간	0.0230	−0.0008	0.0029	0.0415*	−0.0337	0.0119
60–64×시간	0.0357**	0.0309	0.0124	0.0409*	−0.0146	0.1057**
고졸 미만	−0.2524***			−0.1653***		
고졸 미만 ×시간	−0.0045			0.0044		
대학원 졸업			0.1112**			0.4254***
대학원 졸업 ×시간			0.0050			−0.0229*
상수항	7.5934***	7.5724***	7.6670***	7.4026***	7.4634***	7.5520***
수정된 결정계수	0.1125	0.126	0.1446	0.0608	0.0149	0.0467
표본수	16,886	7,715	13,252	15,258	5,065	7,277

데이터 소스: 가계동향조사 2009−2019.
* p<.05; ** p<.01; *** p<.001

CHAPTER

06

교육 프리미엄의 국가 간 비교

CHAPTER 06

교육 프리미엄의 국가 간 비교

1. 한, 미, 일의 세대 간 학력 분포 차이
2. 소득에 있어 교육 프리미엄 국가 간 차이
3. 직업에 있어 교육 프리미엄 국가 간 차이
4. 소결론

CHAPTER 06

교육 프리미엄의 국가 간 비교

4장과 5장에서는 지난 30여 년간 한국 사회에서 소득과 직업에 있어 교육 프리미엄이 어떻게 변화되어 왔는지를 각각 살펴보았다. 사용한 자료에 따라 분석 결과는 조금씩 다르지만, 한국 사회에서 소득과 직업에 있어 교육 프리미엄이 감소하였다는 증거는 발견되지 않았다. 그리고 이러한 결과를 지난 반세기 동안 한국 사회가 경험한 급격한 교육 팽창과 연결 지어 해석하였다. 그런데 정도의 차이는 있지만 지난 반세기 동안의 교육 팽창은 한국뿐만 아니라 세계 거의 모든 나라들이 경험한 전 지구적인 현상이었다.[1] 때문에 교육 팽창에 따른 교육 프리미엄의 변화는 서구 사회에서도 주요한 연구주제 중 하나로 다루어져 왔다.[2] 그렇다면 한국 사회의 교육 프리미엄은 다른 사회의 교육 프리미엄과 어떻게 다를까?

6장에서는 이러한 물음에 답하고자 하였다. 구체적으로, OECD가 2011－12년 당시 25세에서 65세 사이의 성인을 대상으로 실시한 국제성인역량조사(Program for International Assessment of Adult Competencies:

PIAAC) 자료를 사용하여 한국의 소득과 직업에 있어 교육 프리미엄이 미국 및 일본과 어떻게 다른지 비교 분석하였다. 한 가지 먼저 밝혀 둘 것은 PIAAC을 통해 같은 세대 내 교육 프리미엄의 국가 간 차이를 살펴보는 것은 가능하지만, 엄밀한 의미에서 세대 간 교육 프리미엄의 국가 간 차이를 살펴보는 데는 한계가 있다는 점이다. 이는 세대 간 교육 프리미엄의 국가 간 차이를 살펴보기 위해서는 25세 성인이 55세일 때나, 또는 반대로 55세 성인이 25세일 때의 소득과 직업을 비교하는 것이 필요하지만, PIAAC 자료의 특성상 이러한 "연령 효과"를 통제하는 것은 불가능하기 때문이다. 따라서 6장에서는 세대 간 교육 프리미엄의 국가 간 차이보다 세대 내 교육 프리미엄의 국가 간 차이에 초점을 두고자 한다.

글상자 6.1 PIAAC

PIAAC은 OECD 주관으로 OECD 회원국 16-65세 성인의 대표성을 갖는 표본을 대상으로, 이들의 언어능력, 수리력, 컴퓨터를 활용한 문제해결력뿐만 아니라, 경제활동 상태, 임금, 교육훈련 경험 등 다양한 영역을 조사하는 대규모 조사이다. 2008년에 조사 설계를 시작하여 2010년에 예비조사가 실시되었고, 실제 조사는 2011년 하반기에서 2012년 상반기에 수행되었다. 우리나라의 경우, 약 9,000가구, 6,700명의 16-65세 성인이 이 조사에 참여하였다.

1. 한, 미, 일의 세대 간 학력 분포 차이

여기에서는 먼저 한국, 미국, 일본의 세대 간 학력 분포 차이가 어떻게 다른지 살펴보자. [그림 6.1]은 한국 성인들의 세대 간 학력 분포를 남성과 여성으로 구분하여 각각 제시한 것이다. [그림 6.1]에서 보듯, 1980년대 이후에 태어난 25-34세 남성들 가운데 2년제와 4년제 대졸 이상 학력 소지자의 비율은 각각 26.4%와 35.9%이다. 이는 곧 한국의 경우 2012년 기준 25-34세 남성 10명 가운데 6명은 2년제 대학 이상의 고등 교육 이수자임을 의미한다. 이와는 대조적으로, 25- 34세 남성들 가운데 고졸 미만 학력을 가진 비율은 2.2%에 지나지 않는다. 반면, 1950년 말 이전에 태어난 55-65세 남성의 경우에는 4년제 대졸 이상의 학력 소지자는 16.3%에 불과하며, 2년제 대졸자도 6.8%에 지나지 않는다.

세대 간 학력 분포의 차이, 특히 고등 교육 이수자 비율의 차이는 한국 남성에 비해 한국 여성들에게서 더욱 두드러지게 나타난다. 구체적으로 살펴보면, 1980년대 이후에 태어난 25-34세 여성 가운데 2년제와 4년제 대졸 이상 학력 소지자의 비율은 각각 31.9%와 41.8%로, 2년제 대졸 이상 고등 교육 이수자의 무려 약 74%에 이른다. 반면, 1950년 말 이전에 태어난 55-65세 여성 가운데 4년제와 2년제 대졸 이상 학력 소지자의 비율은 각각 5.6%와 3.9%로, 2년제 대졸 이상 고등 교육 이수자는 약 10%에 지나지 않는다. 55-65세 여성들의 대부분은 고졸 미만의 학력을 가지고 있었다.

그림 6.1 세대 간 학력 수준 분포: 한국

(A) 남성

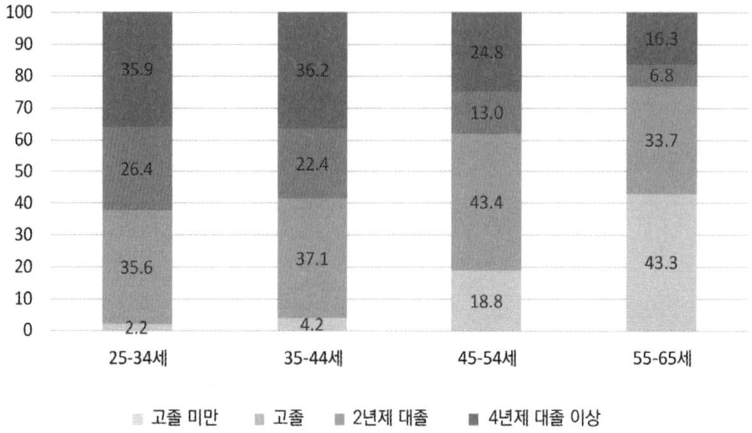

(B) 여성

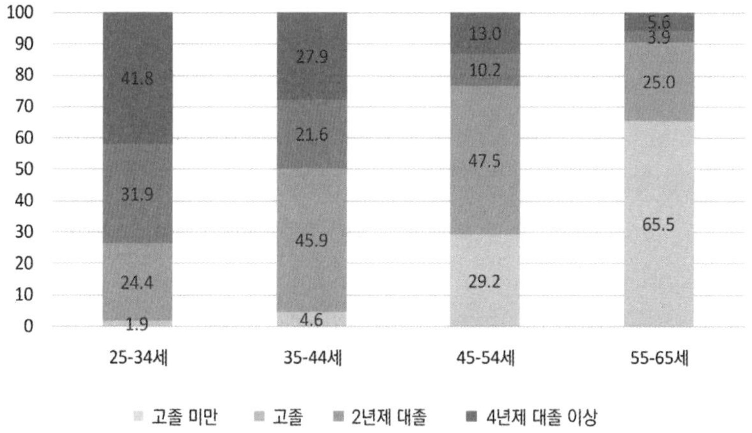

자료: PIAAC 2012.

그림 6.2 세대 간 학력 수준 분포: 미국

(A) 남성

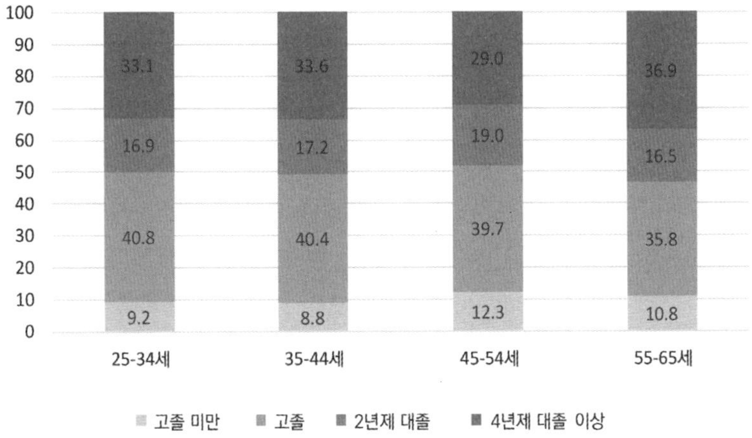

(B) 여성

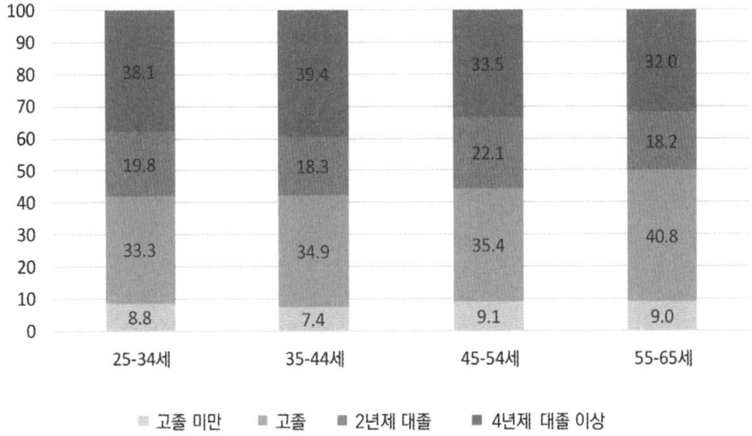

자료: PIAAC 2012.

다음으로 미국 성인들의 세대 간 학력 분포를 성별로 알아보자. [그림 6.2]는 미국 성인들의 세대 간 학력 분포를 남성과 여성으로 구분하여 각각 제시한 것이다. 미국 남성들의 경우, 세대 간의 학력 분포 차이가 거의 없다. 구체적으로, 미국 25−34세 남성 가운데 4년제 대졸 이상 학력 소지자의 비율은 33.1%이다. 그러나 55−65세 남성 가운데 4년제 대졸 이상 학력 소지자의 비율은 36.9%로, 오히려 25−34세 남성들보다 3.8% 포인트 높다. 고졸 미만 학력 소지자의 비율면에서도 25−34세 남성 9.2%, 55−65세 남성 10.8%로 세대 간에 큰 차이는 없다.

그러나 미국 남성과 달리 미국 여성의 경우 4년제 대학 교육 기회가 젊은 세대로 올수록 점차 확대된 것으로 보인다. 구체적으로, 55−65세 여성 가운데 4년제 대졸 이상 학력 소지자 비율은 32%였으나, 25−34세 여성 가운데 4년제 대졸 이상 학력 소지자의 비율은 38.1%로, 55−65세 여성들보다 6.1% 포인트 높다. 그러나 여성 가운데에서도 고졸 미만 학력 소지자의 비율은 남성과 마찬가지로 세대 간 큰 차이는 없다.

마지막으로 일본의 경우를 살펴보자. [그림 6.3]은 일본 성인들의 세대 간 학력 분포를 남성과 여성으로 구분하여 각각 제시한 것이다. 남성의 경우 55−65세를 제외한 다른 세대 간에는 학력 수준에 큰 차이가 없다. 55−65세 남성의 경우 4년제 대졸 이상 학력 소지자의 비율은 41.6%로, 25−34세의 41.6%와 비교하면 약 7% 포인트 정도 낮다.

일본 여성의 경우는 남성의 경우에 비해 세대 간 학력 수준 차이가 비교적 더 뚜렷하다. 구체적으로 살펴보면, 25−34세 여성 가운데 4년제 대졸 이상 학력 소지자의 비율은 33.1%로 55−65세의 7%에 비해 월등히 더 높다. 그러나 같은 연령대 일본 남성의 41.6%에 비해서는 약 8.5%포인트 더 낮다. 한국 미국과 대비되는 일본의 또 다른 특성은 2년제 대학 졸업자의 성별 격차다. 3개국 모두 남성보다 여성이 2년제 대학 졸업자의 비중이 높지만, 일본은 그 차이가 다른 두 나라와 달리 매우 크다. 2년제와 4년제를 합친 고등교육 이수자가 남성은 60.3%, 여성은 66.4%로 여성이 앞서는 듯이 보인다. 하지만, 남성 고등교육 이수자 중 4년제의 비중이 2/3가 넘는 데 반해, 여성은 1/2만이 4년제 대학 이수자이다. 한국과 미국은 2년제와 4년제가 차지하는 비중의 성별 격차가 5% 내외지만, 일본은 무려 14.6%포인트 격차이다. 또 한 가지 잘 알려지지지 않은 사실은 일본은 4년제 대학 진학자 중에서도 엘리트 대학에 진학하는 여성의 비중이 남성보다 현저히 낮다는 것이다.[3] 한국과 일본의 성별 격차가 유사하다고 보는 시각이 많지만 교육 수준의 성별 격차에서 두 국가는 상이한 면을 노정한다.

그림 6.3 세대 간 학력 수준 분포: 일본

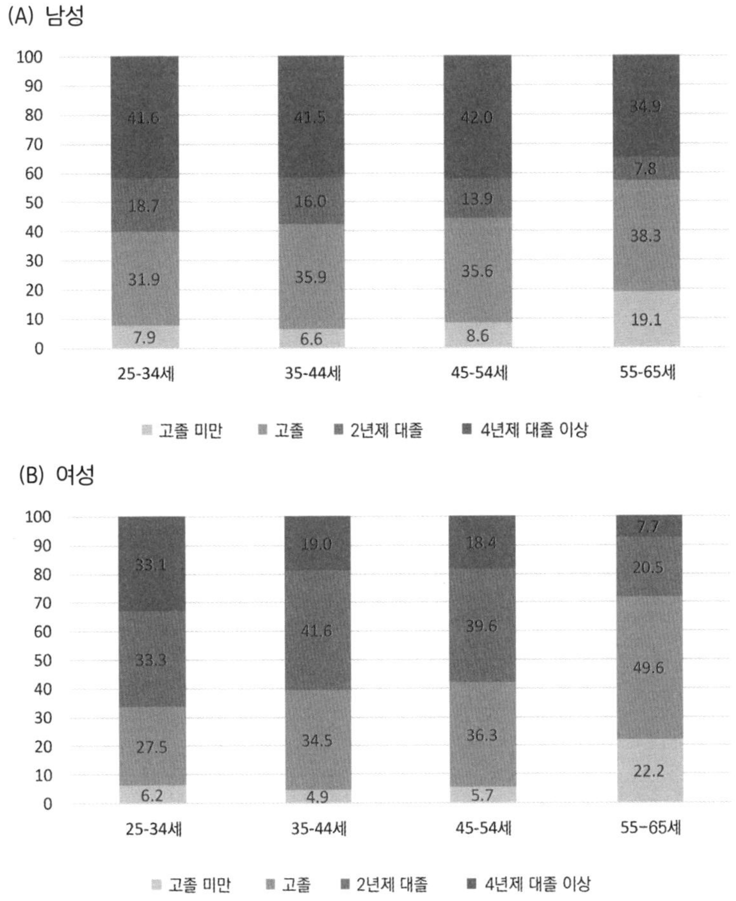

자료: PIAAC 2012.

종합하자면, 교육 기회-특히 고등교육 기회-는 지난 반세기 동안 거의 모든 나라들에서 확대되었지만, 한국은 다른 나라-적어도 미국과 일본-에 비해 더 급속한 교육 팽창을 경험한 것이 PIAAC 자료를 통해서도 확인되었다. 특히 한국 여성은 매우 급속한 고등교육 기회의 확대를 경험하였다. 그리하여 4년제 대졸 이상 학력 소지자의 비율은 젊은 세대에 이르러 여성이 남성을 앞지르게 되었다. 이러한 성차의 역전 현상은 미국의 젊은 세대에서도 발견되었다. 그러나 이와는 대조적으로, 일본의 경우 4년제 대졸 이상 학력 소지자의 비율은 여성에 비해 남성이 여전히 높았다. 그렇다면 고등교육 기회 확대에 있어서 성별과 세대 간 차이는 각 나라의 교육 프리미엄에 어떠한 영향을 미쳤을까? 아래에서는 이 물음에 답하기 위해 한국, 미국, 일본 세 나라의 교육 프리미엄을 세대와 성별에 따라 살펴보았다.

2. 소득에 있어 교육 프리미엄 국가 간 차이

[그림 6.4]는 한, 미, 일 세 국가의 소득에 있어 교육 프리미엄의 세대 내 차이를 남성과 여성으로 나누어 그래프로 나타낸 것이다. 여기서 소득에 있어 교육 프리미엄은 고졸 학력 평균 월 소득 대비 4년제 대졸 이상 학력 평균 월 소득으로 정의되었다. 남성의 경우 연령대와는 상관없이 소득에 있어 교육 프리미엄은 세 국가에서 모두 존재하였다. 다시 말해, 고졸 학력에 비해 4년제 대졸 이상 학력 평균 월 소득이 세 나라 모두 높다는 것이다. 그러나 소득에 있어 교육 프리미엄의 정도는 국가마다 차이가 있는데, 55-65세를 제외한 모든 연령대에서 미국>한국>일본 순으로 소득에 있어 교육 프리미엄이 높았다. 예를 들어, 미국의 25-34세 남성 가운데 4년제 대졸 이상 학력의 평균 월 소득은 약 5,100달러로, 고졸 학력의 평균 월 소득 약 3,500달러에 비해 약 1.5배 높았다(<부록 2> 참조). 그러나 같은 연령대 한국 남성의 경우 4년제 대졸 이상 학력의 평균 월 소득은 약 3,300달러로, 고졸 학

력의 평균 월 소득 약 2,500달러에 비해 약 1.4배 높았다(<부록 1> 참조). 같은 연령대 일본 남성의 경우 4년제 대졸 이상 학력의 평균 월 소득은 약 3,200달러로, 고졸 학력의 평균 월 소득 약 2,600달러에 비해 약 1.2배 높았다(<부록 3> 참조).

그러나 55–65세 남성의 경우 소득에 있어 교육 프리미엄은 한국이 가장 높았으며, 그 다음이 일본, 미국 순이었다. 구체적으로, 55–65세 한국 남성 가운데 4년제 대졸 이상 학력의 평균 월 소득은 약 6,000달러로, 고졸 학력의 평균 월 소득 약 2,700달러에 비해 약 2.2배 높았다(<부록 1> 참조). 그러나 같은 연령대 미국 남성의 경우 4년제 대졸 이상 학력의 평균 월 소득은 약 6,300달러로, 고졸 학력의 평균 월 소득 약 4,300달러에 비해 약 1.5배 높았다(<부록 2> 참조).

한편, 여성의 경우도 연령대와는 상관없이 소득에 있어 교육 프리미엄은 한, 미, 일 모두 존재하였다. 그러나 연령대에 따라 소득에 있어 교육 프리미엄의 정도에 국가가 차이가 있었다. 예를 들어, 25–34세 여성의 경우 미국>한국>일본 순으로 소득에 있어 교육 프리미엄이 높았다. 구체적으로, 25–34세 미국 여성의 경우 4년제 대졸 이상 학력의 평균 월 소득은 약 4,600달러로, 고졸 학력의 평균 월 소득 약 2,500달러에 비해 약 1.8배 높았다(<부록 2> 참조). 그러나 같은 연령대 한국 여성의 경우 4년제 대졸 이상 학력의 평균 월 소득은 약 2,700달러로, 고졸 학력의 평균 월 소득 약 1,900달러에 비해 약 1.4배 높았다(<부록 1> 참조). 같은 연령대 일본 여성의 경우 4년제 대졸 이상 학력의 평균 월 소득은 약 2,500달러로, 고졸 학력의 평균 월 소득 약 1,900달러에 비해 약 1.3배 높았다(<부록 3> 참조).

35–44세 여성의 경우 소득에 있어 교육 프리미엄은 미국>일본>한국 순으로 높았다. 구체적으로, 35–44세 미국 여성의 경우 4년제 대졸 이상 학력의 평균 월 소득은 고졸 학력 평균 월 소득에 비해 2.3배 높았으며, 일본과 한국은 각각 1.7배와 1.6배가 높았다. 45–54세

그림 6.4 한, 미, 일 세대 내 소득에 있어 교육 프리미엄 차이

(A) 남성

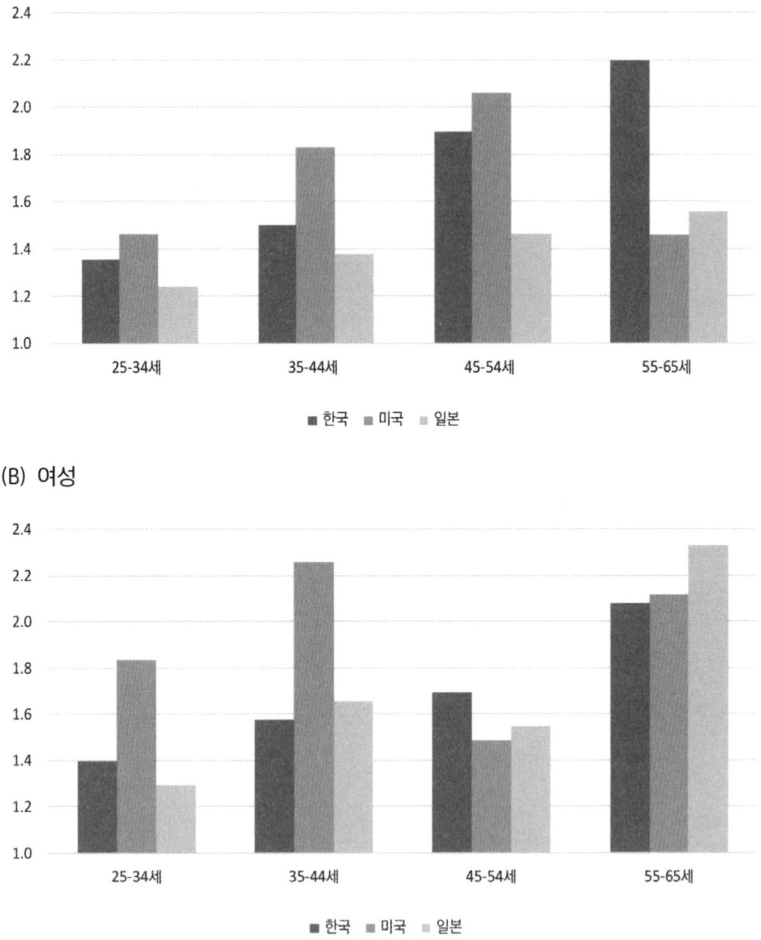

자료: PIAAC 2012.
주: 교육 프리미엄은 고졸 학력 평균 월 소득 대비 4년제 대졸 이상 학력 평균 월 소득을 의미함.

여성의 경우에는 한국이 소득이 있어 교육 프리미엄이 가장 높았고, 그 다음이 일본, 미국 순이었다. 구체적으로, 45－54세 한국 여성의 경우 4년제 대졸 이상 학력의 평균 월 소득은 고졸 학력 평균 월 소득에

비해 1.7배 높았으며, 미국과 일본의 경우 모두 1.5배 높았다. 마지막으로, 55－65세 여성의 경우 소득에 있어 교육 프리미엄은 일본>미국>한국 순으로 높았다. 구체적으로, 일본의 55－65세 여성의 경우 4년제 대졸 이상 학력의 평균 월 소득은 고졸 학력 평균 월 소득에 비해 2.3배 높았으며, 미국과 한국의 경우 모두 약 2.1배 정도 높았다.

3. 직업에 있어 교육 프리미엄 국가 간 차이

여기에서는 한, 미, 일 세 국가의 직업에 있어 교육 프리미엄의 차이를 살펴보자. 여기서 직업에 있어 교육 프리미엄은 고졸 학력의 관리직/전문직 비율 대비 4년제 대졸 이상 학력의 관리직/전문직 비율로 정의되었다. [그림 6.5]는 한, 미, 일의 직업에 있어 교육 프리미엄의 세대 내 차이를 남성과 여성으로 나누어 각각 그림으로 나타낸 것이다. 소득에 있어 교육 프리미엄의 결과와 마찬가지로 정도의 차이는 있으나 성별과는 상관없이 직업에 있어 교육 프리미엄은 한, 미, 일 모두에게서 발견되었다. 다시 말해, 남녀 모두 고졸 학력의 관리직/전문직 비율에 비해 4년제 대졸 이상 학력의 관리직/전문직 비율이 세 국가 모두 높았다.

그러나 세대 내의 직업에 있어 교육 프리미엄의 정도는 국가 간 차이가 존재하였다. 먼저 남성을 살펴보면, 25－34세 연령대를 제외하고 직업에 있어 교육 프리미엄은 한국에서 가장 높았다. 예를 들어, 한국의 55－65세 남성 가운데 4년제 대졸 이상 학력의 관리직/전문직 비율은 79.1%로, 고졸 학력의 관리직/전문직 비율 18.3%에 비해 4.3배 높았다(<부록 4> 참조). 그러나 같은 연령대 미국 남성의 경우 4년제 대졸 이상 학력의 관리직/전문직 비율은 82.2%로, 고졸 학력의 관리직/전문직 비율 34.6%에 비해 2.4배 높았다(<부록 5> 참조). 일본 남성의 경우 55－65세 4년제 대졸 이상 학력의 관리직/전문직 비율은 76.6%로, 고졸 학력의 관리직/전문직 비율 43.6%에 비해 1.8배 높았다

(<부록 6> 참조).

25－34세 남성의 경우 직업에 있어 교육 프리미엄은 일본이 가장 높았으며, 그 다음이 한국, 미국 순이었다. 구체적으로 살펴보면, 일본의 25－34세 남성 가운데 4년제 대졸 이상 학력의 관리직/전문직 비율은 62.5%로, 고졸 학력의 관리직/전문직 비율 15.4%에 비해 4.1배 높았다(<부록 6> 참조). 이 연령대 한국 남성의 경우 4년제 대졸 이상 학력의 관리직/전문직 비율은 57.6%로, 고졸 학력의 관리직/전문직 비율 16.1%에 비해 3.6배 높았다(<부록 4> 참조).

여성의 경우, 직업에 있어 교육 프리미엄은 모든 연령대에서 한국이 가장 높았다. 예를 들어, 한국의 25－34세 여성 가운데 4년제 대졸 이상 학력의 관리직/전문직 비율은 65.5%로, 고졸 학력의 관리직/전문직 비율 14.3%에 비해 4.6배 높았다(<부록 4> 참조). 같은 연령대 일본 여성의 경우 4년제 대졸 이상 학력의 관리직/전문직 비율은 49.5%로, 고졸 학력의 관리직/전문직 비율 14.3%에 비해 3.5배 높았다(<부록 6> 참조). 마지막으로, 같은 연령대 미국 여성의 경우 4년제 대졸 이상 학력의 관리직/전문직 비율은 89.1%로, 고졸 학력의 관리직/전문직 비율 34.2%에 비해 2.6배 높았다(<부록 6> 참조).

4. 소결론

6장에서는 PIAAC 자료를 사용하여 한국, 미국, 일본 성인의 소득과 직업에 있어 교육 프리미엄에 있어서 세대 내 차이를 남성과 여성으로 나누어 살펴보았다. 그 결과 한국 남성의 소득에 있어 교육 프리미엄은 55－65세 연령대를 제외하고 미국보다 낮았지만 일본보다는 높은 것으로 나타났다. 그러나 55－65세 연령대의 한국 남성의 소득에 있어 교육 프리미엄은 미국에 비해 월등히 높았다. 이러한 중고령 연령층에서 보여지는 소득에 있어 교육 프리미엄의 한국과 미국의 차이는 여러 요인에 기인하겠지만, 무엇보다 두 나라의 연금과 같은 사회보장제도

그림 6.5 한, 미, 일 세대 내 직업에 있어 교육 프리미엄 차이

(A) 남성

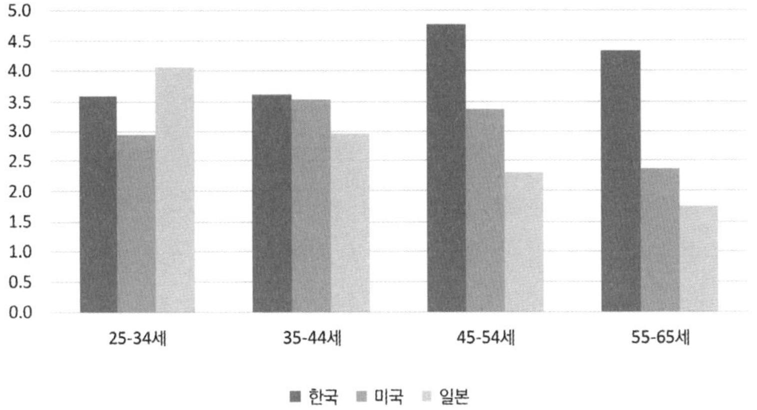

(B) 여성

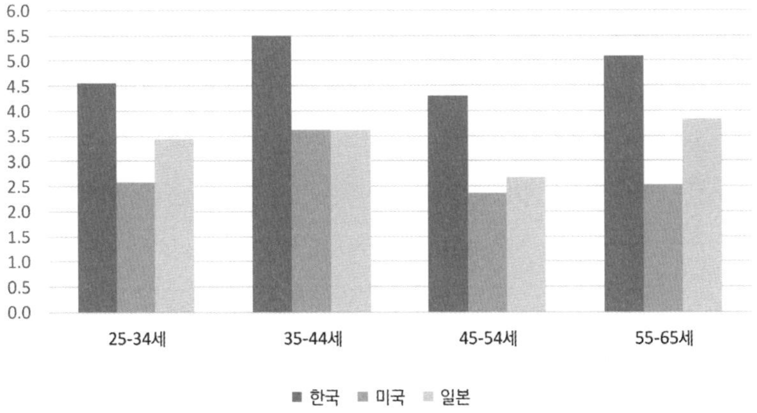

자료: PIAAC 2012.
주: 교육 프리미엄은 고졸 학력 소지자 대비 4년제 대졸 이상 학력 소지자의 관리직/전문직 종사자 비율을 의미함.

의 차이에 기인한 것으로 보인다.[4] 다시 말해, 2012년 기준 한국 남성의 평균 퇴직 연령은 만 53세라는 사실을 감안한다면,[5] 55−65세 한국 남성들은 대부분은 핵심노동연령 동안 일했던 직장에서 퇴직을 했

거나 퇴직을 앞둔 시점이다. 그런데 한국은 연금제도가 상대적으로 덜 발달되어 있어 노인 인구의 노동시장 참여도가 어느 나라보다 높다.[6)]미국의 60대 초반 남성의 고용률은 60% 초반, 프랑스는 30%에 불과하다. 이에 반해 한국은 70% 안팎의 높은 고용률을 유지하고 있다. 노후 자금이 없으니 나이가 들어도 은퇴를 못하는 것이다. 특히 학력에 따른 연금수령과 노후대비의 격차가 크다. 고연령층 중에서 고학력자는 괜찮은 직업과 소득으로 노후 자금에 추가 소득이 있기 때문에 은퇴를 미루고 노동시장에 남아있는 데 반해, 저학력 남성의 경우 다른 대책이 없어 궁여지책으로 노동시장에 남아 있다. 이 때문에 한국은 다른 국가보다 고연령층에서 학력 간 소득 격차가 크다. 이와는 대조적으로, 미국은 사회보장제도가 한국보다는 상대적으로 잘 발달되어 있어 저학력과 고학력의 연금 차이가 상대적으로 적고, 이로 인해 중고령 연령층에서 소득에 있어 교육 프리미엄이 낮다. 미국에서도 사회보장제도의 도입 이전에는 고연령층의 소득불평등이 매우 높았으나, 사회보장세 도입 이후 학력 간 소득 격차가 줄어들고, 빈곤이 줄어들고, 불평등이 낮아졌다.[7)]

다음으로 직업에 있어 교육 프리미엄의 경우 25-34세 남성을 제외하고 성별과 연령과는 상관없이 한국이 가장 높았다. 다시 말해, 한국은 25-34세 남성을 제외하고 고졸 학력 대비 4년제 대졸 이상 학력의 관리직/전문직 비율이 미국과 일본에 비해 상대적으로 높았다. 이러한 결과는 한국 사회에서 직업에 있어 교육 프리미엄이 다른 나라와 비교해서 높은 것을 의미하는 것으로, 앞에서 살펴본 바와 같이 직업에 있어 교육 프리미엄이 감소하지 않았다는 증거와 더불어 한국 사회에서 교육이 직업 위세를 결정하는 매우 중요한 요인으로 작용하고 있음을 시사한다.

부록 1

세대별, 성별, 학력별 평균 월 소득 차이: 한국

(단위: 달러)

성별/학력	연령대			
	25-34세	35-44세	45-54세	55-65세
남자				
고졸 미만	2,164	2,859	2,395	2,555
고졸	2,462	2,930	3,189	2,741
2년제 대졸	2,699	3,839	4,790	4,148
4년제 대졸 이상	3,340	4,390	6,044	6,012
4년제 대졸/고졸 소득비	1.4	1.5	1.9	2.2
여자				
고졸 미만	2,328	1,347	1,642	1,448
고졸	1,935	2,105	1,909	2,034
2년제 대졸	2,271	2,804	2,414	4,365
4년제 대졸 이상	2,705	3,316	3,231	4,231
4년제 대졸/고졸 소득비	1.4	1.6	1.7	2.1

자료: PIAAC 2012.
주. 전일제 직업을 가진 응답자만 포함.

부록 2

세대별, 성별, 학력별 평균 월 소득 차이: 미국

(단위: 달러)

성별/학력	연령대			
	25–34세	35–44세	45–54세	55–65세
남자				
고졸 미만	2,712	2,447	2,504	3,186
고졸	3,493	4,204	4,027	4,316
2년제 대졸	3,938	4,253	4,979	5,154
4년제 대졸 이상	5,104	7,689	8,288	6,301
4년제 대졸/고졸 소득비	1.5	1.8	2.1	1.5
여자				
고졸 미만	1,556	1,755	1,677	2,681
고졸	2,493	2,589	3,401	3,045
2년제 대졸	3,228	3,377	4,075	4,361
4년제 대졸 이상	4,577	5,840	5,051	6,440
4년제 대졸/고졸 소득비	1.8	2.3	1.5	2.1

자료: PIAAC 2012.
주. 전일제 직업을 가진 응답자만 포함.

▌부록 3

세대별, 성별, 학력별 평균 월 소득 차이: 일본

(단위: 달러)

성별/학력	연령대			
	25-34세	35-44세	45-54세	55-65세
남자				
고졸 미만	2,876	3,046	3,379	2,648
고졸	2,615	3,358	3,865	3,610
2년제 대졸	2,707	3,547	4,411	3,753
4년제 대졸 이상	3,244	4,631	5,660	5,617
4년제 대졸/고졸 소득비	1.2	1.4	1.5	1.6
여자				
고졸 미만	1,458	1,676	1,429	2,108
고졸	1,940	2,173	2,312	2,246
2년제 대졸	2,243	2,454	2,785	2,607
4년제 대졸 이상	2,507	3,603	3,574	5,230
4년제 대졸/고졸 소득비	1.3	1.7	1.5	2.3

자료: PIAAC 2012.
주. 전일제 직업을 가진 응답자만 포함.

세대별, 성별, 학력별 관리직/전문직 비율: 한국

(단위: %)

성별/학력	연령대			
	25-34세	35-44세	45-54세	55-65세
남자				
고졸 미만	0.0	0.0	3.8	4.6
고졸	16.1	14.3	14.1	18.3
2년제 대졸	29.0	39.8	40.9	40.0
4년제 대졸 이상	57.6	51.4	67.0	79.1
4년제 대졸/고졸 비율	3.6	3.6	4.7	4.3
여자				
고졸 미만	0.0	0.0	4.4	3.9
고졸	14.3	13.3	16.1	13.0
2년제 대졸	43.3	49.2	51.2	85.7
4년제 대졸 이상	65.5	73.4	69.2	66.7
4년제 대졸/고졸 비율	4.6	5.5	4.3	5.1

자료: PIAAC 2012.
주. 전일제 직업을 가진 응답자만 포함.

부록 5

세대별, 성별, 학력별 관리직/전문직 비율: 미국

(단위: %)

성별/학력	연령대			
	25-34세	35-44세	45-54세	55-65세
남자				
고졸 미만	27.8	5.9	14.3	23.1
고졸	26.1	25.5	27.7	34.6
2년제 대졸	34.8	46.2	51.0	56.7
4년제 대졸 이상	76.8	89.7	92.7	82.2
4년제 대졸/고졸 비율	2.9	3.5	3.4	2.4
여자				
고졸 미만	6.3	0.0	6.3	11.1
고졸	34.2	25.0	35.4	34.2
2년제 대졸	59.7	61.7	71.4	67.6
4년제 대졸 이상	89.1	90.9	84.6	87.7
4년제 대졸/고졸 비율	2.6	3.6	2.4	2.6

자료: PIAAC 2012.
주. 전일제 직업을 가진 응답자만 포함.

부록 6

세대별, 성별, 학력별 관리직/전문직 비율: 일본

(단위: %)

성별/학력	연령대			
	25-34세	35-44세	45-54세	55-65세
남자				
고졸 미만	5.0	22.7	13.8	14.6
고졸	15.4	25.3	36.9	43.6
2년제 대졸	34.3	47.8	76.1	63.0
4년제 대졸 이상	62.5	74.8	85.5	76.6
4년제 대졸/고졸 비율	4.1	3.0	2.3	1.8
여자				
고졸 미만	0.0	0.0	0.0	13.3
고졸	14.3	18.8	30.9	17.2
2년제 대졸	43.2	40.7	50.0	46.4
4년제 대졸 이상	49.5	68.6	83.8	66.7
4년제 대졸/고졸 비율	3.5	3.6	2.7	3.9

자료: PIAAC 2012.
주. 전일제 직업을 가진 응답자만 포함.

CHAPTER

07

결론: 여전한 교육 프리미엄 - 교육 개혁으로 노동시장 불평등을 줄일 수 있는가?

CHAPTER 07

결론: 여전한 교육 프리미엄 – 교육 개혁으로 노동시장 불평등을 줄일 수 있는가?

CHAPTER 07

결론: 여전한 교육 프리미엄 – 교육 개혁으로 노동시장 불평등을 줄일 수 있는가?

지금까지 '한국 사회에서 교육 프리미엄은 감소했는가'라는 주제를 화두로 교육과 직업, 교육과 소득, 교육과 세대 간 불평등, 교육 프리미엄에 대한 국제 비교를 수행하였다. 결론을 내리기 앞서 각 연구 성과를 간략히 요약해 보자.

교육과 직업지위의 성취 간의 관계를 연구한 3장에서 한국 사회에서 1960년 이후 직업지위 성취에 끼치는 대학 학위의 가치가 지속적으로 하락했다는 증거는 찾을 수 없었다. 관리/전문직 취득 확률면에서 핵심노동 연령대 남성의 경우 4년제 대학 학위의 가치가 하락하지 않았다. 2년제 대학의 학위는 절대적 확률면에서는 가치가 떨어졌지만, 고졸과 비교한 상대적 확률면에서는 가치가 유지되거나 오히려 상승하였다. 2년제 학위의 가치가 낮아진 시점도 교육의 가치가 하락했다고 의

심하는 최근이 아니라 1960－1970년대에 비해 1980－1990년대에 가치가 하락하였다. 일반적으로 염려하는 것과 달리 교육 팽창에도 불구하고 교육 가치가 하락했다고 하기 어렵다. 여성의 경우도 남성과 크게 다르지 않다. 여성의 경우 4년제 대학 졸업자의 관리/전문직 취득 확률이 같은 학력 수준의 남성과 달리 하락하였지만, 이는 대학 교육의 가치 하락이라기보다는 정상화 과정으로 보아야 한다. 교육받은 여성의 일부만이 노동시장에 참여할 때 여성의 관리/전문직 취득 확률은 남성보다 훨씬 높았다. 하지만 최근 코호트에서 더 많은 여성이 노동시장에 참여하자 일부 여성만이 노동시장에 참여했던 1960－1975년과 비교하여 선택편향이 줄어들고, 남성과 여성의 격차가 줄어들었다.

4장에서는 다양한 자료를 이용하여 교육이 소득에 끼치는 영향을 살펴보았다. 인구총조사를 이용하여 1960년대 이후 전반적인 교육의 가치 변화를 살펴볼 수 있었던 직업효과와 달리 자료의 한계로 인하여 소득에 끼치는 교육의 영향은 1980년대 초반부터 시작하였다. 그 결과는 교육 팽창이 직업 지위의 하락을 야기하지 않았다는 3장의 분석과 다소 달랐다. 소득의 측면에서 대학 교육의 가치는 1980년대 초반에 비해 하락하였다. 하지만 하락 시점은 2000년대 이후 대학 교육을 받은 노동자의 폭발적 공급 시점이 아니다. 1980년대와 1990년대 초반은 한국에서 불평등이 전반적으로 줄어드는 시기에 교육 프리미엄이 줄었다. 교육 프리미엄의 변화 시점을 고려하면 인적자본론이나 지위재로서의 교육 이론보다는 사회적 역학 관계에서 교육의 가치가 결정된다는 이론이 더 설명력이 있다. 1990년대 중반 이후 한국에서 통신기술 산업이 본격적으로 발전하는 시기 이후 대졸 프리미엄은 약간이나마 증가하고 있다. 이 시기는 한국 사회에서 전반적 소득 불평등이 증가한 시기와 일치한다.

5장에서는 최근 논란이 되고 있는 청년층과 기성 세대 간의 소득 격차를 검토하고, 교육이 세대 간, 세대 간 불평등에 끼친 영향에 대해서 탐색하였다. 여러 언론에서 보도되었듯 한국 사회에서 세대 간 불평등이 커지고 청년층의 기회가 사라져서 미래에 현재의 청년층의 상황이 영구적으로 악화될 것이라는 염려가 크다. 이 장에서는 20대 청년층의 노동시장 성과 악화의 원인에 대한 두 가지 가설을 검증하였다. 첫 번째 가설은 기성세대가 20대 청년층을 배제하고 그 결과 청년층의 장기적 노동시장 성취가 지속적이고 누적적으로 악화될 것이라는 <봉쇄 이론 가설>이다. 다른 하나는 교육팽창과 20대 청년층의 선택을 이론화한 <지체된 노동시장 진입 가설>이다. 지체된 노동시장 진입 가설은 지위재로 교육을 보는 입장과 유사하다. 교육팽창이 교육의 절대적 가치를 낮추지는 않지만 생산성 신호로써의 효과는 감소시켜 대졸자 내에서의 경쟁이 격화되고 제한된 상층 지위 일자리를 차지하기 위해 청년층에서 노동시장 진입을 미루고 더 많은 신호쌓기(=스펙경쟁)를 한다는 가설이다. 인구총조사와 노동패널자료를 분석하여 20대와 30대 초반의 고용률과 소득의 변화를 코호트별로 추적한 결과 한국의 20대 청년층 고용악화는 교육의 효용극대화를 위해 노동시장을 미루었기 때문일 가능성이 높다. 더 이상 노동시장 진입을 미룰 수 없는 30대가 되면 교육 팽창의 긍정적 효과가 나타나, 고용률이 추세적으로 상승하고, 소득 역시 상승한다. 이전 세대와 달리 최근 코호트가 노동시장 진입을 미룰 수 있는 또 다른 이유는 20대 청년층이 속한 가구의 소득 상승이다.

6장에서는 국제성인역량조사 자료를 이용하여 한국의 세대 간 교육프리미엄과 학력별 관리직/전문직 비율이 미국이나 일본 대비 얼마나 다른지 살펴보았다. 그 결과는 3장과 4장의 분석과 일치한다. 최근 세대에서 교육의 소득 프리미엄은 미국이나 일본보다 낮아졌지만, 직업 지위의 측면에서 교육의 프리미엄이 낮아졌다는 증거가 없다. 하지만 이 결과의 해석도 주의를 요한다. 비록 연령대별 비교에서 55－65세 대비 25－34세의 교육의 소득 프리미엄이 낮지만, 20대 내부의 교육 프리미엄을 국가 간 비교하면 한국의 프리미엄은 미국과 일본의 중간 수준이다.

이상의 결과를 종합하면 한국 노동시장에서 교육, 특히 대학 교육의 가치가 지속적으로 하락했다는 증거는 발견할 수 없었다. 급속한 교육 팽창에도 불구하고 대학 교육의 가치는 21세기에도 유지되었다. 오히려 미약하나마 증가하였다. 한국 사회에 너무나 큰 문제가 있고 대학 교육을 받아도 소용없다고 주장하던 분들에게는 실망스러운 결과일 것이다.

이 시리즈의 다른 연구에서도 기존의 상식과는 다른 결과를 보고하고 있다. 한국 사회에서 사회이동이 특별히 감소했다는 발견이 없고(박현준의 『세대 간 사회이동의 변화』[1]), 가족 배경이 대학 진학에 끼치는 영향력이 증가했다는 증거도 없다(변수용·이성균의 『부모의 사회경제적 지위와 자녀의 교육 결과』). 박현준의 책에서 자세히 논의하였듯 사회이동이 줄어들었다고 사람들이 느끼는 가장 큰 이유는 구조적 이동의 감소 때문이다. "유동성"이라고 칭해지는 직업구조의 변화를 통제한 상태에서의 순수 사회이동은 오히려 증가하였다.

변수용·이성균의 책에서 보여주듯 가족 배경이 교육에 끼치는 영향력은 중등 교육 성적면에서는 최근 일부 나타나고 있지만, 대학 진학 측면에서는 가족 배경의 영향력이 커지지 않았다. 대졸 여부로 측정되는 교육 획득 측면에서 부모의 교육 수준이 자녀의 교육 수준에 끼치는 영향력은 출생 코호트별로 약간의 등락은 있으나 전반적으로 감소 추세이다. 다만, 가족의 사회경제적 배경이 성적으로 표현되는 자녀의 학업성취에 끼치는 영향은 2000년 이후 증가하였다. 가족의 영향을 학력으로 보느냐 성적으로 보느냐에 따라 다소 다른 결론에 이른다. 학업 성취면에서도 가족 배경의 중요성이 커지고 있는 미국과 한국이 다르다는 점도 이 책에서 보여준다. 변수용, 이성균은 이러한 가족 배경 영향의 다변화 원인을 교육 정책의 측면에서 수월성의 강조, 다문화

가정 증가 등 인구학적 변화, 2000년 이후 소득불평등 증가의 거시경제학적 이유 등에서 찾는다.

신광영과 김창환의 『교육, 젠더와 사회이동』에서는 가족 배경의 영향력이 성별로 차이가 있다는 것을 보여준다. 남성보다는 여성에게서 가족 배경의 영향이 크다. 가족배경의 영향력이 여성에게서 더 큰 이유는 여성의 사회경제적 지위는 노동시장뿐만 아니라 결혼시장에서 크게 영향을 받기 때문이다. 여성의 경제활동참여가 제한적인 한국 사회에서 여성의 학력은 사회경제적 지위가 높은 배우자를 만날 수 있는 조건으로 작용하고, 여성의 교육 수준은 남성보다 가족 배경에 더 큰 영향을 받는다. 하지만 대졸자의 비율이 지속적으로 증가함에 따라 추세적으로 결혼에서 학력의 중요성이 줄어들고, 결혼에서도 대졸자 프리미엄이 줄어들고 있어, 여성 역시 가족배경의 중요성이 남성과 마찬가지로 줄어들고 있다.

이상의 다양한 결과에서 찾을 수 있는 핵심적인 결론 중 하나는 <가족배경-교육-사회경제적 지위 성취> 경로 모형에서 가족배경(Origin)이 사회경제적 지위(Destination)에 직접적으로 끼치는 O→D 세습이 강화되지 않았다는 점이다. 간접적으로 교육을 통해 계급을 재생산하는 O→E→D의 경로에서 첫번째 단계인 O→E의 연결 강도가 강화되었다는 증거도 없다. 이에 반해 교육을 받은 후의 노동시장 성취인 E→D의 경로는 과거와 다름없이 유지되고 있다. 그렇다면 도대체 왜 한국 사회에서는 더 이상 개천에서 용이 나지 않고, 계급사다리가 무너져, 금수저-흙수저가 모든 것을 결정한다는 현실과 다른 인식이 널리 퍼졌을까?

1. 줄어든 개천

개천용이 사라진 가장 큰 이유는 개천이 줄어들었기 때문이다. 1960년 인구총조사에서 40대 경제활동인구 중 농림어업에 종사하는 비율은 62%였다. 2015년 인구총조사에서 그 비율은 6%에 불과하다. 1985년에는 15%였다. 부모가 40대일 때 자녀의 연령이 10대일 가능성이 높으므로 40대 인구의 직업 분포는 그 이후 세대의 직업 분포와 비교하는 준거점이 된다. 1960년대에 부모가 40대였던 세대는 62%가 농어민에서 다른 직업으로 이동할 수 있지만, 2015년 기준으로 부모가 40대였던 세대는 단 6%만이 농어민에서 다른 직업으로 사회이동을 할 수 있다. 주변에 농어민 출신으로 소득상층이나 상층 위계의 직업을 가진 경우가 줄어든 이유는 이처럼 분모가 달라졌기 때문이다.

가족배경과 교육성취의 연결고리도 마찬가지다. 1960년대 40대 인구 중 대졸 학력자는 0.6%에 불과했다. 초대졸까지 모두 포함하여도 1.4%에 불과하다. 1985년대는 2년제 대학을 포함하여 이 비율이 11%로 커진다. 2015년 기준으로는 48%다. 1960년대 10대였다가 학사 학위를 취득한 거의 모든 대졸자가 부모보다 학력이 상대적으로 상승하였다. 아마도 자신을 개천용으로 여길 것이다. 부모의 학력과 사회경제적 배경이 자신의 학업 성취에 영향을 끼치지 않았다고 생각할 것이다. 하지만 2015년에 40대는 절반 정도가 대학 교육을 받았다. 그 자녀들이 대학 교육을 받아도 개천에서 용이 났다고 생각하지 않을 것이다. 부모의 사회경제적 배경이 자녀의 학업 성취에 끼치는 영향이 커졌기 때문이 아니다. 눈부신 고도성장과 빠른 교육팽창을 경험한 한국은 다른 어느 나라보다 계층 구조의 급속한 변화를 경험하였다. 사회의 구조적 변화로 현 시점에서의 사회구조는 과거와 크게 다름에도 불구하고, 사회이동에 대한 집단의 기억은 과거의 사회구조를 분모로 하기 때문에 이제는 더 이상 개천에서 용이 나오지 않는다고 생각한다. 바뀐 것은 개천에서 용이 나올 확률이 아니라 개천의 양이다. 곳곳이 더러운 물이 흐르는 개천이었던 과거와 달리 이제는 커다랗고 깨끗한 물이 흐르는 강으로 강산이 변하였다.

노동시장에 끼치는 교육 효과가 줄어들었다는 인식도 대졸자의 증가로 비교집단이 변화한 결과이다. 1960년대 25-34세 청년층은 4%만 이 대학 교육을 받았기에 96%의 대학 교육을 받지 않은 또래집단과 자신을 비교한다. 사회적 네트워크가 좁고 고립되어 있는 사람이라도 대졸자가 고졸이나 그 미만 노동자와 자신을 비교할 수밖에 없다. 친구와 친척 중에 대학 교육을 받지 못한 또래집단이 많았다. 하지만 2015년 기준으로 25-34세 청년층은 77%가 대학 교육을 받았다. 4년제 대졸자만 48%에 이른다. 비교집단이 대학 교육을 받은 또래 집단이 되고, 경험적으로 모든 격차가 대졸자 내부의 격차로 해석되기 쉽다. 절대 다수가 대학 교육을 받았기에 대졸자와 대졸 미만 노동자 간의 상호작용은 크게 줄었을 것이다. 대학 교육의 절대적 보상이 줄어들지 않았음에도 불구하고, 대학 교육의 상대적 보상은 심리적으로 줄었다고 느끼게 된다.

이렇듯 한국 사회에 광범위하게 퍼져있는 계층 이동의 저하, 가족 배경의 영향력 상승, 교육 효과의 감소는 사회구조의 변화를 감안하여 가족 배경과 교육 효과를 측정하지 않고, 개인과 가족의 생애사 기억에 의존하여 통시적으로 구조가 다른 사회를 비교하기 때문에 발생한 현상이다. 대다수의 가구가 생애사적으로 급속한 경제발전과 교육팽창의 변화를 통시적으로 경험했기에 통시적 변화에 대한 비슷한 기억을 공유하고 있다. 이 집단적 경험의 유사성으로 인한 기억의 동질성이 구조적 변화를 인식하지 못하게 방해하고 있다. 이 집단적 기억을 강화하는 언론의 보도는 개인의 확신을 더욱 공고화시킨다. 본 연구의 시리즈는 이러한 집단적 기억과 구조적 변화의 실체를 대비시켜 인식의 전환을 유도하고 현재 문제가 되고 있는 불평등 증가 현상에 대한 올바른 대처 방안의 모색에 도움을 주기 위한 시도이다.

2. 대학 교육을 축소해야 하는가?

교육 팽창에도 불구하고 노동시장에서 대학의 가치는 저하되지 않았다. 그럼에도 불구하고 한국에서 대학 진학률이 지나치게 높고, 대학을 줄여야 한다는 의견이 팽배하다. 설사 지금은 노동시장에서 대학 교육의 가치가 저하되지 않았더라도 지속적으로 인구의 70~80%가 대학 교육을 받으면 대학 교육의 가치 저하가 불가피하고 모두가 대학 교육을 받아야 하는 사회는 바람직하지 않다고 여긴다. 모두가 대학 교육을 받기 시작하니 계급 상층은 사교육에 더 많은 자원을 투자하고, 국내 대학이 아니라 해외 대학으로 유학을 시키고, 그도 아니면 승마 등 소득하층이 접근하기 어려운 방법으로 새로운 구별짓기를 시작한다는 비판도 있다. 대학 졸업이 엘리트 교육의 지표가 아닌 대중 교육의 지표가 되자 이제는 좀 더 명확한 엘리트의 시그널을 보내기 위해 대학원 진학을 한다는 비판도 있다. 교육계층화를 연구한 사회학자들도 "효율적으로 유지되는 불평등(Efficiently Maintained Inequality, EMI)" 가설[2)]이라고 교육이 팽창하면 상위 계층은 같은 교육 수준 내에서 질적 격차를 만들어 새로운 계층화 기제를 창출한다고 주장하였다. 학령 인구의 감소로 인하여 2020년이 지난 후 대학의 축소는 불가피해졌다. 그러나 대학 정원의 감소가 대학 진학률의 축소로 이어져야만 하는 것은 아니다.

노동시장에서 대학 교육의 가치가 앞으로 어떻게 변화할지 명확하게 예측하는 것은 어렵다. 노동시장에서 교육의 가치는 고등 교육을 받은 인구의 공급과 더불어 산업구조의 변화에 따른 인력수요의 변화에 따라 달라진다. 급변하는 경제 환경 속에 어떤 인재가 필요할지 누구도 쉽게 예단할 수 없다. 2000년대 초반에만 해도 한국에도 이공계 위기론이 팽배했지만, 지금은 "문송합니다"라는 인문계 위기론으로 바뀌었다. 필자가 박사과정을 시작할 때만 해도 통계학과 컴퓨터 프로그래밍은 독립적인 분과도 인식되었지만, 지금은 "데이터 사이언스"라는 자료분석과 코딩을 같이 공부하는 분과와 학위가 생기고 있다. 코딩을 대학의 전공이 아닌 고등학교의 필수과목으로 넣어야 한다는 의견도 있다. 대학의 정규 과목이 새로운 산업 수요에 따라가지 못하자, 코딩을 단기간 속성으로 가르쳐주는 코딩 부트 캠프도 생겨나고 있다. 이렇게 급변하는 산업 환경 속에서 한 가지 확실한 것은 평생 교육의 중요성이다. 더 이상 교육이 노동시장 진입 이전에 완료되는 생애사의 특정 시점에서의 이벤트가 아니라 노동시장 진입 후에도 지속되는 생애를 통틀어 반복되어야 하는 일상이 되었다. 이렇게 변화하는 환경 속에서 대학 교육은 축소되기보다는 오히려 확대되어야 한다. 다만 교육 제공 방식이 지금보다 더 유연해지고, 공급의 대상도 넓어져야 할 것이다.

이 책에서 교육의 노동시장 보상을 연구했지만, 대학 교육의 이점은 노동시장에서의 보상에 한정되지 않는다.[3] 교육을 많이 받은 사람들이 더 건강하고, 더 오래 살고, 흡연율도 낮다. 가족생활과 관련하여 이혼률도 낮고, 자녀들에 대한 훈육 방식도 보다 민주적이다. 사람들 사이의 신뢰도 높고, 범죄율도 낮다.[4] 친구들과 더 많은 시간을 보내고, 봉사활동도 더 많이 참여하고, 민주적 시민으로서의 의무도 더 잘 이행한다. 대학의 장점은 노동시장에서의 보상이라는 효과뿐만 아니라 전체적으로 더 나은 사회를 만드는 효과가 있다. 또한 교육은 그 자체로 사람들이 더 많은 것을 즐길 수 있게 해준다. 유발 하라리의 『사피엔스』와 피케티의 『자본과 이데올로기』, 브라이언 그린의 『우주의 구조』를 읽고 즐길 수 있는 삶은 그렇지 않은 삶보다 풍족하다는 데 많은 사람들이 동의할 것이다. 옛 궁전의 폐허를 보면서도 즐길 수 있는 능력도 사이 트웜블리(Cy Twombly)의 낙서 같은 작품[5]을 보며 서사를 상상하는 능력도 교육을 통해서 길러진다. 유홍준이 『나의 문화유산답사기』에서 말하듯 "아는 만큼 보인다"고 하지 않았던가. 학이시습지는 불역열호아(學而時習之 不亦說乎)다.

3. 불평등을 줄이는 방법은?

그렇다면 한국 사회의 불평등을 줄이는 방법은 무엇일까? 본 연구로부터 이에 대한 답을 직접 도출할 수는 없다. 한 가지 확실한 것은 교육 공급을 조절함으로써 노동시장 불평등을 해결할 수는 없다는 것이다. 한국에서 극소수만이 대학 교육을 받았던 1960년대에도 노동시장 불평등 수준은 높았다. 대다수가 대학 교육을 받은 21세기의 청년층 내부에서도 노동시장 불평등은 크다.

교육을 바꿔서 불평등을 줄이는 것이 아니라, 반대로 노동시장 내부의 불평등을 줄임으로써 학력 간 격차를 줄일 수 있다. 한국에서 경제 발전과 더불어 소득불평등이 낮아지던 1980년부터 1990년대 초반까지 학력 간 소득 격차도 줄었다. 노동시장에서 고졸자 대비 대졸자의 보상 정도가 작아졌지만, 이 시기에 교육의 전반적 가치가 줄었다고 누구도 생각하지 않는다. 아이러니하게도 교육의 가치가 낮아졌다고 생각하는 시기는 전체적인 불평등이 증가하고 학력 간 소득 격차가 벌어지는 21세기 이후다.

국가 간 비교를 해도 결론은 달라지지 않는다. 학력 간 소득 격차가 크지만 전체 소득불평등이 낮은 국가는 없다. 마찬가지로 학력 간 소득 격차는 작지만 전체 소득불평등이 높은 국가도 없다. 소득불평등이 낮은 국가는 학력 간 격차도 낮다. 불평등 정도가 높은 미국의 학력 간 격차와 한국의 격차가 비슷하다. 남미 국가들도 학력 간 격차와 전반적인 소득불평등 모두가 높다. 반면 스웨덴, 핀란드 등 북구 복지국가는 전체 불평등도 낮고 학력 간 소득 격차도 작다.

4. 교육은 다다익선

한국 사회에서 급속한 교육 팽창에도 불구하고 노동시장에서 교육의 가치는 줄어들지 않았다. 더 많은 교육은 더 많은 개인적 혜택과 사회적 이점이 있다. 미래의 노동시장에서 교육의 중요성이 축소될 가능성은 낮다. 더 많은 교육이 계층 격차를 반드시 줄이는 것은 아니지만, 더 많은 교육을 제공할 때 소득 하위계층도 교육의 혜택을 받을 가능성이 커진다. 적어도 더 많은 교육이 노동시장에서의 계층 격차를 키우지는 않는다. 교육은 가족배경이 개인의 사회경제적 지위를 결정하는 O→D(Origin→Destination) 연계를 축소시키고, 개인의 능력과 노력에 따라 사회경제적 지위가 결정될 수 있는 기회를 제공하는 가장 강력한 수단이다. 대학의 팽창과 함께 위대한 평등의 촉진자(The Great Equalizer)로서의 대학의 기능이 과거보다 약화되었는가에 대한 논쟁[6]이 진행 중이지만, 대학 교육을 받지 않은 계층에서 보다는 대학 계층을 받은 계층에서 가족 배경의 영향이 작은 것은 확실하다. 교육은 다다익선이다.

▌미주

서 문

1) Furceri et al., 2020.
2) 국내 여론과 해외 평가의 간극에 대한 연구로는 Kim and Choi(2015)와 김두환(2017)이 있다.

제 1 장

1) Blau and Duncan, 1967.
2) https://news.joins.com/article/23413424
3) 이 기사는 최성수, 이수빈이 2018년 한국사회학지에 발표한 “한국에서 교육기회는 점점 더 불평등해져 왔는가?: 부모 학력에 따른 자녀 최종학력 격차의 출생 코호트 추세”를 인용하여 작성하였다.
4) 이용관, 2018.
5) 김희삼, 2017.
6) Mare, 1980.
7) Breen and Jonsson, 2007; Hout, 1984, 1988; Oh and Kim, 2020.
8) Brand and Xie, 2010. 이 논문의 방법론에 대한 비판은 Breen, Choi, and Holm(2014)를 참조하라.
9) 한국에서 많은 연구들이 O → E의 관계가 강고하다는 것을 보여주었다. 이 주제와 관련된 최신 연구로는 김창환 · 신희연(2020), 문정주 · 최율(2019), 이수빈 · 최성수(2020) 등이 있다.
10) Evans, Kelley, Sikora, and Treiman, 2010. 하지만 한국은 다른 국가보다 교육 성취에 끼치는 문화 자본의 영향력은 작은 편이다. 정인관 외(2020)의 종합 검토에 따르면, “부모가 소유한 문화적 소유물, 독서 향유 정도, 문화적 소통 등으로 정의된 문화자본은 자녀의 학업성취에 정적인 영향을 주는 반면, 자녀의 문화 활동 참여로 정의되는 문화자본은 일관되게 부적 영향을 가지는 것으로 나타난다.”
11) 통계청에서 제공하는 1980년도 인구총조사 자료는 교육과 직업에 대한 정보가 누락되어 있어 분석에 포함하지 않았다.
12) Horowitz, 2018. 하지만 이 연구에 대한 반박도 존재한다. 아직 미출간 논문이지만, 대학 교육의 상대적 가치가 떨어졌다는 호로위츠의 결과는 학력을 어떻게 정의하느냐에 따라 달라진다는 결과도 있다.
13) Di Stasio, 2017; Goldthorpe, 2014.
14) Hout, 2008.

제 2 장

1) Card, 1999.

2) Duncan, 1961.
3) Chiswick, 1974; Moretti, 2012.
4) Jorgenson and Fraumeni, 1995.
5) 세 가지 이론에 대한 논의는 필자가 참여한 Sakamoto, Kim, and Woo(2012) 논문을 주로 참조하였다.
6) Becker, 1964.
7) http://theme.archives.go.kr/next/hangeulPolicy/business.do
8) Thurow, 1975; Kerckhoff, 1976.
9) Weiss, 1995.
10) Kausel, Culbertson, and Madrid, 2016.
11) 인터뷰 기사에서 삼성그룹 인사팀 출신 조영환씨는 다음과 같이 말했다. "인사팀에서 관상을 중요하게 봐요. 대기업 인사팀은 면접관들에게 교육을 합니다. 가령 코가 '얇고 좁은 건 신경이 예민하다', '입술이 굵고 두툼한 사람은 성격이 단순하고 억세다'는 내용이죠."
http://news.chosun.com/misaeng/site/data/html_dir/2016/04/21/2016042102546.html
12) Levin, 1977.
13) Rank, 2011.
14) Collins, 1971.
15) Farkas, 1996.
16) Bourdieu, 1984[1979].
17) 경향신문 2017년 12월 19일:
http://news.khan.co.kr/kh_news/khan_art_view.html?artid=201712192229005&code=940100
18) 문수연, 2016.
19) Byun and Kim, 2010.
20) 김도영 · 최율, 2019.
21) Gerber and Cheung, 2008; Oh and Kim, 2020.
22) Young, 1958. 한국어로는 <능력주의>라는 제목으로 2020년에 번역되었다.
23) 오찬호, 2013.
24) Autor, 2014; Morris and Western, 1999.
25) 국제로보트협회에 따르면 한국은 제조업 분야에서 노동자 1만 명당 로봇수가 631개로 싱가폴(488개), 독일(303개) 일본(309개)를 제치고 세계 1위를 오랫동안 고수하고 있다. 세계 평균은 74개에 지나지 않는다.
https://ifr.org/ifr-press-releases/news/robot-density-rises-globally
26) Goldin and Katz, 2008.
27) 기술발전은 사회적 관계가 별도로 이루어지는 외생적인 변수로 인식하는 것이 일반적이지만, 일부에서는 기술발전을 사회적 관계의 내생적 변수로 본다. 어떤 기술이 발전하는가는 사회적 관계와 별개로 과학자와 기술자의 어떤 우연적 발견에 의해서 사회 외부로부터 주어지는 것이 아니라, 사회적 관계의 조건에 따라 기술발전의 방향이 바뀐다. 19세기에는 저숙련노동자가 풍부하였기에 자본주의 사회에서 이들을 활용하기 위하여 저숙련편향 기술발전이 이루어졌고, 20세기에는 보편교육이 활성화되고, 대학 교육이 증가하면서 숙

련노동자가 풍부해져서 숙련노동자가 값싸게 바뀌었기 때문에 이들을 활용하기 위한 숙련편향 기술발전이 이루어졌다. 이 주장의 대표적인 학자가 폴 로머다(Romer, 1990).

28) Rauscher, 2016.

29) 한국에서 의무교육은 미군정 하에서 구상되어 1950년부터 시행에 들어갔다. 6·25 전쟁 발발 후 제대로 시행되지 않다가 1952년 <교육법 시행론> 공포 이후 본격적으로 추진되었다.

30) Acemoglu and Autor, 2012.

31) 본서 시리즈의 참여자 중 한 명인 박현준이 에디터로 참여한 <사회계층과 이동 연구(Research in Social Stratification and Mobility)> 학술지의 2016년도 vol.43은 지위재로서의 교육에 대한 특집호로 구성되어 있다(Park and Shavit, 2016).

32) Thurow, 1975.

33) Bol, 2015.

34) 하지만 한국에서 엘리트 대학과 비엘리트 대학의 소득 격차가 벌어졌다는 증거는 명확하지 않다. 이에 대해서는 이수빈·최성수(2020)를 참조하라.

35) Kalleberg and Sorensen. 1979; Berg and Kalleberg, 2001.

36) Card, 2001.

37) Kim and Sakamoto, 2010.

38) Cappelli, 2001; Cornfield, 1991.

제 3 장

1) Blau and Duncan, 1967.

2) Sewell, Haller, and Portes, 1969.

3) 예를 들어 이기중·곽수란(2016), 전하람·김경근(2006), 김경근·변수용(2006) 등이 있다.

4) 김두환, 2008.

5) 대표적인 예가 Piketty and Saez(2003), Piketty(2013[2014])이다. 한국에서는 김낙년(2012), 홍민기(2015) 등이 있다. 서베이 자료와 세금 자료의 불평등 측정치를 비교한 연구로는 필자가 참여한 Kim and Tamborin (2012, 2014)와 Tamborini and Kim(2013)이 있다.

6) 가계금융복지조사의 고소득층은 세금 자료를 이용하여 연간 총소득을 보완하고 있다.

7) Torche, 2015.

8) 일반적 기대와 달리 직업변수는 응답자에게 직업의 명칭을 직접 물어서 작성하지 않는다. 하는 일의 내용을 물은 후 전문 코더가 직업 코드를 부여한다. 이 과정에서 코딩 에러가 발생할 수 있다. 직업의 코딩 에러는 일반적으로 생각하는 것보다 훨씬 크다. 10개 이하의 항목인 대분류 직업에서도 근 40% 가까운 코딩 에러가 발생한다(Kim, Kim and Ban, 2020).

9) Kim, Sakamoto, and Tamborini, 2018.

10) 일반적으로 통계 모델은 계수추정치의 유의성을 검증하는 데 반해, 이 연구는

통계 모델의 적합도(fitness)를 연구하였다. 보다 구체적으로는 R−squared, Adjusted R−squared, Akaike Information Criterion(AIC), Bayesian Information Criterion(BIC) 등을 이용하여 각 대리변수의 평생소득 설명력을 검증하였다.

11) Lin and Xie, 1988.
12) Treiman, 1977.
13) Hout and DiPrete, 2005.
14) 유홍준 · 김월화, 2006.
15) Davis and Moore, 1970[1945].
16) Tumin, 1953.
17) MDIS 홈페이지는 https://mdis.kostat.go.kr이다. 회원으로 가입하고 신청하면 누구나 가공되지 않은 통계 원자료를 다운로드 받을 수 있다.
18) 종속변수가 0과 1로 구성된 가변수일 때는 로짓모형을 사용하는 경우가 많다. 로짓모형은 오즈의 자연로그전환값을 종속변수로 사용한다. 오즈는 1의 확률(P)을 그 역수(=1−P)로 나눈 값이다. 그러니까 오즈의 로그전환값인 ln(P/[1−P])가 종속변수이다. 예를 들어, 한국팀이 월드컵에서 브라질을 상대로 이길 확률이 10%면, 승패의 비율이 1대 9가 된다. 이를 오즈로 표현하면 .10/(1−.10)=.11이 된다. 이를 로그전환하면 −2.20(=ln(.10/.90))이 된다. 로짓모형에서 측정된 계수값은 기준그룹 대비 변수의 상대적 오즈값을 나타낸다. 이 상대적 오즈값 자체가 어떤 실체적인 의미를 가지기 어렵기 때문에 측정된 계수값을 지수변환하여 오즈비로 해석한다. 문제는 오즈비의 정확한 의미를 해석하기 쉽지 않다. 이러한 복잡한 과정을 거치는 로짓모형에 비해 선형확률모형은 고급통계의 출발점인 선형회귀분석(Ordinary Least Square Model, OLS)을 사용한다. 다만 종속변수가 연속변수가 아닌 가변수를 사용한다. 종속변수가 정규분포를 띄는 것이 OLS의 일반적인 조건이지만, 정규분포가 아니라고 측정값이 편향되지는 않는다. 선형확률모형의 계수추정치는 다른 변수를 통제한 후 측정 변수의 1 유닛 증가에 따른 종속변수의 확률 변화로 쉽게 해석할 수 있다. 선형확률모형과 로짓모형은 극단치의 계산에서는 상당한 차이가 있으나 중간 확률 계산에서는 거의 차이가 없다. 본 연구에서는 교육의 평균적 효과를 측정하는 데 있으므로 해석이 어려운 로짓모형보다는 직관적인 해석이 가능한 선형확률모형을 사용하였다.
19) 통계적으로 가장 큰 두 가지 논란은 동분산성(homoscadasticity) 가정이 충족되지 않는다는 것과, 독립변수의 평균적 효과가 아닌 다른 추정치가 편향될 수 있다는 점이다. 하지만 이 장의 분석에서 강건표준오차(robust standard errors)로 유의도를 검증하였고, 대학 학력의 평균 효과에 분석의 초점을 맞추었기에 두 우려가 모두 불식될 수 있다.
20) 보다 구체적으로는 관리/전문직을 1로 사무직을 포함한 다른 모든 직업을 0으로 코딩한 가변수이고, 다른 하나는 관리/전문/사무직을 1로 다른 직업을 0으로 코딩한 가변수이다. 교육은 고졸 이하, 고졸, 초대졸, 대졸로 구분하여, 고졸을 기준그룹(=reference group)으로 다른 교육 수준의 효과를 측정하였다. 연령, 연령−자승 연령과 혼인상태, 산업을 추가로 통제하였다. 노동시장 성과의 관계는 보통 뒤집어진 U−곡선을 그린다. 나이가 들면서 소득, 직위

등이 올라가다가, 일정 정도 나이가 되면 최고점을 찍고, 그 상태에서 몇 년 머물다가 그 다음에는 낮아진다. 이러한 변화 양상을 통계적으로 통제하기 위해서 연령-자승을 통제한다. 대부분의 노동시장 분석에서 연령의 효과는 양의 값을 가지고, 연령-자승의 효과는 음의 값을 가진다.

21) 구체적인 통계 분석 결과는 <부록 1>을 참조.
22) 오삼일 · 강달현, 2019.
23) 이 계산은 <부록 2>의 2차, 3차 상호작용 효과를 모두 고려한 것이다.
24) 이수빈 · 최성수(2020)는 2년제 대학이 하위계층의 세대 간 사회이동에 긍정적으로 기여함을 보여준다.
25) 2018년 취업포털 잡코리아의 설문 조사에 따르면 대학 졸업을 앞둔 취업준비생의 절반 가량이 대학 졸업장은 가치 없다고 느낀다고 한다.
http://www.womennews.co.kr/news/articleView.html?idxno=79667
월스트리트 저널도 한국에서 대학졸업장은 별 가치가 없다는 보도를 하였다.
https://www.wsj.com/articles/whats-a-college-degree-worth-not-much-for-young-south-koreans-1500370206
26) 최경수, 2017.
27) 예를 들어 변수용 · 김경근(2008), 김현주 · 이병훈(2007)은 가족배경에 따른 학력성취도 격차가 벌어진다고 보고한다. 하지만 장상수(2000), 방하남 · 김기헌(2003)은 반대로 가족배경의 영향력이 줄었다고 보고하고 있다. 가족배경과 교육성취도의 연구에 대한 정리는 최성수 · 이수빈(2018)에 잘 정리되어 있다.
28) 최성수 · 이수빈, 2018.

제 4 장

1) Tamborini, Kim, and Sakamoto, 2010.
2) http://www.hani.co.kr/arti/economy/working/43938.html
3) Gottschalk and Smeeding, 1997.
4) OECD, 2017.
https://data.oecd.org/eduatt/population-with-tertiary-education.htm
5) 이주호 · 정혁 · 홍성창, 2014.
6) NBC 뉴스 2017년 9월 6일자 기사.
https://www.nbcnews.com/politics/first-read/americans-split-whether-4-year-college-degree-worth-cost-n799336
7) 한겨레 신문 2017년 4월 23일자 기사.
http://www.hani.co.kr/arti/economy/economy_general/791849.html
8) 한국의 소득불평등 변화에 대한 리뷰 논문은 이성균 · 신희주 · 김창환(2020), 이철희(2008), 전병유(2013), 전병유 · 정준호 · 정세은(2017), 정준호 · 전병유 · 장지연(2017) 등이 있고, 세금 자료를 이용한 분석으로는 김낙년(2012), 홍민기(2015) 등이 있다. 불평등 전반에 대한 학술적 책으로는 신광영(2013)이 있다. 소득불평등의 장기 변화를 다루지는 않지만 1997년 아시아 경제 위기 이후의 직업이동변동과 불평등의 관계에 대한 최성수(Choi, S, 2016)의 연구

도 참고할 만하다.

9) http://www.oecd.org/sti/inno/researchanddevelopmentstatisticsrds.htm

10) https://ifr.org/ifr-press-releases/news/robot-density-rises-globally

11) (exp(.868)-1)*100 = 138%. 이후 모든 분석에서 이와 같은 anti-log를 적용하여 교육 프리미엄을 퍼센테이지 변화로 기술한다.

12) 통계청, 2018.

13) 김영미, 2015; 권현지 · 김영미 · 권혜원, 2015.

14) 교육 프리미엄의 성별 격차에 대한 논의는 DiPrete and Buchmann (2006), Dougherty(2005), 그리고 Goldin, Katz, and Kuziemko(2006)을 참조하라. 하지만 Hubbard(2014)는 여성의 교육 프리미엄이 큰 이유는 소득 변수가 톱코딩(top-coding)되어 있어서 고소득 남성의 저확한 소득을 파악하지 못하기 때문이라고 주장한다. 이 문제를 수정하면 교육 프리미엄의 성별 격차가 사라진다는 것이다.

15) Grogger and Eide, 1995.

16) Autor, 2015; 이성균 · 김영미, 2010.

17) Allison, 1978; Hao and Naiman, 2010.

18) Oh and Kim, 2020; Posselt and Grosdsky, 2017; Valletta, 2015.

19) Breen and Jonsson, 2007; Hout, 1984, 1988.

20) Torche, 2011.

21) Falcon and Bataille, 2018.

22) Wakeling and Laurison, 2017.

23) Oh and Kim, 2020.

24) 김종영, 2015.

25) Morris and Western, 1999; 반정호, 2010; 남춘호, 2015.

26) 통계청 국가통계포털(http://kosis.kr)

27) 통계적으로 R-squared 값으로 측정한다.

28) 고용형태와 사업체 규모에 대해서는 김영미 · 한준(2007), 정이환(2007), 강병익 · 황규성(2017) 등의 연구가 있다. 비정규직 규모 추정에 대해서는 김유선(2013)을 보라.

제 5 장

1) 사회학에서 세대론의 개념은 만하임(Mannheim, 1952[1928])의 저술로부터 시작한다. 하지만 세대 효과를 연령, 시기 효과와 구분하는 세대론 경험연구의 기초는 라이더(Ryder, 1965)에서 시작되었다. 세대 개념에 대해서는 박재흥(2001, 2009), 전상진(2004) 등의 연구를 참조하라.

2) http://www.index.go.kr/potal/stts/idxMain/selectPoSttsIdxSearch.do?idx_cd=4013&stts_cd=401301

3) 송민기, 2018.

4) https://data.oecd.org/emp/employment-rate.htm

5) 김희삼, 2014.

6) http://www.asiatoday.co.kr/view.php?key=20190603010001258

7) Chen, Hallaert, Qu, Queyranne, Pitt, Rhee, Shabunina, Vandenbussche, and

Yackovlev, 2018.

8) Bialik and Fry, 2019.

9) 세대 효과는 연령, 시기 효과와 연결되어 있다. 인구학에서는 APC(Age-period-cohort) 방법론이라고 세대 효과를 연령, 시기 효과와 분리하는 기법에 관한 수많은 연구가 있다. 그럼에도 불구하고 특정 방법론이 표준으로 적립되지 않았다. 겉으로 보기에 세대 효과가 있어 보여도 연령, 시기 효과를 통제하면, 독립적인 세대 효과가 발견되지 않는 경우가 많다. 세대론에 대한 사회학적 논의에 대한 정리는 미학술원(National Academics of Sciences Engineering Medicine)에서 2020년에 발간한 *Are Generational Categories Meaningful Distinctions for Workforce Management?*를 참고하라 (NASEM, 2020).

10) 신광영, 2009.

11) 이철승, 2019a; 이철승 · 정준호, 2018.

12) Maume and Wilson, 2015.

13) Beaudry, Green, and Sand, 2013, 2014.

14) Goldin and Katz, 2008.

15) 이주호 · 정혁 · 홍성창, 2014.

16) Kim and Sakamoto 2017; Stiglitz, Sen, and Fitoussi, 2009.

17) 평균 소득보다 중위 소득이 소득 비교에 더 많이 사용되는 이유는 소득은 우편향 분포(즉, 부자의 소득은 평균보다 매우 높다)를 보여 평균은 대표값으로 쓰이기에 부적절하기 때문이다. 우스갯소리로 술집에 이재용 삼성부회장이 들어오면 그 술집 손님의 평균소득은 기하급수적으로 증가한다. 이에 반해 중위소득은 거의 변화가 없다.

18) 이성균 외, 2020.

19) Cowell, 2011; Hao and Naiman, 2010.

20) 문재인 정부에서 중소벤처기업부 장관을 역임한 홍종학 전의원은 19대 국회위원 시절 국세청 자료를 이용하여 과세미달자 포함 전체 평균 소득과 중위소득 대비 상위 1%, 상위 10%가 차지하는 비율을 계산하여 보고한 적이 있다. 이 보고서에 의하면 한국에서 2010년 초반에 상위 1%, 상위 10%가 전체 소득에서 차지하는 비율은 하락하였다. 상위 1%의 중위소득 대비 비율은 2010년 17.8배에서 2013년 16.7배로 감소하였고, 상위 10%의 중위소득 대비 비율은 2010년 6.2배에서 2013년 5.8배로 감소하였다.

21) 누적적 불이익과 누적적 이익을 의미하는 마태효과는 마태복음 25장 29절에 나오는 "무릇 있는 자는 받아 풍족하게 되고 없는 자는 그 있는 것까지 빼앗기리라"라는 구절에서 따온 명명이다. 사회학자인 로버트 머튼이 "과학에서의 마태효과(The Matthew Effect in Science)"라는 사이언스지에 발표된 논문에서 처음 사용하였다.

22) 방법론에 대해서 좀 더 구체적인 설명을 하자면, 패널 분석 기법의 하나인 고정효과모형(Fixed Effects Model)을 이용하여 코호트별로 교육 수준에 따른 25세 때의 기대 임금을 구하고, 25세에서 34세 사이의 소득상승률의 코호트별 변화를 파악하였다. 고정효과기법은 동일한 개인의 소득 변화를 추적하는 통계 방법이다. 이 방법은 관찰되지 않은 각 개인의 불변속성을 통제하는 장

점이 있다.

23) [표 5.4]의 결과는 대학 팽창과 소득의 인과 효과를 분석한 최성수의 연구와 일치한다(Choi, S. 2015). 최성수는 노동패널 자료를 이용하여 1965－1971년 출생 코호트와 1976－1982년 출생코호트의 임금을 차이내차이법(Difference－in－difference)을 이용하여 비교한다. 그 결과 남녀 모두 정도의 차이는 있지만 4년제 대학 졸업자는 대학 팽창으로 소득이 증가했다.

24) 한요셉, 2017.

25) 한요셉, 2017, p. 1.

26) 통계청, http://www.index.go.kr/unify/idx－info.do?idxCd＝4013

27) 계봉오·김영미, 2015.

28) 이수빈·최성수, 2020.

제 6 장

1) Schofer and Meyer, 2005.
2) Boarini and Strauss, 2007; OECD. 2011, 2018, 2020; Torche, 2011; Wang, 2019.
3) Amano, 1997.
4) Boarini and Strauss, 2010.
5) 통계청, 2012.
6) Kim, DH, 2019.
7) Tamborini and Kim, 2017; 2020.

제 7 장

1) 한국의 세대 간 사회이동에 대해서는 정인관 외(2020)에서 기존 연구 성과를 종합적으로 리뷰하고 있다. 영어로 쓰여진 논문으로는 Chung and Park (2019)이 있다.
2) Lucas, 2001. EMI와 같이 언급되는 가설로는 최대한 유지되는 불평등(Maximally maintained inequality, MMI)이 있다(Denice 2015; Raftery and Hout, 1993). EMI는 고등 교육 내부의 질적 격차를, MMI는 양적 격차를 나타낸다.
3) 교육 효과에 대한 종합적 검토 논문으로는 Hout(2012)와 Oreopoulos and Salvanes (2011) 등이 있다.
4) 교육과 기대수명, 건강에 대해서는 Mirowsky and Ross(2003), 행복에 대해서는 Yang(2008), 이혼에 대해서는 Schwartz(2010), 사회참여와 민주 시민의 의무에 대해서는 Putnam(2001), 은퇴 후 소득에 대해서는 Tambirni and Kim(2017) 등의 연구가 있다.
5) 리움 미술관에 트윔블리의 그림 한 폭이 있다. 미국 사회학회나 인구학회가 가끔 열리는 필라델피아 미술관에 일리아드의 서사를 표현한 10편 작품(Fifty Days at Iliam)이 전시된 상설 갤러리가 있다.
6) Torche, 2011.

강병익 · 황규성. 2017. “제2장 다중격차의 역사적 기원: 다중격차 이전의 불평등.” 황규성 · 강병익 편. 『다중 격차 2: 역사와 구조』 페이퍼로드, 39~74쪽.

계봉오 · 김영미. 2014. “한국여성의 결혼, 출산 및 경제활동 참가 형태에 대한 연구.” 『사회연구』 25: 79－113.

권현지 · 김영미 · 권혜원. 2015. “저임금 서비스 노동시장의 젠더불평등.” 『경제와 사회』 107: 44－78.

김경근 · 변수용. 2006. “한국사회에서의 상급학교 진학 선택 결정요인.” 『교육사회학연구』 16(4): 1－27.

김낙년. 2012. “한국의 소득집중도 추이와 국제비교, 1976~2010: 소득세자료에 의한 접근.” 『경제분석』 18(3): 75~114.

김도영 · 최율. 2019. “대졸 청년의 공무원 시험 준비 및 합격에 나타난 계층수준과 교육성취의 효과.” 『경제와사회』 123: 40－74.

김두환. 2008. “부모와 자녀의 사회적 관계와 대학진학 포부 및 학업성취.” 『교육사회학연구』 18(4): 29－53.

김두환. 2017. “한국교육에 대한 국외의 긍정평가와 국내의 부정평가에 대한 고찰.” 『사회사상과 문화』 20(2): 291－328.

김영미. 2015. “분절노동시장에서의 젠더불평등의 복합성: 중심부와 주변부에서 나타나는 여성차별의 차이.” 『경제와사회』 106: 205－237.

김영미 · 한준. 2007. “내부노동시장의 해체인가 축소인가: 기업규모별 임금격차 분해 를 통해 본 한국노동시장의 구조 변동, 1982~2004.” 『한국사회학』 42(7): 111－145.

김유선. 2013. “비정규직 규모와 실태.” <KSLI 이슈 페이퍼> 2013－07,

한국노동사회연구소.
김종영. 2015. 『지배받는 지배자』. 돌베개.
김창환·신희연. 2020. “입시 제도에서 나타나는 적응의 법칙과 엘리트 대학 진학의 공정성.” 『한국사회학』 54(3): 35-83.
김현주·이병훈. 2007. “자녀의 학업성취에 미치는 가족배경, 사회자본 및 문화자본의 영향.” 『한국인구학』 30(1): 125-148.
김희삼. 2014. “세대 간 계층 이동성과 교육의 역할.” 인적자본정책의 새로운 방향에 대한 종합연구. KDI-연구보고서 2014-08.
김희삼. 2017. “사회이동성과 교육격차.” 한국경제연구원 대외세미나 2017. 8. 23.
남춘호. 2015. “제조업 노동시장의 이중구조에 대한 실증적 분석.” 『한국사회학』 29(4): 789-824.
문수연. 2016. “교육 불평등 변화 양상 분석:중간계급 및 코호트 분석을 중심으로.” 『한국사회학』 50(5): 141-171.
문정주·최율. 2019. “배제의 법칙으로서의 입시제도: 사회적 계층 수준에 따른 대학 입시제도 인식 분석.” 『한국사회학』 53(3): 175-215.
박재흥. 2001. “세대연구의 이론적·방법론적 쟁점.” 『한국인구학』 24(2): 47-78.
박재흥. 2009. “세대명칭과 세대갈등 담론에 대한 비판적 검토.” 『경제와 사회』 81: 10-34.
반정호. 2010. “고용구조 변화와 임금불평등: 종사상지위를 중심으로.” 『노동리뷰』 64: 49-62.
방하남·김기헌. 2003. “한국사회의 교육계층화.” 『한국사회학』 37(4): 31-65.
변수용·김경근. 2008. “부모의 교육적 관여가 학업성취에 미치는 영향: 가정배경의 영향을 중심으로.” 『교육사회학연구』 18(1): 39-66.
송민기. 2018. “2019년 4월 취업자 증감 지표 및 연령 프레임 효과.” 금융브리프 28-10.
신광영. 2009. “세대, 계급과 불평등.” 『경제와사회』 81: 35-60.
신광영. 2013. 『한국 사회 불평등 연구』. 후마니타스.

오삼일 · 강달현. 2019. “BOK 이슈노트: 하향취업의 현황과 특징.” 한국은행 제2019－4호.
오찬호. 2013. 『우리는 차별에 찬성합니다: 괴물이 된 이십대의 자화상』. 개마고원.
우석훈 · 박권일. 2007. 『88만원 세대』. 레디앙.
유홍준 · 김월화. 2006. “한국 직업지위 지수: 과거와 현재.” 『한국사회학』 40(6): 153－186.
이기중 · 곽수란. 2016. “직업포부와 교육포부가 교육성취에 미치는 영향.” 『고용직업능력개발연구』 19(1): 25－48.
이성균 · 김영미. 2010. “한국의 서비스산업 확대는 남녀임금격차에 어떤 영향을 미치는가?” 『한국사회학』 44(1): 1－25.
이성균 · 신희주 · 김창환. 2020. “한국 사회 가구 소득과 자산의 불평등 : 연구 성과와 과제.” 『경제와사회』 127: 60－94.
이수빈 · 최성수. 2020. “한국 대학들의 사회이동 성적표: 경제적 지위의 세대 간 이동과 유지에서 대학이 하는 역할.” 『한국사회학』 54(1): 181－240.
이용관. 2018. ”청년층의 주관적 계층의식과 계층이동 가능성 영향요인 변화 분석.” 『보건사회연구』 38(4): 465－491.
이주호 · 정혁 · 홍성창. 2014. “한국은 인적자본 일등 국가인가?” 인적자본정책의 새로운 방향에 대한 종합연구. KDI 연구보고서 2014－08.
이철승. 2019a. “세대, 계급, 위계: 386 세대의 집권과 불평등의 확대.” 『한국사회학』 53(1): 1－48.
이철승. 2019b. 『불평등의 세대』. 문학과지성사.
이철승 · 정준호. 2018. “세대 간 자산 이전과 세대 내 불평등의 증대.” 『동향과전망』 104: 316－32.
이철희. 2008. “1996~2000년 한국의 가구소득불평등 확대: 임금, 노동공급, 가구 구조 변화의 영향.” 『노동경제논집』 31(2): 1－34.
장상수. 2000. “교육기회의 불평등: 가족배경이 학력성취에 미치는 영향.” 『한국사회학』 34(3): 671－708.
전병유. 2013. “한국 사회에서의 소득불평등 심화와 동인에 관한 연구.”

『민주사회와 정책연구』 23: 15－40.
전병유 · 정준호 · 정세은. 2017. “제4장 한국의 불평등 추이와 구조적 특성.” 황규성 · 강병익 편저. 『다중 격차 2: 역사와 구조』. 페이퍼로드, 115~146쪽.
전상진. 2004. “세대 개념의 과잉, 세대연구의 빈곤: 세대연구 방법에 대한 고찰.” 『한국사회학』 38(5): 31－52.
전하람 · 김경근. 2006. “고등학생의 교육포부 결정요인 분석: 의미 있는 타인의 영향을 중심으로.” 『교육사회학연구』 16(4): 185－206.
정이환. 2007. “기업규모인가 고용형태인가: 노동시장 불평등의 요인 분석.” 『경제와사회』 73: 332－355.
정인관 · 최성수 · 황선재 · 최율. 2020. “한국의 세대 간 사회이동과 교육불평등: 2000년대 이후 경험적 연구에 대한 종합적 검토.” 『경제와사회』 127: 12－59.
정준호 · 전병유 · 장지연. 2017. “1990년대 이후 소득 불평등 변화 요인에 관한 연구.” 『사회복지정책』 44(2): 29－54.
최성수 · 이수빈. 2018. “한국에서 교육 기회는 점점 더 불평등해져 왔는가?: 부모 학력에 따른 자녀 최종학력 격차의 출생 코호트 추세.” 『한국사회학』 52(4): 77－113.
통계청. 2018. 가계동향조사 이용자 가이드.
통계청. 2012. 경제활동인구조사 고령층 부가조사 보도자료. http://kostat.go.kr/portal/korea/kor_nw/1/3/2/index.board?bmode=download&bSeq=&aSeq=258983&ord=6
한요셉. 2017. “청년기 일자리 특성의 장기효과와 청년고용대책에 대한 시사점.” KDI 정책연구시리즈 2017－07.
홍민기. 2015. “최상위 임금 비중의 장기 추세(1958~2013).” 『산업노동연구』 21(1): 191~220.

Acemoglu Daron and David H. Autor. 2012. “What Does Human Capital Do? A Review of Goldin and Katz's The Race between Education and Technology.” *Journal of Economic Lite*rature 50(2):

426–463.

Alderson Arther S. and Francois Nielsen. 2002. “Globalization and the Great U–Turn: Income Inequality Trends in 16 OECD Countries.” *American Journal of Sociology* 107(5): 1244–99.

Allison, Paul. 1978. “Measures of Inequality.” *American Sociological Review* 43(6): 865–880.

Amano, Masako. 1997. “Women in Higher Education Education.” *Higher Education* 34:215–35.

Autor, David H. 2014. “Skills, Education, and the Rise of Earnings Inequality among the Other 99 percent”. *Science* 344(6186): 843–851.

Autor, David H. 2015. “Why Are There Still So Many Jobs? The History and Future of Workplace Automation.” *Journal of Economic Perspectives* 29(3): 3–30.

Beaudry, Paul, David A. Green, and Benjamin M. Sand. 2013. “The Great Reversal in the Demand for Skill and Cognitive Tasks.” *Journal of Labor Economics* 34(1): S199–S247.

Beaudry, Paul, David A. Green, and Benjamin M. Sand. 2014. “The Declining Fortunes of the Young Since 2000.” *American Economic Review* 104(5, May): 381–86.

Becker, Gary. 1964. *Human Capital: A Theoretical and Empirical Analysis, with Special Reference to Education*. Chicago, IL: The University of Chicago Press.

Berg, Ivan and Arne L. Kalleberg. 2001. “Emerging Labor Market Structures: Contexts and Correlates.” In *Sourcebook of Labor Markets: Evolving Structures and Processes*, edited by Ivan Berg and Arne L. Kalleberg, pp. 3–26, New York, NY: Kluwer Academic/Plenum Publishers.

Bialik, Kristen and Richard Fry. 2019. “Millennial Life: How Young Adult hood Today Compares with Prior Generations.” Pew Research Center:

https://www.pewsocialtrends.org/essay/millennial-life-how-young-adulthood-today-compares-with-prior-generations/

Blau, Peter M. and Otis Dudley Duncan. 1967. *The American Occupational Structure*. New York, NY: John Wiley and Sons.

Blau and Duncan, 1967

Boarini, Romina and Hubert Strauss. 2007. "The Private Internal Rates of Return to Tertiary Education: New Estimates for 21 OECD Countries." OECD Economics Department Working Papers, No. 591.

Boarini, Romina and Hubert Strauss. 2010, "What Is the Private Return to Tertiary Education?: New Evidence from 21 OECD Countries", *OECD Journal: Economic Studies* 2010/1. https://doi.org/10.1787/eco_studies-2010-5kmh5x51fv5f.

Bol, Thijs. 2015. "Has Education Become More Positional? Educational Expansion and Labour Market Outcomes,1985-2007." *Acta Sociologica* 58(2): 105-120.

Bourdieu, Pierre. 1984[1979]. *Distinction: A Social Critique of the Judgement of Taste*. Translated into English by Richard Nice. Cambridge, MA: Harvard University Press.

Brand, Jennie E. and Yu Xie. 2010. "Who Benefits Most from College?: Evidence for Negative Selection in Heterogeneous Economic Returns to Higher Education." *American Sociological Review* 75(2): 273-302.

Breen, Richard, Seongsoo Choi, and Anders Holm. 2014. "Heterogeneous Causal Effects and Sample Selection Bias." *Sociological Science* 2: 351-369.

Breen, Richard and Jan O. Jonsson. 2007. "Explaining Change in Social Fluidity: Educational Equalization and Educational Expansion in Twentieth-Century Sweden." *American Journal of Sociology* 112(6):1775-1810.

Byun, Soo-yong and Kyung-keun Kim. 2010. "Educational Inequality in South Korea: The Widening Socioeconomic Gap in Student Achievement." *Research in the Sociology of Education* 17: 155-182.

Cappelli, Peter. 2001. "Assessing the Decline of Internal Labor Markets." In *Sourcebook of Labor Markets: Evolving Structures and Processes*, edited by Ivan Berg and Arne L. Kalleberg, pp. 207-245. New York, NY: Springer.

Card, David. 1999. "The Causal Effect of Education on Earnings," in *Handbook of Labor Economics vol. 3*, edited by Orley Ashenfelter and David Card, pp. 1801-1863, North-Holland, Amsterdam: Elsevier.

Card, David. 2001. "The Effect of Unions on Wage Inequality in the U.S. Labor Market." *Industrial and Labor Relations Review* 54(2): 296-315.

Card, David and John E. DiNardo. 2002. "Skill-Biased Technological Change and Rising Wage Inequality: Some Problems and Puzzles." *Journal of Labor Economics* 20(4): 733-783.

Chen, Tingyun, Jean-Jacques Hallaert, Haonan Qu, Maximilien Queyranne, Alexander Pitt, Alaina Rhee, Anna Shabunina, Jérôme Vandenbussche, and Irene Yackovlev. 2018. "Inequality and Poverty Across Generations in the European Union." IMF Staff Discussion Note SDN/18/01.

Choi, Seongsoo. 2015. "When Everyone Goes to College: The causal effect of college expansion on earnings." *Social Science Research 50*: 229-245.

Choi, Seongsoo. 2016. "How Does Job Mobility Affect Inequality? Evidence from the South Korean Economic Crisis." *Social Forces* 94(3): 1045-1073.

Choi, Yool. 2015. "The Effects of English Training Abroad on Labor

Market Outcomes in Korea." *Research in Social Stratification and Mobility* 41: 11–24.

Chung, Inkwan and Hyunjoon Park. 2019. "Educational Expansion and Trends in Intergenerational Social Mobility among Korean Men." *Social Science Research* 83: 102307.

Collins, Randall. 1971. "Functional and Conflict Theories of Educational Stratification," *American Sociological Review* 36(6): 1002-1019.

Cornfield, Daniel B. 1991. "The US Labor Movement: Its Development and Impact on Social Inequality and Politics." *Annual Review of Sociology* 17: 27-49.

Cowell, Frank. A. 2011. *Measuring Inequality*. Oxford, UK: Oxford University Press.

Chiswick, Barry. R. 1974. *Income Inequality: Regional Analyses within Human Capital Model*, New York, NY: National Bureau of Economic Research.

Davis, Kingsley and Wilbert E. Moore. 1970[1945]. "Some Principles of Stratification." *Americ*an Sociological Review, 10(2): 242–249.

Denice, Patrick. 2015. "Does It Pay to Attend a For–Profit College? Vertical and Horizontal Stratification in Higher Education." *Social Science Research* 52: 161-78.

DiPrete Thomas A. 2007. "What Has Sociology to Contribute to the Study of Inequality Trends? A Historical and Comparative Perspective." *American Behavioral Scientist* 50(5): 603-18.

DiPrete, Thomas A., and Claudia Buchmann. 2006. "Gender–Specific Trends in the Value of Education and the Emerging Gender Gap in College Completion." *Demography* 43(1):1-24.

Di Stasio, Valentina. 2017. "Who is Ahead in the Labor Queue? Institutions' and Employers' Perspective on Overeducation,

Undereducation, and Horizontal Mismatches." *Sociology of Education* 90(2): 109–126.

Dougherty, Christopher. 2005. "Why Are the Returns to Schooling Higher for Women than for Men?" *Journal of Human Resources* 40(4):969–88.

Duncan, Otis Dudley. 1961. "A Socioeconomic Index for All Occupations." In *Occupations and Social Status*, edited by Albert J. Reiss Jr., pp. 109–138, New York: Free Press.

Evans, M.D.R., Jonathan Kelley, Joanna Sikora, Donald J. Treiman. 2010. "Family Scholarly Culture and Educational Success: Books and Schooling in 27 Nations." *Research in Social Stratification and Mobility* 28(2): 171–197.

Falcon, Julie and Pierre Bataille. 2018. "Equalization or Reproduction? Long–Term Trends in the Intergenerational Transmission of Advantages in Higher Education in France." *European Sociological Review* 34(4):335–347.

Farkas, George. 1996. *Human Capital or Cultural Capital? Ethnicity and Poverty Groups in an Urban School District.* New York, NY: Aldine De Gruyter.

Furceri, Davide, Prakash Loungani, Jonathan D. Ostry, Pietro Pizzuto, 2020, "COVID–19 will raise inequality if past pandemics are a guide," VOX CEPR.
https://voxeu.org/article/covid–19–will–raise–inequality–if–past–pandemics–are–guide.

Gerber, Theodore P. and Sin Yi Cheung. 2008. "Horizontal Stratification in Postsecondary Education: Forms, Explanations, and Implications." *Annual Review of Sociology* 34: 299–318.

Goldin, Claudia and Lawrence F. Katz. 2008. *The Race between Education and Technology.* Cambridge, MA: Harvard University Press.

Goldin, Claudia, Laurence F. Katz, and Ilyana Kuziemko. 2006. "The Homecoming of American College Women: The Reversal of the College Gender Gap." *Journal of Economic Perspectives* 20(4):133-56.

Goldthorpe, John H. 2014. "The Role of Education in Integenerational Social Mobility: Problems from Empirical Research in Sociology and Some Theoretical Pointers from Economics." *Rationality and Society* 26(3): 265–289.

Gottschalk, Peter and Timothy M. Smeeding. 1997. "Cross–National Comparisons of Earnings and Income Inequality." *Journal of Economic Literature* 35(2): 633–687.

Grogger, Jeff and Eric Eide. 1995. "Changes in College Skills and the Rise in the College Wage Premium." *The Journal of Human Resources* 30(2): 280–310.

Hao Lingxin, and Daniel Q. Naiman. 2010. *Assessing Inequality*. Thousands Oaks, CA: Sage Publications, Inc.

Horowitz, Jonathan. 2018. "Relative Education and the Advantage of a College Degree." *American Sociological Review* 83(4): 771–801.

Hout, Michael. 1984. "Status, Autonomy, and Training in Occupational Mobility." *American Journal of Sociology* 89(6): 1379 -1409.

Hout, Michael. 1988. "More Universalism, Less Structural Mobility: The American Occupational Structure in the 1980s." *American Journal of Sociology* 93(6): 1358-1400.

Hout, Michael. 2008. "Chapter 1 How Class Works: Objective and Subjective Aspects of Class Since the 1970s." In *Social Class: How Does It Work?*, pp. 25–64. Russell Sage Foundation.

Hout, Michael. 2012. "Social and Economic Returns to College Education in the United States." *Annual Review of Sociology* 38: 379–400.

Hout, Michael and Thomas A. DiPrete. 2005. "What We Have

Learned: RC28's Contributions to Knowledge about Social Stratification." *Research in Social Stratification and Mobility* 24(1): 1–20.

Hubbard, William H. J. 2011. "The Phantom Gender Difference in the College Wage Premium." *The Journal of Human Resources* 46(3): 568–586.

Jorgenson, Dale W. and Barbara M. Fraumeni 1995. "Investment in Education and U.S. Economic Growth." In *Productivity, Volume 1: Postwar U.S. Economic Growth*, pp. 371–388. Cambridge, MA: MIT Press.

Kalleberg, Arne L. and Aage B. Sorensen. 1979. "The Sociology of Labor Markets." *Annual Review of Sociology* 5: 351–379.

Kausel, Edgar E., Satoris S. Culbertson, and Hector P. Madrid. 2016. "Overconfidence in Personnel Selection: When and Why Unstructured Interview Information Can Hurt Hiring Decisions." *Organizational Behavior and Human Decision Processes* 137: 27–44.

Kerckhoff, Alan C. 1976 "The Status Attainment Process: Socialization or Allocation?" *Social Forces* 55(2): 368–381.

Kim, ChangHwan and Arthur Sakamoto. 2008a. "The Rise of Intra–Occupational Wage Inequality in the U.S., 1983 to 2002." *American Sociological Review* 73(1): 129–157.

Kim, ChangHwan and Arthur Sakamoto. 2008b. "Does Inequality Increase Productivity?: Evidence from U.S. Manufacturing Industries, 1979 to 1996." *Work and Occupations* 35(1): 85–114.

Kim, ChangHwan and Arthur Sakamoto. 2010. "Assessing the Consequences of Declining Unionization and Public–Sector Employment: A Density–Function Decomposition of Rising Inequality from 1983 to 2005." *Work and Occupations* 37(2): 119–161.

Kim, ChangHwan and Arthur Sakamoto. 2017. "Women's Progress for Men's Gain? Gender−Specific Changes in the Return to Education as Measured by Family Standard of Living, 1990 to 2009−2011." *Demography* 54(5): 1743−1772.

Kim, ChangHwan, Arthur Sakamoto, and Christopher R. Tamborini. 2018. "The Sources of Life Chances: Does Education, Class Category, Occupation or Short−Term Earnings Predict 20−Year Long−Term Earnings?" *Sociological Science* 5(9): 206−233.

Kim, ChangHwan, Jibum Kim, and Mihee Ban. 2020. "Do You Know What You Do for a Living? Occupational Coding Mismatches Between Coders in the Korean General Social Survey." *Research in Social Stratification and Mobility* 70: 100467.

Kim, ChangHwan and Christopher R. Tamborini. 2012. "Do Survey Data Estimate Earnings Inequality Correctly? Measurement Errors among Black and White Male Workers." *Social Forces* 90: 1157−81.

Kim, ChangHwan and Christopher R. Tamborini. 2014. "Response Error in Earnings: An Analysis of the Survey of Income and Program Participation Matched with Administrative Data." *Sociological Methods and Research* 43: 39−72.

Kim, Dohyung. 2019. "Health Capacity to Work at Older Ages in South Korea: Estimates and Implications for Public Pension Policies." *KDI Journal of Economic Policy* 41(2): 41−58.

Kim, Doohwan and Yool Choi. 2015. "The Irony of the Unchecked Growth of Higher Education in South Korea: Crystallization of Class Cleavages and Intensifying Status Competition." *Economy and Society* 44(3): 435−463.

Kollmeyer Christopher. 2015. "Globalization and Income Inequality: How Public Sector Spending Moderates This Relationship in

Affluent Countries." *International Journal of Comparative Sociology* 56(1): 3–28.

Levin, Henry M. 1977. "A Decade of Policy Developments in Improving Education and Training for Low−Income Populations." In *A Decade of Federal Antipoverty Programs*, edited by Robert H. Haveman, pp. 123–188, New York, NY: Academic Press.

Lin, Nan, and Wen Xie. 1988. "Occupational Prestige in Urban China." *American Journal of Sociology* 93(4):793–832.

Lucas, Samuel R. 2001. "Effectively Maintained Inequality: Education Transitions, Track Mobility, and Social Background Effects." *American Journal of Sociology* 106(6):1642–90.

Mannheim, Karl. 1952[1928]. "The Problem of Generations." In *Essays on the Sociology of Knowledge*, pp. 276−320. London, UK: Routledge and Kegan Paul.

Mare, Robert D. 1980. "Social Background and School Continuation Decisions." *Journal of the American Statistical Association* 75(370):295–305.

Maume, David J. and George. Wilson. 2015. "Determinants of Declining Wage Mobility in the New Economy." *Work and Occupations* 42(1): 35−72.

Mirowsky, John and Catherine E. Ross. 2003. *Education, Social Status, and Health*. New York, NY: Transaction Publishers.

Moretti, Enrico. 2012. *The New Geography of Jobs*. New York, NY: Hougton Mifflin Arcourt.

Morris, Martina and Bruce Western. 1999. "Inequality in Earnings at the Close of the Twentieth Century." *Annual Review of Sociology* 25: 623−657.

National Academics of Sciences, Engineering, Medicine, NASEM. 2020. *Are Generational Categories Meaningful Distinctions for Workforce Management?* National Academy Press.

https://www.nap.edu/catalog/25796/are-generational-categories-meaningful-distinctions-for-workforce-management

OECD. 2011. *Education at a Glance 2011: OECD Indicators*. Paris: OECD Publishing.

OECD. 2017. *Education at a Glance 2017: OECD Indicators*. Paris: OECD Publishing.

OECDa. 2018. *Education at a Glance 2018: OECD Indicators*. Paris: OECD Publishing.

OECDb. 2018, "How Does the Earnings Advantage of Tertiary-Educated Workers Evolve across Generations?" *Education Indicators in Focus* 62. Paris: OECD Publishing,

OECD. 2020, *Education at a Glance 2020: OECD Indicators*. Paris: OECD Publishing.

Oh, Byeongdon and ChangHwan Kim. 2020. "Broken Promise of College? New Educational Sorting Mechanisms for Intergenerational Association in the 21st Century." *Social Science Research* 86: Article 102375.

Oreopoulos, Philip, and Kjell G. Salvanes. 2011. "Priceless: The Nonpecuniary Benefits of Schooling." *Journal of Economic Perspectives* 25(1): 159-184.

Park, Hyunjoon and Yossi Shavit, 2016. "Special Issue on Education as a Positional Good." *Research in Social Stratification and Mobility* 43.

Piketty, Thomas. 2013[2014]. *Capital in the Twenty-First Century*. Translated by Arthur Goldhammer. Cambridge, MA: Harvard University Press.

Piketty, Thomas and Emmanuel Saez. 2003. "Income Inequality in the United States, 1913-1998." *The Quarterly Journal of Economics* 118(1): 1-39.

Posselt, Julie R. and Eric Grodsky. 2017. "Graduate Education and

Social Stratification." *Annual Review of Sociology* 43: 353－378.
Putnam, Robert D. 2001. *Bowling Alone: The Collapse and Revival of American Community*. New York, NY: Simon and Schuster.
Raftery, Adrian E., and Michael Hout. 1993. "Maximally Maintained Inequality: Expansion, Reform, and Opportunity in Irish Education, 1921－75." *Sociology of Education* 66(1):41-62.
Rank, Mark. 2011. "Rethinking American Poverty." *Contexts* Spring 2011: 17－21.
Rauscher, Emily. 2016. "Does Educational Equality Increase Mobility? Exploiting Nineteenth－Century U.S. Compulsory Schooling Laws." *American Journal of Sociology* 121(6): 1697－1761.
Romer, Paul M. 1990. "Endogenous Technological Change." *Journal of Political Economy* 98(5): S71－S102.
Ryder, Norman B. 1965. "The Cohort as a Concept in the Study of Social Change." *American Sociological Review* 30: 843－861.
Sakamoto, Arthur, ChangHwan Kim, and Hyeyoung Woo. 2012. "An Empirical Test of Alternative Theories of Educational Stratification." *Education Research International 2012*, Article ID 708989, 11 pages.
Sewell, William H., Archibald O. Haller and Alejandro Portes. 1969. "The Educational and Early Occupational Attainment Process," *American Sociological Review* 34(1): 82－92.
Schofer, Evan, and John W. Meyer. 2005. "The World－Wide Expansion of Higher Education in the Twentieth Century." *American Sociological Review* 70(6): 898－920.
Schwartz, Christine. R. 2010. Pathways to Educational Homogamy in Marital and Cohabitating Unions. *Demography* 47: 735-753.
Stiglitz, Joseph, Sen, Amartya K. Sen, and Jean－Paul Fitoussi. 2009. "The Measurement of Economic Performance and Social Progress Revisited: Reflections and Overview." OFCE Report No. 2009－33.

Paris, France: Centre de Recherche en Économie de Sciences Po.

Tamborini, Christopher R. and ChangHwan Kim. 2013. "Are Proxy Interviews Associated with Biased Earnings Reports? Marital Status and Gender Effects of Proxy." *Social Science Research* 42:499–512.

Tamborini, Christopher R. and ChangHwan Kim. 2017. "Education and Contributory Pensions at Work: Disadvantages of the Less Educated." *Social Forces* 95(4):1577–1606.

Tamborini, Christopher R. and ChangHwan Kim. 2020. "Are You Saving for Retirement? Racial–ethnic Differentials in Retirement Savings Plan Participation." *Journal of Gerontology: Social Sciences* 75(4): 837–848.

Tamborini, Christopher R., ChangHwan Kim, and Arthur Sakamoto. 2015. "Education and Lifetime Earnings in the United States." *Demography* 52(4): 1383–1407.

Thurow, Lester C. 1975. *Generating Inequality: Mechanisms of Distribution in the U.S. Economy*, New York, NY: Basic Books.

Torche, Florencia. 2011. "Is a College Degree Still the Great Equalizer? Intergenerational Mobility across Levels of Schooling in the United States" *American Journal of Sociology* 117(3): 763–807.

Torche, Florencia. 2015. "Analyses of Intergenerational Mobility: An Interdisciplinary Review." *The ANNALS of the American Academy of Political and Social Science* 657(1): 37–62.

Treiman, Donald J. 1977. *Occupational Prestige in Comparative Perspective*. New York, NY: Academic Press.

Tumin, Melvin M. 1953. "Some Principles of Stratification: A Critical Analysis." *American Sociological Review* 18(4): 387–394.

Valletta, Rob. 2015. "Higher Education, Wages, and Polarization." FRBSF Economic Letter 2015–02.

VanHeuvelen, Tom. 2018. "Within–Group Earnings Inequality in Cross– National Perspective." *European Sociological Review* 34(3): 286–303.

Wakeling, Paul and Daniel Laurison. 2017. "Are Postgraduate Qualifications the New Frontier of Social Mobility?" *British Journal of Sociology* 68(3): 533–555.

Wang, Yang. 2019. "Education Expansion and Decline in Tertiary Premium in Brazil: 1995–2013," *Applied Economics Letters* 26(11): 888–92.

Weiss, Andrew. 1995. "Human Capital vs. Signalling Explanations of Wages," *Journal of Economic Perspectives* 9(4): 133–154.

Yang, Yang. 2008. "Social Inequalities in Happiness in the United States, 1972 to 2004: An Age–Period–Cohort Analysis." *American Sociological Review* 73(2): 204–226.

Young, Michael. 1958. *The Rise of the Meritocracy*. London, UK: Transaction Publishers.

Zhou, Xiang. 2014. "Increasing Returns to Education, Changing Labor Force Structure, and the Rise of Earnings Inequality in Urban China, 1996–2010." *Social Forces* 93(2): 429–55.

찾아보기

저자 약력

김창환

김창환은 서강대학교를 졸업한 후 텍사스대학교(University of Texas at Austin)에서 사회학 박사학위를 취득하였다. 현재 캔사스대학교(University of Kansas) 사회학과 교수로 재직 중이다. 노동시장, 교육, 소득불평등, 통계방법론, 아시아계 미국인이 주 연구 분야이다.

변수용

변수용은 고려대 교육학과를 졸업하고 동대학원에서 교육사회학 전공으로 석사학위를, 미국 미네소타 주립대(University of Minnesota at Twin Cities)에서 비교국제개발교육 전공으로 박사학위를 각각 취득하였다. 현재 미국 펜실베니아 주립대(The Pennsylvania State University at University Park)에서 교육학 및 인구학 교수로 재직 중이다. 주요 연구 분야는 교육불평등, 교육사회학, 국제비교연구, 교육 정책 효과 분석이다.

한국학총서
교육 프리미엄: 한국에서 대학교육의 노동시장 가치는 하락했는가?

초판발행 2021년 3월 15일

지은이 김창환·변수용
펴낸이 노 현

편 집 배근하
기획/마케팅 정성혁
표지디자인 이미연
제 작 고철민·조영환

펴낸곳 ㈜ 피와이메이트
서울특별시 금천구 가산디지털2로 53 한라시그마밸리 210호(가산동)
등록 2014. 2. 12. 제2018-000080호
전 화 02)733-6771
f a x 02)736-4818
e-mail pys@pybook.co.kr
homepage www.pybook.co.kr
ISBN 979-11-6519-120-7 94370
979-11-6519-109-2(세트)

정 가 13,000원